上海合作组织科技伙伴计划与国际科技合作计划项目
"中俄贸易西通道经济走廊多式联运的新模式研究"（2019E01009）成果

中俄贸易西通道经济走廊

——克拉玛依市多式联运新模式

王海灵　仝　博　著

中国财经出版传媒集团
中国财政经济出版社

图书在版编目（CIP）数据

中俄贸易西通道经济走廊：克拉玛依市多式联运新模式／王海灵，仝博著． —北京：中国财政经济出版社，2023.2

ISBN 978-7-5223-1833-2

Ⅰ.①中… Ⅱ.①王… ②仝… Ⅲ.①中俄关系－双边贸易－研究 Ⅳ.①F752.751.2

中国国家版本馆 CIP 数据核字（2023）第 014416 号

责任编辑：彭　波　　　　责任印制：史大鹏
封面设计：卜建辰　　　　责任校对：徐艳丽

中国财政经济出版社 出版

URL：http://www.cfeph.cn
E-mail：cfeph@cfeph.cn
（版权所有　翻印必究）

社址：北京市海淀区阜成路甲28号　邮政编码：100142
营销中心电话：010-88191522
天猫网店：中国财政经济出版社旗舰店
网址：https://zgczjjcbs.tmall.com
北京财经印刷厂印刷　　各地新华书店经销
成品尺寸：170mm×240mm　16开　16.75印张　255 000字
2023年2月第1版　2023年2月北京第1次印刷
定价：68.00元
ISBN 978-7-5223-1833-2
（图书出现印装问题，本社负责调换，电话：010-88190548）
本社质量投诉电话：010-88190744
打击盗版举报热线：010-88191661　QQ：2242791300

前　言

为贯彻落实习近平主席2013年提出的"一带一路"倡议，实现"五通"及共建"命运共同体"及"六廊六路多国多港"的主体网络框架。习近平主席与普京总统签署《中华人民共和国与俄罗斯联邦关于丝绸之路经济带建设和欧亚经济联盟建设对接合作的联合声明（2015-05-09）》，俄罗斯联邦政府出台了《俄罗斯联邦边境地区联邦主体发展规划方案（2015）》，中国新疆维吾尔自治区人民政府出台《新疆参与中蒙俄经济走廊建设实施方案（2017）》。

目前，中国与俄罗斯两国关系进入历史最好时期。2019年6月5~7日，在习近平主席访问俄罗斯期间，中俄两国元首签署了《中华人民共和国和俄罗斯联邦关于发展新时代全面战略协作伙伴关系的联合声明》，其内涵概括为：守望相助、深度融通、开拓创新、普惠共赢。将两国关系提升到一个前所未有的全新高度。这是"新"国际环境与"新"发展任务要求的提质升级。美国对俄罗斯制裁的延续，中美贸易摩擦的加剧等"新"国际环境出现了百年未有的变局。全球化与逆全球化、多极化与单边霸权、开放与围堵制裁、自由贸易与关税壁垒、技术共享与操控、世界和平与战争等矛盾是中俄要共同面对的机遇与挑战。

中国与俄罗斯面临着共同的"新"发展任务。中国的主要任务是稳中求进与全面开放，完成经济结构转型和升级，乡村振兴与高质量发展，2020年全面建成小康社会，为21世纪中叶实现中华民族伟大复兴打好基础。普京总统在2018年3月发表的国情咨文中提出：俄罗斯的主要任务是俄罗斯的未来6年经济增速超过世界经济平均水平；到21世纪20年代中期，俄经济要稳居世界前五等。

中国与俄罗斯开展全方位的合作。以全方位互信为基础、"一带一盟"对接为依托、商贸利益相交融、区域同步振兴为抓手的"次区域经济一体化"的地缘关系提质升级。落实好"俄罗斯远东与中国东北地区""中国长江中上游—俄罗斯伏尔加河沿岸地区""环阿尔泰山一区四国（主要是中国新疆—俄罗斯西伯利亚联邦区）"的次区域经济合作。双方将持续推进战略性大项目，深挖新兴领域合作潜力，发挥地方经济互补优势，实现经贸合作提质增量，推动双边2024年贸易额向2000亿美元迈进。加深在经贸、能源、科技、航天、农业、教育、旅游及基础设施等领域的合作，全方位、深层次、多领域的可持续发展战略，积极开展天然气等清洁能源合作、将科技创新、数字经济、网络电商作为新的合作增长点，就跨界资源利用和保护、跨界自然保护区建设开展有效合作。中俄原油管线复线启动，俄罗斯全年对中国石油出口超过7000万吨；两国在俄罗斯北极亚马尔LNG项目上实现全产业链合作，中国还将继续投资俄罗斯北极-LNG2号项目，并参与北极航道建设。2019年底，中俄东线天然气管道对中国供气在即，西线天然气管道谈判积极进行，俄罗斯远东与中国东北地区跨境"两桥"即将贯通。

目前，中国新疆与俄罗斯西伯利亚联邦区的经济合作受到两国高度关注。中国新疆与"环阿尔泰山"次区域经济合作的俄罗斯、哈萨克斯坦、蒙古国三毗邻国的2017年比2016年进出口贸易的增长率分别为-9.32%、49.26%、83.95%。然而中国新疆与俄罗斯、哈萨克斯坦和蒙古国同作为"环阿尔泰山区域"毗邻国的贸易往来却相差很大。至今，中国新疆与俄罗斯西伯利亚联邦区没有直接通关口岸、国际经济贸易通道连接不畅，贸易成本高。

为解决中国与俄罗斯联邦之间贸易成本高的问题，在分析两国之间物流通道空间的流向结构时发现，中国西北沿边与俄罗斯沿边区域通商文献多出现明清时期，近期的研究多为边疆治理安全与国家关系等，以司家政《国家沿边区域发展——以中国新疆为例的研究》较系统，但仍缺乏两国沿边区域的贸易、产业及通道能力等系统化研究。截至 2020 年 12 月 16 日，国内外已有文献对"中俄贸易'一区四国'"研究较为全面。对"中俄贸易通道研究"文献仅 19 篇，2019～2020 年发文数量增速较快，研究主要聚焦于中国东北地区与俄罗斯远东地区。对"中俄经济走廊研究"的相关文献 319 篇，其中"中蒙俄经济走廊"152 篇、"一带一路"103 篇等。2017～2020 年发文量快速增长，研究焦点主要在俄罗斯远东地区与我国东北地区省市的战略定位、投资规则、走廊建设、贸易问题与贸易便利化、生态困局、建设路径、国际关系及地缘政治的信任、贸易合作路径及贸易结构等，与中国新疆有关的文献仅有 13 篇，如孙菲等阿尔泰地区协同发展。唯独一篇李罗莎《西线中蒙俄经济走廊国家战略研究》的文献，文献所指的西线为通过内蒙古西部地区口岸的经济走廊，与本书的西通道有着本质的区别。国内对"中俄贸易西通道经济走廊研究"的相关文献为零，国外学者对中俄贸易西通道经济走廊研究主题较鲜见，于是作者提出"'中俄贸易西通道经济走廊'建设的构想"。

中俄贸易西通道经济走廊是根据中蒙俄经济走廊的东通道（两口岸两线，即，通过满洲里口岸的通道线和符拉迪沃斯托克口岸的通道线）和中通道（通过二连浩特口岸的通道线）的空间区位命名。中俄贸易西通道经济走廊的口岸主要是由中国新疆北疆的口岸群构成。

中俄贸易西通道经济走廊是将"一带一路"倡议与俄罗斯、蒙古国与哈萨克斯坦发展战略进行对接，推动该区域经济一体化。实施中须由我国相关核心城市为主导和与通道连接国家的直接利益城市和地区合作才能解决。目前中俄贸易额主要是东通道实现。

中俄贸易西通道经济走廊具有空间经济学、地缘经济学与国家沿边跨境区域发展与治理演变的理论机理研究与实证研究的代表性样本特征。既是这类研究的典型区域代表，又是跨境次区域发展管理研究的经典区域。由于该区域外的国内外学者较难获取基础资料，使该课题的研究呈现空白状态。本书聚焦跨多国、长周期、多维要素和跨多元文化经济走廊建设的理论机理。与已有研究的主要区别为：一是研究区域空间的要素及发展的条件不同。资源丰富、人口外流、贸易投资低速、产业低端、通道低效等现状的次区域发展机理、规划协同与建设政策体系研究较为鲜见。二是研究视角不同。已有研究多在单一国家制度政策环境下以单一维度、微观、单体、线性的研究为主；多元价值多国之间博弈耦合的角度研究及学术讨论尚未开展。三是研究的目标不同。已有研究大多是在国家战略规划指导下展开，而本研究的核心目的之一，是为获得国家层面的建设立项提供理论依据和实证支撑。四是研究发展不同。用复杂系统网络协同理论研究人口、产业、贸易、通道、投资、创新、生态等多国毗邻次区域发展动态演变机理、规律、创新发展管理模式及政策体系建设是本书的特点。为构建地缘经济均衡发展理论，创立区域共同富裕学奠定基础。

中俄贸易西通道经济走廊是一个典型的多国物流经济网络。主要涉及四国的多地区和多组织与企业，直接核心目的是解决联通不畅、物流成本高、满载率低、通关时间长等问题。

通过对西通道的公路、铁路、航空、水运及管道等多式联运网络研究；核心分析中蒙俄哈西通道商贸物流能力，货源流量与流向、时间与空间分布、物流主体与载体的协同，区域经济、产业与物流协同关系，对国家政策与措施提出建议，推进克拉玛依城市转型路径与多式联运方案实施。通过对该走廊多式联运模式的比较，从结构和功能上找出走廊多式联运的新模式。具体实现：一是国际商品种类与量的供给与需求是否平衡；二是物流通道基础设施条件是否通畅；三是相关各国之间的政策和服务是否协同；四是商品总成本是否与消费者期望相匹配；五是聚焦该经济走廊的核心承载城市中国克拉玛依与俄罗斯新西伯利亚的国际物流枢纽建设；六是推进克拉玛依城市转型路径与多式联运方案实施。

全书内容遵循从问题的现状—分析问题—解决问题的逻辑思路。采用了文献研究方法、问卷调查研究、数理统计分析方法、案例研究方法、CNN网络理论和系统仿真法等研究方法。一是文献研究方法。项目组充分利用新疆大学数据库资源，通过收集专业机构和研究人员公开发布的相关研究文献资料，进行分类整理，比较研究国内外有关国际贸易物流通道能力的差异，在对中俄贸易西通道经济走廊多式联运能力内涵、作用机理进行分析的基础上，提炼出中俄贸易西通道经济走廊多式联运驱动的关键因素，初步建立发展多式联运能力评价指标体系。二是问卷调查研究。依据中俄贸易西通道经济走廊多式联运能力评价指标体系和模型设计调查问卷，邀请了30位专家和60家代表性企业对调查问卷进行分析论证，进一步对调查问卷修订和完善。选择与中俄贸易西通道经济走廊多式联运相关的政府及企业进行网络收集和实地现场调研，收集整理相关数据，为研究克拉玛依市发展多式联运提供实践经验和数据支撑。三是数理统计分析方法。选择运用模糊层次分析法AHP、结构方程（SEM）以及因子分析方法分别对中俄贸易西通道经济走廊多式联运的国际商贸物流企业能力及其相互关联性进行衡量，通过构建模型、仿真与实证分析，选择更加适合克拉玛依市商贸物流企业发展多式联运能力的指标体系和评价方法。四是核心探索克拉玛依市多式联运商贸物流企业发展驱动主要因素、内在机理与提升路径。五是通过物流网络理论和系统仿真法，创新探索中俄贸易西通道经济走廊多式联运网络的运行能力和空间布局。六是确定中俄贸易西通道经济走廊克拉玛依市多式联运规划与方案。最后给出建议和措施。

主要内容包括：中俄贸易西通道经济走廊概述、内涵、优势及建议；多式联运、物流复杂网络、物流企业多式联运能力评估；中俄贸易西通道经济走廊多式联运选址、布局与新模式分析；中俄贸易西通道经济走廊克拉玛依市多式联运路径优化模型及仿真研究研究；中俄贸易西通道经济走廊克拉玛依多式联运新模式规划研究；中俄贸易西通道经济走廊克拉玛依多式联运新模式规划方案。

本书由上海合作组织科技伙伴计划与国际科技合作计划项目（批准号：2019E01009）的主要研究成果。本书调研写作过程中，受到新疆维吾尔科学技术厅国际合作处、克拉玛依市政府、新疆大学社会科学处、新疆大学经济与管理学院等相关单位的大力协助，王育宝教授、李金叶教授、邓峰教授对全书的修改提出宝贵建议，王红涛、陈小梅、塔斯肯·吐尔汗别克、仝博、田景科等在调研、资料整理及部分章节编写方面做了大量工作，在此一并表示感谢！

作者：王海君

2022 年 1 月 18 日

目 录

第一篇 理论研究

第1章 绪论 ··· 3
  1.1 背景 ··· 3
  1.2 中俄贸易西通道经济走廊的定义、内涵和意义 ·············· 6
  1.3 中俄贸易西通道经济走廊建立的优势 ························ 9
  1.4 中俄贸易西通道经济走廊的建设 ···························· 14
  1.5 本章小结 ··· 19

第2章 多式联运新模式的理论基础 ································ 20
  2.1 多式联运 ··· 20
  2.2 多式联运的发展 ··· 22
  2.3 多式联运的综合运输新模式研究 ···························· 24
  2.4 多式联运的物流复杂网络（CNN）研究 ···················· 34
  2.5 多式联运的新模式研究 ······································ 38
  2.6 集装箱多式联运中心运营新模式研究 ······················ 41
  2.7 多式联运节点选址与布局研究 ······························ 44

    2.8 多式联运路径优化与仿真研究 ………………………… 48
    2.9 本章小结 ………………………………………………… 50

第3章 中俄贸易西通道经济走廊多式联运新模式 ……………… 51
    3.1 多式联运模式 …………………………………………… 51
    3.2 我国发展多式联运的政策、速度与问题 ……………… 53
    3.3 多式联运新模式的评价指标体系构建 ………………… 57
    3.4 "互联网+公铁联运"新模式 …………………………… 62
    3.5 "物流园区+公铁联运"新模式 ………………………… 65
    3.6 "口岸+空铁联运"新模式 ……………………………… 69
    3.7 "港+水公铁联运"新模式 ……………………………… 76
    3.8 本章小结 ………………………………………………… 81

第4章 克拉玛依市多式联运节点的选址与路径模型优化 ……… 82
    4.1 研究背景 ………………………………………………… 82
    4.2 多式联运新模式的节点城市选址 ……………………… 87
    4.3 多式联运路径模型优化及求解 ………………………… 96
    4.4 多式联运新模式的路径选择算例分析 ………………… 101
    4.5 多式联运新模式的仿真 ………………………………… 103
    4.6 多式联运节点的运营优化 ……………………………… 109
    4.7 本章小结 ………………………………………………… 128

第二篇 案例应用

第5章 克拉玛依市多式联运新模式规划研究 …………………… 131
    5.1 项目背景 ………………………………………………… 131
    5.2 项目简介 ………………………………………………… 136
    5.3 项目核心优势 …………………………………………… 137
    5.4 项目必要性、创新性及示范性 ………………………… 138
    5.5 项目总体思路及发展目标 ……………………………… 141

5.6	项目框架	142
5.7	项目运输网络结构	143
5.8	项目基础条件	145
5.9	多式联运节点	149
5.10	市场需求分析及多式联运运量预测	161
5.11	项目建设方案	165
5.12	项目投资及资金筹措	174
5.13	预期效益与考核指标	177
5.14	保障措施与政策建议	182

第6章 克拉玛依市多式联运新模式建设规划 186

6.1	规划背景	186
6.2	规划范围	187
6.3	规划对象	187
6.4	规划期限	187
6.5	发展基础	187
6.6	面临问题	197
6.7	发展环境	199
6.8	指导思想、发展原则与发展目标	211
6.9	空间布局	217
6.10	重点任务	223
6.11	重点工程及项目	227
6.12	保障措施	236

参考文献 240

第一篇　理论研究

| 第 1 章 |

绪 论

目前,中国新疆与俄罗斯新西伯利亚联邦区的经济合作受到两国高度关注[1]。中国新疆与"环阿尔泰山"次区域经济合作的俄罗斯、哈萨克斯坦、蒙古国三毗邻国 2017 年比 2016 年进出口贸易的增长率分别为 -9.32%、49.26%、83.95%。然而中国新疆与俄罗斯、哈萨克斯坦和蒙古国同作为"环阿尔泰山区域"毗邻国的贸易往来却相差很大。其主要原因是中国新疆与俄罗斯新西伯利亚联邦区的国际经济贸易通道连接不畅,贸易通道经济走廊建设滞后,贸易成本高所致。为此,提出"中俄贸易西通道经济走廊多式联运的新模式研究"课题。

1.1 背 景

2019 年 6 月 5~7 日,在习近平主席访问俄罗斯期间,中俄两国元首签署了《中华人民共和国和俄罗斯联邦关于发展新时代全面战略协作伙伴关系的联合声明》,其内涵概括为:守望相助、深度融通、开拓创新、普惠共赢。将两国关系提升到一个前所未有的全新高度。这是"新"国际环境与"新"发展任务要求的提质升级。美国对俄罗斯制裁的延续,中美贸易摩擦的加剧等"新"国际环境出现了百年未有的变局。全球化与逆全球化、多极化与单边霸权、开放与围堵制裁、自由贸易与关税壁垒、技术共享与操控、世界和平与战争等矛盾是中俄要共同面对的机遇与挑战。中俄又面临着共同的"新"发展任务。中国的主要任务是稳中求进与全面开放,完成经济结构转型和升级，脱贫攻坚与高质量发展，2020年全面建成小康社会，为21世纪中叶实现中华民族伟大复兴打好基础。普京总统在2018年3月发表的国情咨文中提出俄罗斯的主要任务是俄罗斯的未来6年经济增速超过世界经济平均水平；到21世纪20年代中期，俄罗斯经济要稳居世界前五等。

中国与俄罗斯两国关系进入历史最好时期，两国要以全方位互信为基础、"一带一盟"对接为依托、商贸利益相交融、区域同步振兴为抓手的"次区域经济一体化"的地缘关系提质升级。为落实好"俄罗斯远东与中国东北地区""中国长江中上游—俄罗斯伏尔加河沿岸地区""环阿尔泰山一区四国（主要是中国新疆—俄罗斯西伯利亚联邦区）"的次区域经济合作，两国将持续推进战略性大项目合作，深挖新兴领域合作潜力，发挥地方经济互补优势，实现经贸合作提质增量，推动双边2024年贸易额向2000亿美元迈进。加深在经贸、能源、科技、航天、农业、教育、旅游及基础设施等领域的合作，推进全方位、深层次、多领域的可持续发展战略，积极开展天然气等清洁能源合作，将科技创新、数字经济、网络电商作为新的合作增长点，就跨界资源利用和保护、跨界自然保护区建设开展有效合作。中国与俄罗斯的原油管线复线启动，俄罗斯全年对中国石油出口量超过7000万吨；两国在俄罗斯北极亚马尔LNG项目上实现全产业链合作，中国还将继续投资俄罗斯北极-LNG2号项目，并参与北极航道建设。中俄东线天然气管道已对中国供气，西线天然气管道谈判在积极进行，俄罗斯远东与中国东北地区跨境"两桥"贯通。

2018年，中俄贸易额达到约1070亿美元，中国连续8年成为俄罗斯第一大贸易伙伴国，俄罗斯为中国第十大贸易伙伴国，近几年贸易的连续增长率为20%左右。2016~2017年中国向俄罗斯、哈萨克斯坦、蒙古国的贸易情况见表1-1。

表1-1　中国向俄罗斯、哈萨克斯坦、蒙古国的贸易额统计（万美元）

项目 年份	俄罗斯			哈萨克斯坦			蒙古国		
	进出口总额	出口额	进口额	进出口总额	出口额	进口额	进出口总额	出口额	进口额
2016	6961592	3735577	3226015	1309767	829529	480508	461094	98864	362260
2017	8422089	4283060	4139029	1794313	1156444	637869	640292	123561	516731
增长率	20.98%	14.66%	28.30%	37.00%	39.40%	32.75%	38.84%	24.98%	42.64%

数据来源：《新疆统计年鉴2018》及《中国对外经贸年鉴2018》。

从表 1-1 可以看出，近两年来中国与俄罗斯、哈萨克斯坦及蒙古国的贸易额逐渐扩大，贸易增长率分别为 20.98%、37.00%、38.84%；进出口额虽不平衡但双向增长率均在快速提高，贸易往来频繁，贸易关系越来越紧密。中国新疆与俄罗斯、哈萨克斯坦及蒙古国的贸易总体上呈现出良好的发展态势，主要在矿产、能源、木材、毛皮、化工制品、机械产品的贸易、交通运输及地方合作论坛等方面展开合作，取得了一定的成绩，某些领域效果突出。但中国新疆与俄罗斯、哈萨克斯坦及蒙古国的贸易增长率却冷热不均，中国新疆与俄罗斯之间的贸易出现近 10% 的负增长，中国新疆与哈萨克斯坦及蒙古国之间的贸易增长率为 49.27% 和 84.32%。2016~2017 年中国新疆与俄罗斯、哈萨克斯坦、蒙古国的贸易情况见表 1-2。

表 1-2　中国新疆向俄罗斯、哈萨克斯坦、蒙古国的贸易额统计（万美元）

项目 年份	俄罗斯			哈萨克斯坦			蒙古国		
	进出口总额	出口额	进口额	进出口总额	出口额	进口额	进出口总额	出口额	进口额
2016	133009	119194	13815	631170	572634	58536	8101	2258	5843
2017	120625	108326	12299	942125	839840	102258	14932	2163	12769
增长率	-9.31%	-9.12%	-10.97%	49.27%	46.66%	74.69%	84.32%	-4.21%	118.53%

数据来源：《新疆统计年鉴 2018》及《中国对外经贸年鉴 2018》。

从表 1-1、表 1-2 可以看出，中国新疆与俄罗斯、哈萨克斯坦和蒙古国同作为 "环阿尔泰山区域" 毗邻国的贸易增长率相差很大，波动很大，中国新疆与俄罗斯、哈萨克斯坦和蒙古国的贸易额占中国与俄罗斯、哈萨克斯坦和蒙古国的贸易额的比为 1.43%、52.50% 及 2.33%，中国新疆与俄罗斯及蒙古国的贸易关系远远弱于中国新疆与哈萨克斯坦的贸易关系，也弱于中国其他地区与俄罗斯和蒙古国的贸易关系。

2017 年中国新疆与哈萨克斯坦、蒙古国的贸易额快速增长，与 2016 年相比的增长率分别为 49.27% 及 84.32%，而中国新疆向俄罗斯的贸易增长率不增反降，降幅达到负的 9.31%。据文献[2]显示，2016 年俄罗斯西伯利亚联邦对中国的贸易额为 61.06 亿美元，其中出口为 43.22 亿美元、进口为 17.84 美元。从以上数据可以得出中国新疆与俄罗斯或者俄罗斯西伯利亚联邦的贸易额严重不相匹配。文献[3]在研究了近几年来的"中国新疆—俄罗斯西比利亚联邦区"的合作关系时发现：一是双方贸易往来关系越来越紧密，二是跨第三国交通运输合作实施（2016年2月俄罗斯到中国新疆的多边过境货运通道正式开通），三是产业合作中的木材加工贸易顺畅，四是"环阿尔泰山区域经济圈贸易合作论坛"更名为"丝绸之路经济带环阿尔泰山次区域经济合作论坛"；但在进出口贸易平衡及合作内容、方法、通道等方面仍存在问题。

以上贸易数据和次区域经济合作的特征表明，该区域合作符合地缘经济学发展的影响要素理论——交通物流成本及贸易便利化是核心要素[4]。为此需要通过"中俄贸易西通道经济走廊建设"来解决"中国新疆—俄罗斯西伯利亚联邦"或"环阿尔泰山"次区域经济一体化效果不明显问题。目前，形成该问题的另一个原因是"环阿尔泰山"次区域经济合作战略的空间结构层次不清，功能区划与产业发展没有交融，交通物流空间延伸度不通达，贸易物流集聚、辐射、时间及方便度还没有满足客户要求。

根据2019年6月7日，中俄两国元首达成的共识及《中华人民共和国和俄罗斯联邦关于发展新时代全面战略协作伙伴关系的联合声明》战略的要求，作者建议全面推进"中国新疆—俄罗斯西伯利亚联邦"次区域经济合作的发展规划。以建设"中俄贸易西通道经济走廊"为手段，推动实现中俄两国"环阿尔泰山"次区域经贸合作发展。核心解决该次区域之间没有直接通关口岸、国际经济贸易通道连接不畅，贸易通道经济走廊建设滞后，贸易成本过高所致。为此，提出"中俄贸易西通道经济走廊多式联运的新模式研究"课题。

1.2 中俄贸易西通道经济走廊的定义、内涵和意义

1.2.1 中俄贸易西通道经济走廊的定义

中俄贸易西通道经济走廊是指由中国新疆喀什到俄罗斯亚马尔半岛的萨别塔港的公路、铁路、水运、航空、管道及电缆构成的物流通道基础上形成

的劳动地域分工、不同层次及各具特色的地域化经济地域单元构成的带状经济区，是在中国的西部建设一条向南与中巴经济走廊连接，东西方向与丝绸之路经济带连接，向北与俄罗斯中部联邦区的新西伯利亚连接至北极与冰上丝绸之路连接的经济廊道。

中俄贸易西通道经济走廊有西、东及中三条线构成，即，西线为伊尔克什坦（土尔尕特）口岸—克州—阿克苏—伊犁—塔城—巴克图口岸（吉木乃）—东哈萨克斯坦州—阿尔泰边疆区—新西伯利亚市，东线为若羌—哈密—阿尔泰—红山嘴口岸（塔克什肯）—科布多省—阿尔泰共和国—新西伯利亚市，中线为红其拉普口岸—喀什—库车—克拉玛依—阿尔泰—吉克普林口岸—阿尔泰边疆区—新西伯利亚市，然后从新西伯利亚市至北极与冰上丝绸之路连接而形成的经济走廊。

1.2.2 中俄贸易西通道经济走廊的内涵

中俄贸易西通道经济走廊是把中国、俄罗斯、哈萨克斯坦及蒙古国四国的生产、投资、贸易、基础设施、科研创新、人文教育、旅游生态、资源利用与保护、物流服务等经济要素，沿三条交通通道实现中国新疆—俄罗斯西伯利亚联邦区合作的核心区——"环阿尔泰山"次区域内不断集聚和扩散，而形成的跨境带状空间地域综合体，是一种特殊的空间经济形态—地缘经济学。把其建设成为贸易、产能合作、工业园区、物流园区、多式联运、口岸通关、人文交流、跨境电商、科学创新、文旅商贸、金融投资及信息服务等次区域经济项目合作的典范工程。建设成为以劳动地域分工为基础的不同层次和各具特色的地缘经济单元。产业分布以三条交通干线为主轴、辐射周边地区，在现有城市或贸易通道节点的基础上，形成点状密集、面状辐射、线状延伸的生产、流通一体化的空间经济区布局结构。

中俄贸易西通道经济走廊有三个圈层构成：核心圈层（核心区）、延伸圈层（延伸区）、扩展圈层（扩展区）。

中俄贸易西通道经济走廊核心区分为东、中、西三线跨境交通物流通道。西线为：克拉玛依—巴克图口岸（吉木乃口岸）—阿亚古兹（哈萨克斯坦东哈萨克斯坦州）—谢米—巴尔瑙尔—新西伯利亚—鄂木斯克；东线为：

克拉玛依—红山嘴口岸（塔克什肯口岸）—乌列盖（蒙古国）—科什阿加奇—切尔加—巴尔瑙尔—新西伯利亚；中线为：克拉玛依—阿尔泰—喀纳斯口岸（在规划建设中）—乌斯季科克萨—切尔加—巴尔瑙尔—新西伯利亚。中国国内主要承载城市为克拉玛依市，俄罗斯境内主要承载城市为新西伯利亚市。

延伸区是指在核心区贸易通道的基础上依据供应链、产业链、价值链的规律向南和向北延伸形成，中国国内段在中俄贸易西通道经济走廊核心区的基础上向南延伸到天山北坡经济带的核心城市—新疆乌鲁木齐市，在俄罗斯境内向北延伸到苏尔古特市。

扩展区是指在延伸区的基础上，依托两国"一带一盟"对接，向南扩展与中巴经济走廊相接，向北到俄罗斯北极萨别塔港，形成连接北冰洋与阿拉伯海的南北国际能源矿产、商贸物流、文化旅游等大通道。

1.2.3 中俄贸易西通道经济走廊建立的意义

中俄贸易西通道经济走廊建设成为今后中俄相邻非直接贸易通道地区次区域协同发展的重要示范工程。即，如何在目前双边良好的基础上进一步拓宽经济合作，共同构建克俄经济走廊，全面推进中俄经贸合作，以适应和推动中国欧亚自由贸易试验区建立与区域经济一体化合作的发展，是一个双方必须共同面对的大课题。它的建设是"新时代赋予中俄两国关系发展新的内涵，表达了我们共同寻求新突破的决心，以及对未来的新期待"[5]。

构建中俄贸易西通道经济走廊是中国欧亚自由贸易试验区建立与区域经济合作发展的需要。中俄两国是建立中的欧亚自由贸易试验区的陆路接壤国家，两国间经贸合作与物流的发展，对未来中俄两国自贸区的建立双边及多边经贸关系的建立和发展有着重要的意义和作用。该经济走廊位于中国与俄、哈、蒙的陆地结合部，构建其对于促进两国间或多国间的经贸合作与国际物流发展，对促进中国欧亚自由贸易试验区建设与区域经济合作发展具有非常重要的作用。

中俄贸易西通道经济走廊是全面深化中俄经贸合作的要求。中美贸易摩擦加剧、美国对俄罗斯经济制裁延续、当前国际经济逆全球化的形势使中俄两国经贸合作的发展基础更加牢固信任,对双方经贸合作的内容与深度、水平与质量、机制与方式提出了全新的要求,必须开拓新的思路,积极构建中俄贸易西通道经济走廊,消除中俄经贸合作中西通道交通物流滞后的瓶颈制约,以交通物流基础设施建设带动双边投资经贸的全面合作,才能使中俄双边经贸合作提高到一个新的水平。

构建中俄贸易西通道经济走廊符合当今区域经济合作的发展方向。建立欧亚自由贸易试验区要求区域内实行资源共享、优化配置、分工协作、共同发展,中俄双方在资源、技术、优势产业、旅游资源及综合基础设施等方面具有较强的互补性,建立中俄贸易西通道经济走廊有利于充分发挥各自的比较优势,形成区域性竞争优势,在区域内达成协调互助、共赢发展的区域合作发展格局,促进区域内各方经济的快速增长,并对欧亚自由贸易试验区内经济的融合发展产生积极影响。因此构建中俄贸易西通道经济走廊不仅符合中俄双边的利益和需求,而且符合欧亚自由贸易试验区建立及其区域经济合作发展的方向和趋势。

中俄贸易西通道经济走廊将成为中国连接北极、中亚、西亚及南亚,在阿拉伯海与海上丝绸之路相接的南北综合交通大陆桥。新疆着力打造交通物流综合基础设施、建立并形成了东西双向、南北双向的国际大通道。目前中俄贸易西通道经济走廊的境内巴克图口岸、吉木乃口岸、塔克什肯口岸、阿拉山口口岸等已经形成了4000万吨/年的吞吐能力,铁路、公路、水运、管道及航空构成直达、中转及多式联运的综合交通网络。俄罗斯的企业及其产品进入新疆就等于可以快速进入整个中国,快速走入整个世界。因此,中俄贸易西通道经济走廊西线在近期内将成为中国与俄罗斯及中亚、西亚双方、多方物流、人流进出的主要通道,将成为大陆桥,并将在中国与俄哈蒙的经贸合作与交往中发挥特殊重要的作用。

1.3 中俄贸易西通道经济走廊建立的优势

1.3.1 "四国"地缘政治经济战略相容

首先,从地理位置看,中国、蒙古国、哈萨克斯坦和俄罗斯四国有着很强的毗邻优势,也有着历史上的睦邻友好关系。2013 年,中国和俄罗斯建立了全面的战略合作关系,并于次年与蒙古国建立了全面战略合作关系,同时,蒙古和俄罗斯两国也始终保持着一种良好的合作态势。这为中、哈、蒙和俄四国打造"克拉玛依至新西伯利亚经济走廊"奠定了良好的合作基础。"克拉玛依至新西伯利亚经济走廊"可以将"丝绸之路经济带""俄罗斯跨欧亚大铁路""哈萨克斯坦光明之路"和"蒙古国草原丝绸之路"有效地结合起来,促进中、哈、蒙和俄四国经济的共同发展。

其次,从经济结构方面来看,中、哈、蒙和俄四国经济结构尤其是能源结构有着很强的互补性、相互重叠和排斥的部分比较少,这一经济特性为"克拉玛依至新西伯利亚经济走廊"次区域经济一体化的实现提供了很大的可能性、产业合作基础、商贸物流发展源泉。

1.3.2 "四国"地缘经济产业互补

由于全球经济发展的波动性,煤炭、石油、铁矿、有色矿产等大宗商品的价格波动剧烈,因此哈、蒙和俄的经济发展受到很大的影响。在基础设施建设、能源矿产开发及投资的机制方面有着世界先进的技术和经验的中国可以满足三国最需要的是基础设施建设和国外投资,三国可以补充中国经济对能源和资源、农产品的很大需求。该区域在文化旅游方面有着独到的自然资源与文化象征,文化文明认同感深,交通通达、通关顺畅及旅游商贸便利的走廊建设可使四国之间的文化旅游业全季全域全方位发展。因此四国经济技术结构的优势和需求将通过"中俄贸易西通道经济走廊"得到很好的满足。

四国战略相互契合、优势互补,有利于四方真正开辟统一市场,充分发挥"亚投行"和"丝路基金"的作用,搭建贸易互通的便利网—克俄经济走廊,对于维护地区稳定,推动地区经济一体化有重大作用。

1.3.3 地缘贸易与文化旅游发展潜力巨大

中国新疆与俄罗斯、哈萨克斯坦、蒙古国山水相连、习俗相近,经济互补及经贸交往历史悠久。尤其是近几年来,中国新疆与俄罗斯、哈萨克斯坦、蒙古国的经贸关系得到不断的发展，目前哈萨克斯坦已成为中国新疆的第一大经贸伙伴国。2017 年中国新疆与哈萨克斯坦的贸易总额为 94.2 亿美元，其中出口 84.0 亿美元、进口 10.2 亿美元，比 2016 年分别增长 46.66% 及 74.69%。2017 年中国新疆与俄罗斯的贸易总额为 12.06 亿美元，其中出口 10.83 亿美元、进口 1.23 亿美元，比 2016 年分别增长 -9.12% 及 -10.97%。2018 年以来，中国新疆地区各组织积极延伸与俄罗斯西伯利亚联邦区的商贸物流、基础设施、农产品、食品、木材及文化旅游等各类相关经济合作，双向各类投资和经济技术合作项目 29 项，总金额 0.32 亿美元，比 2017 年增长 132%。中俄贸易合作正朝着经济技术合作的规模、规范、大宗货物进出口贸易的方向发展。

2016~2018 年俄罗斯进入中国新疆旅游人数分别为 14.9 万人、14.3 万人及 14.1 万人，与 2018 年中国新疆旅游业增速 40% 的"井喷式"发展严重不匹配。

虽然中国新疆与俄罗斯的贸易投资增长很快，但总量、规模不大，经贸合作主要局限于次区域内的毗邻区，因物流通道不顺畅、经济走廊建设滞后而导致次区域合作中的贸易投资、文化旅游关系强度较弱。目前处于一个初级阶段的层次上，还没有与内陆经济腹地建立区域经济一体化网络关系。

总体来看，目前中俄贸易西通道经济走廊合作的水平同双方所具有的地缘人文、资源区位优势还没有发挥；特别是与当前"一带一盟"对接的区域经济合作发展的潜力挖掘还很不到位；尤其是对双方消费者及组织欲通过中国欧亚自由贸易试验区的设立而实现贸易投资及文旅需求的愿望还需要进一步扩大中俄经贸西通道的合作潜力。

1.3.4 基础设施的连通性与经济腹地的集聚辐射性潜力巨大

中俄贸易西通道经济走廊核心区西线是指在中国新疆克拉玛依—巴克图口岸（吉木乃口岸）—哈萨克斯坦阿亚古兹（库尔希姆）—谢米—俄罗斯新西伯利亚市、鄂木斯克市沿线及其集聚和辐射区构建形成一条以铁路、公路、水运、管道及航空等物流网络为依托、与当地区位资源优势相对应，产业结构鲜明、经济协作高效的开放性次区域（国际）经济发展活跃带。该经济走廊是一个特定的区域，公铁联运通道为克拉玛依—塔城巴克图口岸（铁路）—阿亚古兹（公路）—谢米（铁路）—巴尔瑙尔（铁路）—新西伯利亚（铁路）—鄂木斯克（铁路），公水联运通道为克拉玛依—吉木乃口岸—斋桑湖港（公路）—谢米—鄂木斯克水运等干线经过。该区域中的两条多式联运通道形成交互的"8字形"结构，核心节点克拉玛依、谢米、新西伯利亚、鄂木斯克市均有航空、铁路、公路及管道形成的立体综合交通枢纽，其中鄂木斯克和谢米是同时具备五种运输方式的城市节点，共同形成集聚辐射的协同开放开发的国际地缘关系地区。

经过及聚集辐射的地区和城市，2017年国内情况：核心区（克拉玛依+塔城+阿尔泰+博州等）人口160.68万人，面积25.63万平方公里，地区生产总值1679.17亿元，约占新疆GDP的15.37%；延伸区（核心区+乌鲁木齐+昌吉州+伊犁州直属）人口862.39万人，面积47.38万平方公里，国民生产总值6038.39亿元，约占新疆GDP的55.27%；扩展区（新疆维吾尔自治区）人口2444.6万人，面积166.48万平方公里，地区生产总值10926亿元；占全国人口的1.78%，面积的17.34%，GDP的1.33%。2017年俄罗斯西伯利亚联邦区情况：核心区（克麦罗沃州、阿尔泰边疆区、秋明州、新西伯利亚州、鄂木斯克和托木斯克州）人口1129.25万人，面积106.5万平方公里，地区生产总值3.95万亿卢布，约占新西伯利亚联邦区GDP的58.57%；延伸区（核心区+阿尔泰共和国+布里亚特共和国+外贝加尔边疆区+伊尔库茨克州+克拉斯诺亚尔斯克边疆区+哈卡斯共和国）人口1932.4万人、占俄罗斯的13.2%，面积514.5万平方公里、占俄罗斯30%，地区生产总值7.01万亿卢布，约占俄罗斯GDP的6.8%；扩展区与延伸区相同。

依据空间经济学理论对以上数据分析可以看出，中俄贸易西通道经济走廊的物流通道基础设施，向北可与冰上丝绸之路连接，向南可与海上丝绸之路相接，纵向贯通中蒙俄经济走廊、新亚欧大陆桥经济走廊、中国中亚西亚经济走廊。该通道可以把未来全球的能源供给地与需求地连成一体，通过其与经济腹地的连通可达性及贸易通道网络的聚集辐射性使区域经济一体化成为可能。未来可以通过该经济走廊中线通道上的喀纳斯口岸建设，使中俄贸易西通道便利化（直接口岸通关），中俄贸易西通道经济走廊的优势会更加凸显。

1.3.5 通道空间与时间的总成本优势明显

目前,中俄贸易通道为四条:

1. 上海—绥芬河口岸出境—符拉迪沃斯托克—新西伯利亚大陆桥线—莫斯科(13000多公里约需140小时);

2. 上海—满洲里口岸出境—赤塔—新西伯利亚大陆桥线—莫斯科(11000多公里约需120小时);

3. 上海—二连浩特口岸出境—乌兰巴托—乌兰乌德—新西伯利亚大陆桥线—莫斯科(中蒙俄经济走廊10000公里约需110小时);

4. 上海—阿拉山口口岸—哈萨克斯坦—俄罗斯的车里雅宾斯克(或鄂木斯克)—新西伯利亚大陆桥线—莫斯科(8655公里约需95小时)。

而规划建设的中俄贸易西通道:①西线:上海—巴克图口岸(吉木乃口岸)出境—谢米—新西伯利亚大陆桥线—莫斯科(7460公里约需90小时),②东线:上海—新疆老爷庙—外蒙科布多—查干诺尔—塔上塔(新西伯利亚风光好、路线好)—俄罗斯的阿尔泰地区—戈尔诺阿尔泰斯克—莫斯科(9900公里约需130小时)③中线:上海—喀纳斯口岸—新西伯利亚大陆桥线—莫斯科(7000公里约需80小时)。

中俄贸易西通道与目前的中俄贸易四条通道相比,在空间距离和时间上均有优势,综合物流成本平均可降低15%。其中距离最短和时间最少的是中俄贸易西通道中线。虽然该线从上海到莫斯科仅7000公里约需80小时,但该线目前不能作为中俄贸易西通道经济走廊的交通路线。因受环境保护及建设成本问题影响下的喀纳斯口岸还没有开通。中俄贸易西通道经济走廊的西线与东线相比,西线比东线又可降低综合物流成本12%,因西线以铁路为主且各类经济技术参数较优,东线以公路为主但线路等级及可达性较差。因此,目前比较有效线路选择为中俄贸易西通道经济走廊西线。根据中与俄哈蒙贸易量的变化及货物种类的时空分布,正常发展的情况下中俄贸易西通道建设的顺序为:西线、东线、中线。如果中俄能源天然气契约近期实施,建设的顺序为:西线、中线及东线。总之中俄贸易西通道经济走廊的西线建设应列为首位。

1.4 中俄贸易西通道经济走廊的建设

当前中俄贸易西通道经济走廊的建立面临着很好的条件和机遇。一是两国及多国山水相依、人民之间的友谊浓厚及源远流长。近几十年来，中俄关系保持着健康良好的发展势头及关系，经贸往来越来越密切。二是在经济全球化、WTO 及欧亚自由贸易试验区建立的背景下中国与俄罗斯的"一带一盟"、新疆与西伯利亚地区的"西部大开发战略"和"2020 年前西伯利亚地区经济社会发展战略"的建设提供了良好的政策环境。三是中俄贸易西通道经济走廊的核心区域位于中哈俄蒙四国的陆地结合部，具有天然的地理区位优势，五种运输方式在这里交汇，可达性的水陆空交通枢纽及通道的条件和基础是沟通国际与国内两大市场最重要最便捷的陆路通道。四是这里能源、矿产、农产品、木材、科研创新及文化旅游资源富集，经济互补性强、发展潜力巨大。五是俄罗斯对中国机械电子、投资金融、轻工产品等市场需求很大、国内对俄能源、矿产、农产品需求也很大，经贸前景广阔。是未来的理想选择。六是近年来新疆与新西伯利亚的经济均高速增长、发展迅速、双方基础设施建设已有相当的基础和规模，为中俄贸易西通道经济走廊的建设打下基础。七是每年一度的中国欧亚博览会的举办，为俄、哈、蒙等国企业进入中国和中国企业进入俄、哈、蒙等国家架起了桥梁和平台，必将促进中国与俄哈蒙等国之间的商品、服务、投资在中俄贸易西通道经济走廊内的双向流动，有利于将加快和促进该经济走廊的基础设施建设与产业发展。

1.4.1 构建中俄贸易西通道经济走廊的基本思路

以中俄贸易西通道经济走廊的双方或多方城市为基础，以铁路、公路、水路、航空线路等交通线路为纽带依托，以沿线中小城市、口岸、工业区、物流园区、自然保护区等节点为结点。结合区域经济一体化发展趋势的要求，加强和完善双方基础设施建设，利用双方资源结构的差异性、产业结构的层次性和贸易结构的互补性开展产业协作与分工，促进双或多边贸易合作,以及在可持续发展等领域的国际合作。建立沿交通干线及其聚集辐射区带的通道经济体系、优势产业体系、商贸物流体系和边境自由贸易区或经济合作区,是双方或多方资源和各种生产力要素通过流动达到最佳配置而获得高效益。形成优势互补、区域协作、互惠共赢、开发开放发展的高效经济走廊。

1.4.2 加快重点交通物流基础设施建设

双方或多方交通物流基础设施建设已具有一定的基础。随着中俄贸易西通道经济走廊的建立、计划实施及各地区日益增多的零关税产品进出,通道西线将成为沿线国家贸易商品、货物的交汇中心,国际物流将迅猛增加。因此,当前建设高效的交通物流综合基础设施和口岸综合服务基础设施仍然是中俄贸易西通道经济走廊建设的重点。

整合规划中俄贸易西通道经济走廊的交通物流国际大通道。整合双方或多方的交通物流建设规划,合作建设以铁路为骨干、公路为基础、航空为辅助、水运为补充的集多种运输方式及枢纽站为一体的交通物流国际大通道。

铁路扩能与新建。要在经济走廊建设的总体规划框架内,争取亚投行及丝路基金的投资对巴克图—阿亚古兹铁路按准轨进行修建、对哈萨克斯坦及俄罗斯原铁路进行技术改造,力争使西线铁路达到更高的经济技术标准。尽快实现中俄贸易西通道西线铁路与中国、哈萨克斯坦及俄罗斯铁路联网。

公路建设。要尽快修建吉木乃口岸—斋桑图格尔港的国际高等级公路,形成联结西北、华北与丝绸之路经济带、欧亚大陆桥的公铁水多式联运快速交通物流网络,为经济走廊发展奠定物流设施基础。

水运通道建设。解决原有的水资源分配矛盾,推动克拉玛依—吉木乃口岸—斋桑图格尔港的水运航道建设,维护和疏通萨别塔港—鄂木斯克—斋桑图格尔港的河道,开展次区域经济合作的水铁公多式联运,促进走廊跨国旅游、能源及其他优势产业与区域协调的形成和发展。

航空网络建设。中国新疆乌鲁木齐地窝堡机场与俄罗斯新西伯利亚机场的航线已开通,航班密度仍需要提高。为提升经济走廊的效率及服务能力,建议在俄罗斯的新西伯利亚、鄂木斯克机场与中国新疆乌鲁木齐、克拉玛依机场之间建立区域航空网络，提升客货运输能力服务于旅游业与国际跨境邮政、快递业的发展。

石油天然气西线建设。中国与俄罗斯两国政府经过十几年的谈判，中俄石油天然气西线项目仍没有实施。主要原因为：一是俄罗斯政府对西伯利亚联邦区产业发展战略定位是"非能源经济发展"，二是石油天然气的价格问题，三是石油天然气的运输管道建设路线选址问题。其实质是俄罗斯在两国全面战略伙伴关系背景下的两国能源安全博弈的考虑。中国新疆应全面考虑综合贸易平衡下的"贸易转移和贸易促进"的作用，促进该项目尽快实施以发挥其主导产业的引领、集聚与辐射作用。该项目计划输送天然气300亿～400亿立方米/年。

口岸综合设施建设。加大对吉木乃、巴克图、红山嘴、塔克什肯、老爷庙等口岸的建设，做好喀纳斯口岸的前期工作。加大对四国国际贸易市场综合设施的建设投入，加快吉木乃口岸综合基础设施建设，提高口岸管理与服务水平，构建以口岸功能群专业化建设为重点的多口岸联动格局。同时为充分发挥区位优势，建议双方经两国政府协商批准，在喀纳斯口岸拟设区的一定区域范围内实行人员和车辆自由往来、商品货物自由进出、货币自由兑换，建立边境口岸自由贸易试验区。加快克拉玛依市作为"一城四国产业自由贸易港"选址的研究与顶层设计，以促进经济走廊核心节点双边与多边经贸的发展。

1.4.3 积极推进重点产业合作

中俄贸易西通道经济走廊的产业体系必须放到国际关系、区域关系、三大次区域（俄罗斯远东—中国东北、中国长江—俄罗斯伏尔加河沿岸、中国新疆—俄罗斯西伯利亚联邦区）合作差异化、国家安全及通道带发展的经济一体化的大趋势、大格局中去规划设计，要通过改造提升传统优势产业，培育区域优势互补的新优势产业，通过建立开放的示范区、沿边工业区、口岸国际物流园区、外向型加工区、多式联运中心等发挥通道经济走廊的产业集聚效应，把该经济走廊建设成为中国欧亚自由贸易试验区最活跃的区域。重点产业合作如下：

机械产业合作。由于俄罗斯、哈萨克斯坦、蒙古国经济快速发展，对各类机械的需求量很大，且本国机械行业比较落后，其经济快速发展离不开包括农业机械、纺织机械、建材机械、矿山机械、轻工机械、特种机械等在内的各种机械产品。而我国及新疆在这些方面具有很强的技术优势和产业优势，这些优势完全可以通过中俄贸易西通道经济走廊的要素流动与整合，使该次区域达到双方或多方实现一种次区域互补共赢的发展。

矿业能源合作。处于中俄贸易西通道经济走廊核心区的哈东、蒙西和俄罗斯秋明州、阿尔泰边疆区、共和国联邦区是非常富有的能源矿产区，其中石油、天然气、铁、钛、镍硒、高质量煤炭等矿产资源优、储量巨大。而中国新疆，尤其是克拉玛依市对矿产能源资源的开采、冶炼及炼化、生产使用等方面具有技术优势和产业优势，同时中国新疆是我国的能源、矿产国际大通道与储备及加工基地，对能源煤炭、矿产的需求很大。因此双方或多方在矿业能源等领域的合作有很大的项目合作空间与合作发展前景。

大农业合作。俄罗斯西伯利亚联邦区、哈萨克斯坦东哈萨克斯坦州、蒙古国西部等都是农业畜牧大区，但现代农业技术落后。中国新疆已建成完整的农业科技发展体系，在育种、水果蔬菜新品种培育、禽畜品种改良、农业生物工程、水产养殖、农药化肥及农机具生产等方面远远领先于沿通道国家。因此，中国新疆及国内在现代农业方面的技术、产业和品牌优势，一定能在中俄贸易西通道经济走廊的大农业建设发展与合作中得到更大的发展。

食品加工合作。俄罗斯和哈萨克斯坦与蒙古国的大农业产品丰富，盛产粮食和奶制品，但加工技术与质量各不相同，与中国新疆或国内形成优势互补。经过近几年的贸易发展，各方对在这些方面的合作基本成熟并达成默契的合作习惯，长期合同量剧增。因此未来合作开发高端特色食品加工业有着非常巨大的发展前景。

航空产业合作。充分利用和发挥俄罗斯新西伯利亚市、鄂木斯克市的航空航天产业制造、培训、研发创新的发展优势，合理利用和开发航空航天经济带资源，协作开发航空航天产品和加工制造业，共同培育全球化的航空航天经济产业优势。

文化旅游与会展业合作。旅游业是中俄贸易西通道经济走廊的优势产业，沿线国家、城市、产业节点及交通枢纽等均拥有独特的文化旅游资源与综合服务设施资源，双方可以在资源开发、会展经济、大市场整合、信息共享等方面展开产业合作，努力开发和利用中俄贸易西通道经济走廊文化旅游及会展资源，与周边地区、国家实行资源共享、客源互流、产品互补，合作开发跨国旅游及会展业务，共同拓展国际旅游与会展市场。

通道物流服务合作。一是合作发展口岸、港口及相关配套服务业（包括金融结算、保险、法律、信息等服务）；二是协作发展铁路运输、公路运输、水路运输、航空运输及多式联运等物流服务业；三是发展与沿通道集镇、城市配套服务业及传统服务业；四是发展与沿通道优势产业相关的服务业，如观光农业、旅游业及对外贸易的相关服务业。

多边贸易与国际跨国公司合作。积极争取四方政府批准，建立边境口岸自由贸易实验区。同时双方或多方要重视熟悉双方或多方的双边及多边贸易、投资及经济技术合作业务和法律法规的双语人才培养。构建多边贸易与国际跨国公司，充分发挥国际跨国公司的主体作用，拓宽合作渠道，推进经济走廊商品贸易、加工贸易、服务贸易的发展。

1.4.4 加强投资、教育、科研创新与数字经济合作协调机制

争取得到亚投行及丝路基金的实质性支持。中俄贸易西通道经济走廊是促进双边贸易合作和消除贫困、可持续发展的大型国际合作项目，目前缺乏有效机制，建议四方本着促进次区域合作的重要性和可行性，加强各国家间各相关部门的沟通联系，争取使这条经济走廊的建设能得到亚投行及丝路基金的实质性支持。

建立双边及多边合作协调机制。建立双边及多边合作协调机制，建议在上海合作组织下设立"中俄贸易西通道经济走廊"合作小组，作为双边及多边协调机构，加强对"中俄贸易西通道经济走廊"规划建设的研究，加强沟通与协商，协调处理有关问题，使中俄贸易西通道经济走廊次区域地区合作建设能够得到积极有序地推进。

四国在经济走廊空间内实行促进经贸发展的对等互惠政策。四方应对走廊内的各方贸易、生产、投资等经贸活动给予特殊的优惠，放宽人员、商品、货物等的进出限制，在工商管理、口岸管理、设施服务、降低税费、投

资便利、纠纷处理等方面实行促进经贸发展的对等互惠政策，以充分利用经济走廊促进双方经贸和各国经济的快速发展。

共同协商规划与合作建设经济走廊"一城四国"的菱形交通物流网络设施。四国政府在中俄贸易西通道经济走廊在本国集聚辐射的区域范围内选择"一城四国自由贸易港"建设的依托城镇或园区或交通节点作为建设选址，应对该区域内相关交通物流综合基础设施的建设、规划进行必要的协调与合作，以利于尽快构筑完成经济走廊"一城四国"的菱形交通物流网络设施走廊的建设。

要充分发挥跨境电商、数字经济平台合作开放的机会，促进教育与科研创新合作的范围。进一步加大通道沿线城市信息互联网的技术改造和建设力度，搞好交通、电力、通讯、港口、码头、口岸、金融、会展、旅游、工业区、物流园区等互联网的基础设施与配套服务设施建设，促进通道经济、会展旅游经济、边境口岸经济、港口经济、工业园区经济、物流园区经济等的快速发展，不断扩大中俄贸易西通道经济走廊的经济规模与市场容量。

目前中俄经贸合作仍存在着贸易规模不大、贸易结构不合理、贸易水平低下等问题。要实现2000亿美元贸易目标必须要创新发展模式，开辟新的贸易需求新通道，把需求的可能成为现实。一方面，俄罗斯地区发展新态势及发展战略有利于中俄贸易西通道经济走廊的推进；另一方面，俄罗斯的地区社会经济发展状况还没有完全走出经济危机及制裁的影响，迫切需要从邻国吸引投资[6-7]。但是，莫斯科及圣彼得堡地区的中俄合作趋于饱和，俄罗斯远东与中国东北地区合作不尽人意[8-9]。中国长江—俄罗斯伏尔加河沿岸地区的非毗邻区合作新模式投资合作落后于贸易合作，双方大型企业产业合作几乎空白，表现出产业合作困境[10]。因此，在仅有论坛"环阿尔泰山"次区域合作基础上，提出中俄贸易西通道经济走廊次区域经济一体化建设建议[11-15]。

1.5 本章小结

中俄贸易西通道经济走廊的研究尚处于构想阶段，其区位和意义逐渐凸显，尤其是国际多式联运综合交通体系合作方面的研究意义更大。

| 第 2 章 |

多式联运新模式的理论基础

运输技术、运输组织和公共政策为我国、美国与欧洲等国家多式联运发展的三大途径。基于多式联运新模式的综合交通运输创新发展是我国综合运输体系发展的趋势;物流复杂网络(CNN)的研究为多式联运新模式的研究方法及应用提供理论基础;也为探索中俄贸易西通道经济走廊多式联运的新模式提供理论支撑。

2.1 多式联运

2.1.1 多式联运产生的背景

随着公司的原料地、生产车间、装配工厂以及客户市场国际化。国际物流成为其全球化的纽带。追求时间短、成本低,同时也希望实现运输与生产同步协调,为此需要把运输过程和环节从几个孤立的运输服务活动中连接起来,整合成一个运输服务来满足空间移动需求,因此出现了多式联运[16-21]。

经过几十年迅速发展的多式联运,它在综合运输体系中发挥着越来越重要的作用。多式联运经营人通过对各种运输方式的有效组合来形成高效的运输链,提高了整个运输过程的经济效益。即,多式联运经营人组织两种或两种以上的运输方式,通过一次托运、一次收费、全程负责的形式,为托运人提供"门到门"运输服务,这就是多式联运。

2.1.2 多式联运的概念

1980年5月联合国贸发会议于日内瓦通过的《联合国国际货物联合运输公约》规定,国际联合运输是指:"按照托运人的要求,运输经营人的操作下,基于联合运输合同,通过两种或两种以上的运输方式,把货物由一个国家送到另一个国家的运输过程。"[33-38]虽然这个公约到目前为止还未生效,但是这个定义在运输界还是得到了广泛认可。美国国际货物联合运输协会采用的也是这个定义。在2001年出版了新的《运输统计术语》,其中对联合运输、多式联运和结合运输都给出了明确的定义。

多式联运(Intermodal Transport):以同一装载单元或运输车辆,通过两种或两种以上的运输方式完成整个货物运输过程,并且在转换运输方式的时候不对货物本身进行操作,仅对装载单元或运输车辆进行操作的运输形式。运输单元可以是集装箱、交换体等;运输车辆可以是卡车车辆、铁路车辆或者船舶。

联合运输(Multimodal Transport):通过两种或两种以上的运输方式完成整个货物运输过程的运输形式[39]。

结合运输(Combined Transport):过去,联合国欧洲经济委员会认为结合运输就是多式联运,但是最近欧洲运输部长会议上给出了结合运输的新的定义。结合运输为:不同运输方式的结合,表现为一种被动的运输方式被一种主动的运输方式运载,主动的运输方式提供牵引和消耗能量。可见,结合运输是多式联运的特殊形式,而多式联运是联合运输的特殊形式,联合国欧洲经济委员会的这一系列定义应该说是目前比较准确和严谨的定义[39-44]。

2.1.3 多式联运的特征

由于多式联运在国际上还没有统一的定义,因此我们要在多式联运的特征上达成共识,以便顺利地发展多式联运。多式联运应具备以下三个特征。

第一,两种或两种以上的运输方式特征。整个运输过程包括两种或两种以上的运输方式是多式联运的根本依据,是多式联运的基本特征。以单一的运输方式，无论运输距离有多远，中间手续有多么复杂，都不能称作多式联运[44-49]。

第二，一个多式联运承运人组织特征[50-55]。必须要有一个多式联运经营人，这个多式联运经营人可以是船公司，也可以是专业的多式联运经营人或者第三方物流企业。他们与托运人订立全程运输合同，明确多式联运经营人与托运人之间的权利、义务和责任，收取全程运输费用，签发作为运输合同证明的多式联运单据，以契约承运人的身份负责组织其他各种运输方式，为托运人提供"门到门"运输服务。在这过程中，多式联运经营人是唯一的对托运人直接负责的契约承运人，而其他的水运承运人、铁路承运人、卡车承运人等都是实际承运人，他们直接对多式联运经营人负责，这就是多式联运区别于传统分段运输组织方式的重要根据。对托运而言，整个多式联运输组织过程具有一个承运人，一次托运、一张运输合同、一次收费的特点。

第三，同一运输单元技术特征。使用同一运输单元，在整个运输过程仅对运输单元进行处理，而不必对货物进行直接处理，大大加快了货物的流通速度，缩短了运输时间。可见，全程使用同一运输单元是多式联运效率的重要保证，也是多式联运成为先进的运输组织形式的根本原因。

2.2 多式联运的发展

2.2.1 多式联运需求特点

我国多式联运的需求主要来自三大经济发达地区。长三角、珠三角以及环渤海地区经济圈[52]。铁路运输由国有企业提供服务，内陆公路运输和水路运输已经基本实现市场化。多式联运创立时主要以江海联运为主，并呈现较快地增长势头。而海铁联运发展步伐一直非常缓慢，因为受到运输体制、铁路运能不足、港铁分离等因素影响。目前因为多式联运的参与者过多，从内陆的货代、船代、铁路运输部门到沿海的船公司、多式联运经营人和国际货运代理人，多式联运的环节过多，办理站过多，没能形成大型办理中心，从而导致国内多式联运规模效应小，不利成本降低和竞争力提高。

欧洲海铁联运的主要模式为南/北部港口（鹿特丹港、汉堡港、安特卫普港等）到内陆腹地（德国、意大利、瑞典等国）[54-58]。铁路路网发达、装备先进、由国家铁路公司垄断经营，又推行了"网运分离"的行业改革，整体服务水平较高。欧洲四通八达的内河网和高速公路网，卡车和驳船加剧了铁路运输的竞争。由于近期在铁路方面的政策支持和重大基础设施投资等措施，欧洲海铁联运运输量还将继续保持增长。但因内陆铁路集装箱办理站是由地方一级政府决策，导致数量过多，功能分散，规模效应小，运能过剩；多式联运服务提供商、国家铁路公司的多式联运部（市场营销和货运代理）、卡车公司、铁路集装箱中心站运营商以及集装箱平板车提供人等过多的多式联运参与者。欧洲整个多式联运的过程环节众多，手续烦琐，导致成本增加，多式联运的发展也受到制约。

美国多式联运的主要需求来自东/西部港口（洛杉矶—长滩港区、纽约港—新泽西港区等）到内陆芝加哥等地[59]，长途运输主要以海铁联运为主，公路运输作为完成门到门服务的辅助运输方式。铁路公司拥有路网、机车车辆和集装箱办理站，铁路运输相对于卡车具有明显优势，因此美国多式联运行业发展迅速，绝大部分国际多式联运是海铁联运。美国多式联运主要为海铁联运和驼背运输，海铁联运的主要运输方向是由西向东（来自亚洲的外贸进口货物），而驼背运输则主要服务与内贸货物的中长距离运输。随着需求增加，运输方式的关键服务指标—服务可靠性降低的影响原因是美国海铁联运发展的铁路运能不足的制约。

2.2.2 多式联运发展的原因

运输技术。多式联运的兴起在很大程度上归结于运输技术的改进[60-66]。特别是把货物由一种运输方式转移到另一种运输方式的转运技术的改进使得多式联运容易实现。集装箱的出现是运输技术的重大突破，它使得货物在运输方式的转换时简单。基本的集装箱单元是 20 英尺集装箱。即为 1 标准箱（1TEU），还有 40 英尺集装箱以及一些不常用的特种箱。铁路双层集装箱运输技术使得铁路运量翻倍，而成本的增加减少到最小，进一步提高了铁路运输在长途运输方面相对公路运输的竞争优势，是确保集装箱海铁联运稳步发展的重要运输技术。

运输组织。近年来,内陆运输方式也出现了一些先进的运输组织形式[60-66]。集装箱往返直达班列,往返于两地之间、固定编组数量的直达集装箱五定班列。主要在港口与内陆重要城市、工业区之间开行。集装箱往返直达班列是沿海港和内陆港之间服务质量最好的铁路集装箱运输组织形式,进一步提升了铁路运输相对公路运输的竞争优势,提高了集装箱在内陆地区的周转速度,同时也促进集装箱海铁联运的发展。

公共政策。公共政策的改变进一步加快了多式联运的发展[60-66]。政府放松了对运输市场的管制,允许同一家公司可以经营多种不同方式的运输业务推动了各种运输方式之间的协作,促进了多式联运的发展。近年来,随着公路运输的压力越来越大,欧美各国对能源、环保、可持续发展的关注越来越多,形成了推进多式联运服务于高频率、远距离、双向平衡的、达到一定量的货物流,而公路运输服务于低密度的、紧迫的、地区性的、低频率的货物流。在欧洲,运输政策正在努力使得公路货运量向其他运输方式转移,多式联运被看作是实现这一目标的重要手段。政府也通过补贴铁路公司和多式联运经营人,增加港口基础设施投资和增加卡车运营费用来提高多式联运的市场份额。

2.3　多式联运的综合运输新模式研究

多式联运具有成为长距离货物运输网络核心并占领中短途运输市场的潜力。目前,铁路多式联运仍未得到充分利用,还有巨大的增长空间。研究结果认为不能依靠扩充公路汽运解决未来的运输问题,而出路在于发展多式联运的综合交通体系。当前的主要制约因素是国家间阻断、投资不足、标准不统一等,原因是铁路多式联运的投资回报太低。多式联运得到的更多是社会效益和环境效益,而投资要由私营铁路承担,这是难以持续发展的。将来在解决投资障碍之后,铁路多式联运会有更快速的发展。为满足多式联运发展的需求,学者们从多式联运发展简史、多式联运在运输市场中的位置、传统多式联运集装单元及运输方式、多式联运铁路运输方式、多式联运使用的设备类型及使用情况变化、多式联运设备的产权人、标准箱箱源供应基地、多式联运技术革新、多式联运办理站、多式联物流网络优化、多式联运路径选择与仿真、多式联运中心基地选址、建设与运行等方面全面研究并应用。

2.3.1 基于多式联运的综合交通运输理论研究

运输系统本身越复杂，交通运输与社会经济及资源环境的矛盾越突出，对运输方式之间连接性、一体化以及可持续运输发展方式的要求也越强烈。这些都使得研究综合交通运输的意义更加突出。本书从综合交通运输的概念与内涵，起因、组成与发展方向，政策与管理体制以及实现方式四个方面对国内外综合交通运输的相关文献进行了系统性的梳理和归纳；并对综合交通运输理论的研究方向进行了展望。

综合交通运输的概念与内涵。综合交通运输（或综合交通、综合运输）一词大体是从 20 世纪 50 年代开始在中文中使用的，日文则大约在 20 世纪 70 年代以后开始使用。综合交通运输的"综合"在英文中多是用 comprehensive 或 integrated 表示，其中前者主要是"全部的、所有的"意思，后者则主要是"各部分密切协调的、完整统一的"即一体化的意思。总的来讲在国外的文献中较少见到 Comprehensive transport。欧美国家从 20 世纪 60 ~ 70 年代起，在政府文件和学术文献中越来越多地使用"一体化运输（integrated transport）"的概念[71-77]，其不仅指各种运输方式的一体化，还包括了运输与土地利用、环境保护、健康及教育等方面的一体化。但首先要实现多式联运（intermodal or multimodal transport）。

关于多式联运的概念[51]不同时期的学者有着不尽相同的观点，然而他们又大都有着共同的认识，即多式联运必须由两种及以上的运输方式联合构成。主要观点有：Min（1991）[35-38]用不同的运输方式把产品从始发地运送到终到地，这样的运输方式包括：海运、空运、铁路和公路等。Evers（1994）[39]在同一个运输过程中的铁路和公路联合对集装箱或拖车完成的运输活动。D'Este（1995）[79]一个包括技术、法律、商务和管理的框架，此框架用于实现基于一种以上运输方式的门到门运输。Slack（1996）把单位化负载（集装箱，拖车）从一种运输方式转移到另一种运输方式。Nierat

(1997）联合铁路和公路运输服务来完成门到门的运输服务。Nozick 和 Morlok（1997）先用铁路完成对装载了集装箱的卡车的运输，而后再用卡车把货物运送到各个终点。TRB（1998）用铁路和公路实现集装箱的陆地运输，用航运和驳船实现集装箱的海上运输。

另大宗商品的空陆运输也被认为是多式联运。Van Duin 和 Van Ham（1998）用同一个运输车辆或单元，多种运输方式完成货物运输，在中转的过程中不需要处理货物。Ludvigsen（1999）把运输的货物装载在同一个运输单元中，用若干种运输方式完成运输，在转运的过程中不需要处理货物。Van Schijndel 和 Dinwoodie（2000）在同一结算费率下，实现货物从托运人到收货人的运输。Jones 等（2000）在同一个行程中，用两种以上的运输方式来实现无缝的客货运输。Southworth 和 Peterson（2000）用两种以上的运输方式实现客货从出发地到目的地的运输，在所用到的方式中，任意两个方式互相衔接。Tsamboulas 和 Kapros（2000）用同一个运输车辆或单元，多种运输方式完成货物运输，在中转的过程中不需要处理货物。Newman 和 Yano（2000a，b）轮船、卡车和铁路的联合货运。North East Rails（2004）[36]统筹卡车、铁路、远洋等运输方式完成集装箱或拖车的货运。

比多式联运更进一步的综合交通运输一体化，主要是指不同交通方式的一体化，以及交通与土地利用、环境保护、健康及教育等方面的一体化。May（1993）和 J. J. Trip（2004）[37]认为交通运输一体化包括：不同政府部门的一体化，不同运输方式的一体化，基础设施提供、运营管理和定价等措施的一体化，运输政策与土地利用规划、环境、教育、健康和财富创造方面的政策的一体化。

Angela Hull（2005）[38]则更加全面地解释了一体化的内涵，其认为根据难度不断递增的原则，交通运输的一体化可分为 8 个层次：公共交通设施和业务的一体化，包括票价、时间表、换乘、信息等；模式一体化，突出各种交通方式要在管制、定价、评判标准和预算上具有一致性；市场需求的一体化，关注市场效率、效益以及拥堵的成本；环境问题和制定交通政策的一体化；制度和管理的一体化；不同政策制定部门之间的一体化；政策措施的一体化，主要指在考虑交通、土地利用、经济、环境、可持续发展和各种社会目标的基础上，实现财政、管制等政策措施的一体化。

Anthony D. May（2006）[39]又进一步提出一体化交通运输分为运营、战略和制度（或机构）三个层面的整合，除了市场自发形成的多式联运，还要求从全局战略出发为实现更大的绩效而对各种政策工具进行整合，包括基础设施提供、经营管理、信息和定价等政策工具的整合，运输规划与土地利用规划方法的综合以及健康、教育等其他领域政策的整合，还包括从地方到全国范围内管理机构的整合。

王庆云（2002）[40]认为，综合运输体系是市场经济发展到一定阶段，在科技创新和制度创新的作用下产生的一种现代交通运输的组织形式，是为满足国民经济和社会发展的需要以及客货用户的要求，将铁路、公路、水运、民航、管道五种运输方式作为一个有机整体进行系统研究、系统规划和系统建设，形成整体的系统能力，并以市场经济为导向，以高新技术为基础，在充分发挥各种运输方式比较优势的前提下，为经济发展与社会进步及客货运输用户提供安全、快捷、方便、舒适、经济优质服务的综合系统。

现代综合运输体系可以概括为：根据各种运输方式的现代技术经济特征和社会对资源消耗、建造成本、运行成本的可承担能力，在框架结构优化、运输系统一体化、全面信息化的战略目标和政策指引下，由多种运输方式按照功能组合、优势互补、技术先进、合理竞争、资源节约的原则进行网络化布局发展，共同构建形成的有效满足社会经济发展需要、一体化紧密衔接、运行高效的交通运输有机整体。

国外专家学者普遍认为综合运输的产生包括两方面的原因：环境问题的日益严重，能源与资源的日益紧缺；以及运输成本的节省。关于前者，Illia Racunica（2005）[45]认为，最小化货运中的社会和环境成本需要多式联运的发展，而多式联运的发展又需要最大化铁路的功能，故他提出了一个优化模型用于提高铁路在多式联运中的比例。Chun－Hsiung Liao（2009）[46]通过建立模型，比较了公路运输与多式联运的二氧化碳排放量，认为多式联运更加环保。Cathy Macharis（2009）[47]则揭示了燃料价格的上涨能够与政策工具在相同程度上实现对多式联运市场规模的扩大。Milan Janic（2011）[48]用量化的方法对把机场转变为一个多式联运节点而带来的社会和环境影响进行评估。认为这种转变可以减少社会和环境成本。关于后者，W. J. Van Schijndel（2000）[49]评估了由于拥堵而产生的成本对于货物由公路运输转向多式联运的影响。Ekki D. Kreutzberger（2008）[50]提出，时间和空间因素带来了车辆的直接成本和间接成本，而降低成本是促使多式联运产生的重要因素。通过使用合适的运输路径网络，可以实现规模经济从而降低单位运量的成本。

国内专家荣朝和于2005年提出运输业发展可分为简单的线性发展状态和复杂性越来越突出的非线性发展状态[51]。到了运输业非线性发展状态，不同运输方式之间的关系越来越突出地要符合综合交通网和综合交通体系的整体要求，特别是运输一体化的无缝连接要求。

关于综合交通运输体系组成内容的研究主要集中在国内，王庆云（2002）[52]认为，综合运输体系至少要包括由硬件设施与软件服务组成的三个子系统：一是通过科学的系统研究、系统规划提出并实施的满足国民经济和社会发展需求及客货用户要求的现代综合交通网络与运输装备系统；二是以现代信息技术与现代化管理手段为基础的安全、高效的运营与管理系统；三是充分体现市场经济规律与"用户选择""以人为本"服务准则的优质高效服务系统。杨远舟、毛保华等（2010）[53]认为，我国现代综合交通运输体系包括：综合交通运输发展战略子体系、综合交通运输体制机制子体系、综合交通运输基础设施网络子体系、综合交通运输服务水平子体系、综合交通运输法规标准子体系、综合交通运输智能信息化子体系、综合交通运输应急保障子体系和运输效率效益评价体系。

关于多式联运枢纽在空间规划中所起的作用。美国把多式联运枢纽规划与区域经济发展结合起来。也有很多专家认为在开展多式联运的基础上，综合交通运输的发展还需要把交通、土地利用、环境保护和经济一体化考虑。David Bayliss（1998）[55]描述了英国所面临的交通问题，如拥堵、噪音、安全等，其认为这和小汽车的大量使用有关，还和过去"预测供给"的政策有关，故建议在制定政策时需要把交通、土地利用、环境保护和经济一体化考虑。Moshe Givoni（2006）[54]提出，航空和高速铁路不应该只是竞争，也应该进行合作。郭小碚（2003）[56]提出，新阶段在我国综合运输发展中要注意处理好综合运输体系建设中市场化取向与政府政策引导的关系、各种运输方式发展的合理性和市场竞争的关系、运输设施建设与运输经营组织的关系、运输网络建设中线路与枢纽的关系等重要问题。张国伍（2005）[57]认为，综合交通运输应当协调发展，包括：交通运输与外部环境的协调，交通运输大系统的整体协调，各交通运输系统内部的协调。石钦文等（2006）[58]则提出综合交通运输系统与社会经济系统的协调发展包括五个方面：①综合交通运输系统与经济发展的协调；②综合交通运输系统与社会发展的协调；③综合交通运输系统与人口分布的协调；④综合交通运输系统与环境保护的协调；⑤综合交通运输系统与资源节约的协调。

2.3.2 基于多式联运的综合交通运输政策与体制研究

综合交通运输政策。综合交通运输政策是指在综合交通运输领域中，政府为实现一定时期内的目标而制定的协调参与综合运输活动的各个经济主体利益关系的行为准则，也是在运输领域内由政府做出的正式制度安排。第二次世界大战之前，英国和美国在运输政策中较多使用的是"运输协作"（coordination of transport）的提法。从20世纪60~70年代起，欧美国家的政府文件和学术文献中越来越多地使用"一体化运输（integrated transport）"的概念。随着交通运输业的发展，欧美国家越来越重视一体化交通运输中的"多式联运（intermodal transport）"问题。美国1991年甚至通过了《多式地面运输效率法》，并在其后的十几年时间内不断对该法进行修改、补充和完善，以从国家政策的层面推进多式联运和一体化交通运输事业。

20世纪90年代以来，英国和其他欧洲国家以至超国家的欧盟机构也都连续发布了一系列关于一体化综合交通运输的政策文件，并以实际措施大力推进。例如欧盟于1997年制定了欧洲统一综合运输基础设施发展战略，加快推进全欧综合运输系统的规划与建设。日本从20世纪60年代起开始重视综合交通研究和有关政策的制定，70年代成立了"运输政策审议会"并在经济企划厅内设立了"综合运输问题研究会"。有关的政策导向，由60年代的"联合运输"、70年代的"综合交通体系"，到80年代以后的"综合性交通政策"，为该国相应时期经济高速增长、国土开发、应对全球化和老龄化等的调整发挥了重要作用。

我国早在1956年，国务院颁布《十二年科学技术发展规划》的交通运输方面第一项就提出开展综合运输研究。到了20世纪80年代，交通部正式提出"七五（1986~1990年）"期间交通业的发展要以综合运输体系为主轴的总方针。1987年党的十三大报告在论述充分重视基础工业和基础设施时，提到要加快发展以综合交通运输体系为主轴的交通业。到90年代，"加快综合运输体系的建设"的提法第一次正式出现在1996年制定的"九五"（1996~2000年）计划。李鹏总理1997年发表《建设统一的交通运输体系》一文，提出"我国交通运输业应以铁路为骨干，公路为基础，充分发挥水运，包括内河、沿海和远洋航运的作用，积极发展航空运输，适当发展管道运输，建设全国统一的综合运输体系"。在2001年制定的国家"十五"（2001~2005年）计划中，"健全综合交通体系"已经出现在小节标题中，而且专门制定了《综合交通体系发展重点专项规划》。在2006年制定的国家"十一五"规划纲要（2006~2010年）"优先发展交通运输业"一节中，除了提出如何发展综合运输体系外，还第一次提到要"按照形成综合运输体系的要求，推进交通运输业管理体制改革"。而在2011年的"十二五"规划纲要（2011~2015年）中则用了一章的篇幅，分别就完善区际交通网络、建设城际快速网络、优先发展公共交通以及提高运输服务水平四方面进行了详细论述。

综合交通运输的管理体制。综合交通运输管理体制是建设综合交通体系的重要制度保障。Morlok（1997）研究了如何让公众参与到多式联运政策制定当中。Chris Booth（2001）通过分析英国的交通规划过程，提出在制定综合交通的规划时，公众的参与非常必要，因为综合交通的发展需要满足公众的需求。而让公众参与到交通规划中来还存在着两方面的障碍：现在主流的交通规划的模式还是从上至下的技术专家制，由专家来驱动；当前的政治文化仍然是政治家是公众声音的合理代表，而公众参与在程序上太复杂，不适用。

本章通过分析公众参与的原因、范围、时间、地点及方式提出了一个分析框架，用于解决公众参与的复杂性和固有矛盾。Dominic Stead（2008）提出了在对部门政策的横向管理过程中，按各部门合作的紧密程度依次可分为：政策合作（policy cooperation），只是在各部门之间进行对话和信息沟通；政策协调（policy coordination），在政策合作的基础上进一步增加各部门信息的透明度，并通过协调相互之间的利益来避免政策冲突；政策一体化（policy integration），在政策合作与协调的基础上，联合工作，创造双赢或多赢的局面，统一目标去制定政策。在国内，罗生、魏学俭等（2001）[60]认为，使公路、铁路、水运、航空和管道五种运输方式能在社会主义市场经济活动中相互补充，协调发展，需要在中央和各级地方政府建立一个统管各种运输方式的行政机构。赵坚、陈和（2006）[62]甚至提出应当设立统筹管理国土、交通和建设的综合管理体制，即建立国土交通建设部的建议。

2.3.3 基于多式联运的综合交通运输需求、规划与建设研究

综合交通运输的需求预测。发达国家对综合交通需求预测理论进行了大量的研究。美国的研究机构针对交通规划科学发展的趋势，结合传统的交通规划理论和方法分别提出了交通预测模型。包括美国能源决策咨询会（RDC）的SAMS（Sequenced Activity - Mobility System 序列活动—流动系统）模型，Caliper公司的超级路网和地理信息模型，麻省理工学院的基于非集计出行需求模型以及路易斯安娜交通研究中心的SMART模型。

在国内，四兵锋、高自友（2004）[63]分析了在多种运输方式存在的情况下乘客的交通选择行为，并基于随机用户平衡理论和混沌理论构造了综合运输条件下的交通方式分离模型及求解算法。黄海军、李志纯（2005）[64]研究了弹性需求下的组合出行行为，提出了与均衡条件等价的变分不等式模型，并讨论了模型解的存在性和唯一性。卞长志、陆化普（2009）[65]则基于多用户多准则随机用户均衡理论构造了综合运输条件下的交通方式分离模型，并以京沪运输通道的客运市场为例，分析了运输通道内的各种因素变化时，不同交通方式的客流变化情况。

综合交通运输体系的规划与建设。在综合交通运输体系的规划与建设中，综合交通枢纽的规划建设尤为重要，Pierre Arnold（2004）[66]建立了解决货物多式联运枢纽地址的选择和优化的模型。Sirikljpanichkul Ackchai（2007）[67]开发了用于评估公铁多式联运枢纽位置的模型。在这个模型中包括四个参与者：枢纽的拥有者或运营者、运输基础网络的提供者、枢纽的使用者和公众。Yasanur Kayikci（2010）[68]则建立了基于模糊层次分析法与人工神经网络的模型，此模型为货物多式联运枢纽位置的选择提供了决策支持。随着综合交通运输的发展，越来越多的学者开始注重交通规划当中的土

地利用和环境保护,Tomasz Zaborowski(2006)[69]厘清了交通与土地利用政策之间的关系,即都属于空间规划的范畴。建立了关于两者相互关系的模型,并提出了交通与土地利用政策一体化的理论框架,此框架兼顾了城市发展、城市环境、交通系统效率以及方式选择。Robert B. Noland(2007)[70]回顾了英国运输政策的变化,论述了运输政策中环境评估程序具有的内在政治特性以及理论在这个评估程序中揭示问题的作用。并提出了应该在运输政策的目标与其可能达到的结果之间提供更多的透明度,从而使运输政策的制定能够有效地保护环境。

关于综合交通运输体系的规划和建设,国内学者王德荣[71]早在20世纪80~90年代就研究了中国铁路、公路、水路、民航、管道以及城市交通运输的运输网布局等问题。吴群琪等(2006)[72]强调现阶段综合运输体系的建设应以需求为主导。张国强(2007)[73]系统地归纳了中国综合交通布局理论,强调生产力布局和自然资源布局决定客货运输需求的空间布局,从而决定运输资源的布局。

2.3.4 基于多式联运的综合交通运输组织运营管理研究

在运输过程的管理方面,Athanasios Ziliaskopoulos(2002)[74]提出了一个基于时间的多式联运路径优化算法。Alejandro Escudero(2011)[75]针对城市货物多式联运提出了一个动态优化模型,此模型利用运输过程中车队的实时位置,使得调度者可以在情况发生变化时重新安排任务,从而降低拖车运输的成本。其接下来又研究了如何通过卫星系统对多式联运中的拖车进行实时定位,集中动态管理,从而提高多式联运链条的效率。Andrea E. Rizzoli(2002)[77]建立了一个用于评估公铁联运枢纽运营效率的仿真模型,在仿真中人们可以修改作为枢纽输入输出的公铁时刻表和队列以及转运过程的结构。从而减轻综合交通枢纽的拥堵问题。Paul Corry(2006)[78]开发了一种分析工具用于帮助计划列车负载,进而提高多式联运枢纽的运营水平。Rafay-shfaq(2010)[79]对多式联运物流网络中的综合运输枢纽,分别从财务、运营、服务这三方面相互作用的角度进行了研究。

在国内,张国伍(2000)[80]运用系统工程和管理理论来研究我国综合交通枢纽的作业过程、信息共享和多组织的 Agent 代理管理模式等。提出综合枢纽的虚拟组织发展模式，为综合交通枢纽管理向有序化发展提供一种尝试。而荣朝和（2006）[81]在介绍了企业的中间层组织理论的基础上，以此框架为基础分析了运输市场的微观结构以及中间层组织在运输市场中的角色，为综合交通的组织、运营、管理提出了一种全新的方式。

总之，从研究范式上看，国内外关于综合交通运输的理论研究主要分为两种范式。一是以工程与技术科学为主导学科的研究范式，多见使用各种数学模型，该范式的研究大都针对具体的问题，主要采取以政府为主导的政策主张。二是以一般经济学与管理学为主导学科的研究范式，以各种均衡理论、博弈论以及外部性与产权等理论为分析基础，主要关注的视角是运输业的适应增长、需求管理以及高效的组织管理，该范式从总体上认为主要的综合运输问题是要促进交通运输与土地利用协调并实现资源环境友好，在政策主张方面更加强调市场和政府的共同作用。荣朝和（2011）[82]认为，第一种研究范式立足于希望政府能够解决交通发展与改革问题，但政府在这方面存在明显的失灵问题；第二种研究范式相比第一种有了很大改进，它立足于回归到市场去解决交通的发展与改革问题，或以市场加政府的方式解决问题。但市场也会失灵，而交通运输问题在很多情况下政府的效率和失灵，与市场的效率与失灵并不能形成社会所需要的互补，政府与市场同时失灵甚至叠加双方的失灵效应，反倒会给社会经济带来更大的损失。

解决国际政府组织与市场同时失灵问题的办法之一，是引入地缘社会治理，用更多公众参与和社会自治的方式去监督甚至取代政府所不必要的社会与经济干预，最大限度地降低国际政府失灵和犯错误的可能性。鉴于以上两种范式存在的不足，我们借鉴荣朝和（2011）[82]提出的第三种研究范式，从一般经济学与管理学向前走一步，以系统论、经济时空分析与公共管理为主导学科的研究范式，以运输经济学框架、时空经济分析、公共与法律经济学等多学科前沿成果为分析基础，从交通与社会经济协调发展并注重制度建设视角，强调中俄贸易西通道经济走廊的衔接性、一体化、准时性和枢纽作用等是中俄贸易西通道经济走廊多式联运的综合交通运输的核心问题，在政策方面主张市场—政府—企业—社会四位一体共同合作的模式。因此，在探讨中俄贸易西通道经济走廊多式联运综合运输新模式问题时，要更加深入认识研究范式与框架。

2.4 多式联运的物流复杂网络（CNN）研究

复杂网络（CNN）作为一门新兴交叉学科，成为近几年来的研究热点。从复杂网络的提出、无标度网络模型发展以及物流复杂网络三个方面进行研究，以期对多式联运的物流复杂网络的演化构建与优化方法的研究提供经验。

2.4.1 复杂网络理论

复杂网络模型的数学基础是图论，它起源于数学家欧拉的"哥尼斯堡七桥问题"的理论[83]，为研究奠定了基础及统计评价指标。最初的网络模型多采用规则网络结构，如完全规则的全局耦合网络及最近邻耦合网络等。ER 等[84-85]建立了随机图理论，随机图理论是指多个随机节点按一定概率进行随机相连接构成网络，这与规则网络是相反的。后来在 ER 图的基础上，许多学者提出了不同概率的随机连接思想实现 ER 模型的拓展。事实上，现实中的网络很少完全属于规则网络或者随机网络，同时会发现短的平均距离与大的聚集现象常有存在。Milgram 的著名"六度分离"开创了小世界理论。ER 随机图理论与小世界理论的共同特征是网络的连接度都可以用泊松分布来表示，随着进一步的研究，人们发现现实中很多复杂网络具有无标度特性，即连接度分布具有幂率性质。

随着人们对于复杂网络的大量研究，发现有些实际网络可以用泊松分布来表示，但是对于大部分实际网络，它们的度分布更偏向于无标度网络的特征，即幂率分布特征。幂率分布的曲线与泊松分布相比较而言，下降的要缓慢的多。幂率分布又叫作无标度分布，对应的网络也叫作无标度网络。因此，在复杂网络理论提出以后，其中最重要的研究分支就是对于无标度网络的研究。

无标度网络模型研究。无标度网络模型研究起于 Barabasi 和 Albert[86]，他们基于增长与偏好连接机制提出了第一个复杂网络演化模型—BA模型。BA模型具有两个明显特性，一个是增长特性，即复杂网络每时每刻是在不断扩大的；另一个是"富者更富"特性，即拥有节点度更高的点，有更大的概率与新增节点连接，从而节点度越来越大。初始网络具有m个节点，每次加入一个新节点，以一定概率P与已有的m个节点相连（m≤m_0），在连接时，新节点优先选择节点度数高的节点相连，设节点i的度数为k_i，则新节点与i节点连接概率$P_i = k_i / \sum_{i=1}^{n} k_j$（n为节点个数）。BA模型的度分布统计特性符合无标度分布，但是并不是完善的，依然存在一些不足。

基于BA模型修改节点增长规则的模型。在BA模型中，增长规则机制并不太符合现实网络的增规则，无论是点还是边的增加并不是按一定规律来进行，甚至会有点或边的减少与增长过程同时进行，基于此，许多学者就BA模型的增长规则机制进行了改善与拓展。李广等[88-89]不止考虑了供应链网络中企业节点增加的情况，同时也考虑到增加的同时也有消退，建立修正的BA模型，分析了供应链网络的分布特征，补充了BA模型只考虑到节点增加情况的不足。李季等[90]认为，在现实网络中，节点并不是每个时间步都增加一个，有时也呈级数增长趋势，所以提出了一种基于BA模型，构造了每个时间步中按级数增长，同时加入多个节点的节点数加速增长的网络模型，得出了幂律指数在2~3范围内的网络模型，弥补了BA模型只能构建幂律指数为3的复杂网络之不足。陈康等[91]在研究BA模型以及其他模型的基础上，令每个时间步增加的节点与边呈对数关系，构造了一种新的更贴合实际网络的模型。另外，国外也进行了相关研究。Dorogovtsev SN等[92]提出了节点非线性增长模型。

基于BA模型修改连接规则的模型。除了增长规则机制外，BA模型中的另一个连接规则机制也有待改善，现实中的网络节点之间的连接受太多外因内因的影响，如果只靠节点度来评定一个节点的优势与否未免太片面化。因此，一些国内外学者结合不同现实网络的内外因素构建新的节点评价指标，将指标代入BA模型连接规则机制中，成为BA模型的另外一种拓展模型，更加真实地反映出现实网络的演化过程。雷凯[95]以多式联运网络为研究对象，基于复杂网络相关理论，引入网络节点强度和节点风险阈值两个参数，取代在 BA 模型中单一的节点度为参数进行概率 P 的确定，验证了多式联运网络的无标度特性。陆华[96]构建三个演化模型：区域物流网络时间演化模型、以节点吸引为基础的演化模型、基于各边非均衡权值的网络生长模型。他通过三个演化模型进行了不同角度的分析和论证，但是只考虑到了物流对于边的影响，而没有考虑其他多种影响因素。陈康等[97]研究了 BA 模型以及其他模型，在优先连接的基础上，引入随机连接方式，把现实网络连接中的一些随机因素加入到网络建模过程中，建立了适应度模型。Dorogovtsev SN[93]等引入了吸引力指标，建立了模型。

局域世界演化模型及其拓展模型。由于 BA 模型的有限性，有学者提出了很多情况下 BA 模型中的优先连接机制是在某个小世界里面进行的，即局域世界演化模型—LW 模型。在 LW 模型中，初始网络有 m_0 个节点，r_0。每次增加一个节点和 m 条边，与 BA 模型的区别是，增加的节点与 m 条边是与一个区域里的节点以一定的概率 p 进行相连接的，随机地从已有节点中选取 M 个节点，择优选择则是在这 M 个节点里面进行，这 M 个节点就是所谓的局域世界 LW，设节点 i 的度数仍为 K_i，则新节点与 i 节点连接的概率为 $P = \dfrac{MK_i}{m_0 + t \sum_j localk_j}(i,j \in LW)$。同样，LW 局域世界模型也是只考虑了节点和边数的增加，没有考虑节点与边数的增减情况；节点数也不是每次都规律的增加一个，边数也不是确定的 m 条；没有考虑边的权重问题；概率并不一定只与节点度呈线性关系。因此，有学者基于 LW 局域世界模型，进行拓展，并对其演化进行描述。

2.4.2 物流复杂网络模型研究

学者将物流网络与复杂网络理论结合起来，从配送网络优化、区域物流网络一体化评估、供应链网络优化以及多式联运网络演化与优化等方面展开一系列研究，为多式联运物流网络路径优化问题提供了方法与可借鉴经验。

CNN 在物流配送网络中的应用。张旭凤等[105]利用 CNN 概念对物流配送网络的无标度特性进行研究。曾云等[106]将 CNN 应用于快递配送网络，重新构建模型，对路径问题进行优化。杨从平[107]对物流配送网络进行 CNN 静态分析，对网络的抗毁性做出一系列分析并提出针对性的建议。

CNN 在多式联运网络中的应用。徐凤[108]运用 CNN 的节点设为机场或者高铁站，边设为经停城市之间的连接，在 P 空间构建无向非加权的空铁复合网络模型—可调参数的空铁复合网络双阶段变式演化模型，引入了成本偏好连接机制，对空铁联运网络进行了演化。但是此模型未考虑边的权重问题，也没有结合实际考虑到机场与高铁站的客流量问题。肖伟等[109]对多式联运网络进行了综述，大致分为三种类型的多式联运网络并且进行对比，认为局限在于只适用于小型网络的分析，提出了一种可以反映大型 CNN 的不规则棱柱网络，丰富了多式联运复杂网络模型，提升了网络构造空间与运营效率。徐凤等[110]借鉴 p—枢纽中位问题，提出了一种以成本最低为目标函数，允许直航的空铁联运网络的混合整数规划模型，设计了 14 个城市之间的空铁联运复杂网络。

CNN 在供应链网络中的应用。叶笛[111]分析了供应链网络的无标度特性与节点度高的中心节点，与核心企业的供应、生产、分销体系以及第四方物流等因素都有关系。李彬等[112]认为，供应链网络具有小世界特性以及聚类特性等 CNN 特性，在此基础上分析了供应链网络符合 BA 网络模型的某些演化机制，并分析了此类网络的脆弱性并给出一系列预防办法。朱冰心等[113]运用了 CNN 对供应链网络结构进行分析，对关键节点和枢纽企业等进行识别，以提高供应链网络的效率。

物流复杂网络评价。鄢飞等[114]选取丝绸之路经济带 23 个国家为研究对象，首先借鉴引力模型，评价节点之间物流联系，然后运用社会网络分析方法对该物流网络特性进行了分析，为中国在"一带一路"物流发展中提供重要建议。施路等[115]采用基于引力模型的社会网络分析方法对铁路基础设施进行筛选和体系均衡，将站点之间的物流引力写入矩阵，梳理出具有集聚与扩散作用的关键物流节点。谢守红等[116]从需供两方面建立城市物流综合实力评价指标体系，采用引力模型和物流地位模型进行城市物流联系评价。刘育红等[117]选取了新丝绸之路上的 17 个城市作为数据，引入引力模型，为新丝绸之路上的经济一体化提供了有力建议。曹炳汝等[118]引入引力模型，对长江三角洲地区发展农产品的城市进行分析评价，构建了长江三角洲地区农产品物流网络，对带动农产品经济发展有着积极作用。唐建荣等[119]基于引力模型，选取了江苏省 13 个样本城市，进行城市间物流引力评价，为物流网络存在的一些问题给出了合理建议。朱慧等[120]引入修正的引力模型，对内陆型区域物流联系进行研究。

以往研究给我们提供了大量的方法和思维，同时也存在着局限性：①从网络演化机理的视角对于多式联运的研究较少，且在该领域使用的模型和算法比较简单，基于复杂网络理论探究多式联运网络演化得研究少之又少，将复杂网络理论应用于大领域物流方面的研究比较多。②学者为了方便模型求解。往往忽略在现实生活中节点增加的同时也在减少，节点并不是按照一定规律性进行增加或者减少的，边数也在无时无刻不在增加与减少，或者忽略掉某些边上的权重问题、忽略站点的容量问题等等。③往往现实中的数据较难获得，因此仿真出来的模型与现实网络具有一定差距，不能够完全真实地反映与评估。

对于 CNN 的研究倾向于多式联运网络结构机理方面，多式联运是一种通过多种交通运输方式实现货物集聚和转运的运输过程，将 CNN 理论运用于多式联运网络能更清晰地解释多式联运网络演化过程以及无标度特性。但是通过搜索文献发现，对于中俄贸易西通道经济走廊多式联运网络构建的模型较少，从 CNN 的角度分析从中俄贸易西通道经济走廊单一运输网络到多式联运运输网络的演化，从物理特征上分析中俄贸易西通道经济走廊多式联运网络机理与网络特性的研究较少。如何将这些规则与数据结合在中俄贸易西通道经济走廊进行网络仿真实现数据更贴近真实化也是要解决的问题。

2.5 多式联运的新模式研究

多式联运是世界公认的高效的运输服务，其发展已深刻改变着世界贸易的格局，成为影响全球供应链布局的重要因素。伴随我国经济"新常态"以及国家"一带一路"倡议的提出，多式联运已成为突破我国综合运输服务能力瓶颈的关键。利用互联网技术，加快推动多式联运运输处置、仓储、装卸、信息咨询等关键环节的科技创新，提高多式联运的网络化、组织化水平，更好满足现代物流业发展的新需求。多式联运作为当前一种体现高效能的运输方式，符合我国绿色运输的发展趋势。重视运输服务、运输枢纽、运输衔接等运输政策的环境下，如何提高运输效率已成为提升现代物流发展的重要问题。多式联运作为当前一种体现高效能的运输方式，符合我国绿色运输的发展趋势。

2.5.1 中国多式联运新模式研究

2015 年 11 月由中国交通运输协会与中国集装箱行业协会联合主办的"一带一路"物流大通道多式联运新模式召开，围绕物流大通道建设、铁路货运对多式联运的影响、集装箱化与多式联运发展及我国多式联运的产业实践等话题讨论，多式联运是我国物流业发展的战略问题，创造多式联运健康发展的环境是努力的方向。同时发布了《中国多式联运发展报告（2015）》和《中国集装箱行业发展报告（2015）》。

发展多式联运是顺应我国物流行业发展的新特点：第一，物流的专业化分工趋势比较明显。第二，移动互联网、云计算等先进技术广泛应用。第三，物流的组织模式不断创新。第四，物流企业通过上市、并购、重组加速聚集。第五，物流的一体化的运作特征更加突出。第六，物流产业的链条在不断扩展延伸，已经与制造业、商贸业、金融业进行了跨界的深度融合，服务内容从传统的仓储配送向集中采购、订单管理这样一些高附加值的方面进行延展。"可以说，大力发展多式联运是推进物流业健康发展的必然要求，是推动运输结构调整的有效途径，也是对标国际先进水平的重要举措。"

"一带一路"下多式联运迎来新契机，中国的"六路六廊"建设成为国际物流大通道多式联运新模式的研究热点。"交通物流正进入互联网+陆海统筹、互促并进的'大航运'时代，模式上表现为：交通上海陆空铁多式联运，物流上商品大容量聚散和高效率传送，运营管理上高度的信息化、自动化、智能化，空间上广区域、大范围合作。""如果说 1.0 代表航运时代，2.0 代表中欧班列，那么中欧通道（包括中俄贸易西通道经济走廊）3.0 则是一个贸易平衡的多式联运新模式。"

打通信息节点协同运用大数据"互联网+"时代的到来，为"互联网+多式联运"新模式加强信息联通共享、协同运用联运大数据提供了有利条件。应该加强系统接口的标准研发，加强系统联通、信息共享、平台协同以及数据应用等。利用互联网技术，加快推动多式联运运输处置、仓储、装卸、信息咨询等关键环节的科技创新，开展"物流园区多式联运新模式的服务功能"的多式联运新模式，提高多式联运的网络化、组织化水平，能更好满足现代物流业发展的新需求。探索可推荐可复制新模式为中俄贸易西通道经济走廊多式联运发展营造良好的政策环境和市场环境，2019年6月，国家发展和改革委员会与交通运输部联合发下了《关于开展多式联运示范工程的通知》，通过示范工程建设，加快构建高效衔接的多式联运基础设施，鼓励创新多式联运新组织模式。

2.5.2 中俄贸易西通道经济走廊多式联运新模式研究

通过对多式联运新模式研究文献的梳理，发现国内外关于多式联运的研究多处于"通过示范工程搭建政府、部门、区域合作平台，最终把创新企业的方法转化成实践，好的做法经验化，好的经验制度化，这是做示范工程的重要目标，形成一批可复制、可推广的多式联运新模式。""门到门"的多式联运新模式的研究成为研究热点。

在多式联运主体组织构建上的实践与探索中，要加快研究多式联运公司可依托股权结构，有效整合各股东方的铁路运输、铁路站场、港口装卸、海运中转、内陆干港作业，内陆公路最后一公里的接取送达，以及运营网络与大宗货源等优势资源，建立港口、铁路和公路的协同联动，从而有效解决物流链条衔接不畅问题的新结构新模式。中俄贸易西通道经济走廊克拉玛依市多式联运示范中心建设为转运枢纽，结合公铁联运、跨境水公联运，国际海空联运，中欧铁路服务，打造国家多式联运新模式、新平台。

加强国内多式联运服务网络体系的建设研究，构建内陆与港口的集装箱班列运输网络，自营站场，企业专用班列，路局站场，班列装车点等。可实行客运化管理，并开展门到门的服务网络，从揽活到公路集港，到进仓，实现门到门的服务。中俄贸易西通道经济走廊在这一方面创新构建多式联运新模式。

空陆联运是货运航空未来发展必由之路，多式联运是国际上公认的最为高效运输模式，同时也是航空运输的生命链条。传统航空货运提供的是机场到机场的服务，国际航空运输领域的客户愈来愈趋向于门到门的服务。中国航空货运公司发展路径可分为三个层次：第一，建立国内空陆中转站；第二，建立洲际货机专用线通道，直接抵达国内货运集散地；第三，建立国际枢纽港地位。中俄贸易西通道经济走廊在空陆联运新模式上加大实践检验。

2.6 集装箱多式联运中心运营新模式研究

优化综合运输体系，实现不同运输方式之间的集装箱无缝衔接（运输技术与组织）是多式联运中心运营研究的热点。统筹规划运输节点，加强运输基础设施之间的衔接。不同运输方式之间的合作是开展多式联运的基础，而不同运输方式之间的无缝、高效衔接则是发展多式联运的关键。因此，在规划和建设各运输方式基础设施时，就应该充分考虑不同运输基础设施之间的衔接，满足国际标准集装箱多式联运发展的运营需求。具体来讲，在规划和建设大型集装箱多式联运中心枢纽时，必须设计合理的集装箱公路换装点、内河换装点和铁路换装点，并且在不影响码头作业效率的基础上，使这些换装点尽可能地靠近港口集装箱码头和泊位，以方便各种联运形式的开展。同时，在内河港口和内陆铁路集装箱中心站的规划方面，不仅要设计合理的公路换装点，同时还要充分考虑外贸集装箱的运输特点，为国际集装箱多式联运的开展提供便捷的服务。

2.6.1 集装箱多式联运中心建设运营研究

朱长征、董千里（2010）[197]分别研究了在集装箱内陆站的基础上，在物流中心的基础上，在内陆口岸的基础上形成和依托运输枢纽建设形成多式联运中心的方式。由于国际多式联运中心形成的途径不同，则国际多式联运中心在未来演变过程和发展模式不同。支海军（2010）[198]研究了多式联运中心在形成发展过程中的特征，形成原理和外界影响因素等特性，并且采用模糊均值聚类法进行陆港选址分析研究。主要探索了国际多式联运中心规划过程中的理论基础研究和发展实现机制,为使多式联运中心设计规划更加科学合理有效。张建嫱(2015)[194]通过选择路桥中国段的6个知名陆港,主要研究其陆港之间多式联运中心联动发展的理论基础和实现方式。通过建立相关模型,得出结论为以西安为国际陆港多式联运中心的路桥物流系统联动发展模式。并且从多式联运中心发展内外影响因素,提出相关发展战略对策,为更好地实现陆港多式联运中心物流系统的联动发展。

打造物流集散中心,需要利用集装箱多式联运结合铁路,公路,航空等不同的运输工具,进行时间和空间上的转换,最大限度地降低集散成本,提高物流集货效率。吾斯曼·吾木尔、司马义·阿布力米提等(2019)[185]分析了中欧班列多式联运中心发展现状以及遇到的问题,为了解决中欧班列发展困境,需要从中欧班列货源出发,努力提高货物价值,即要积极发展配套服务加工产业区的建设更要积极推动高新技术产业快速发展。未来应减弱对政府补贴的依赖,根据当地产业特色发展无差异产业模式。同时要健全物流基础设施建设,努力提高其物流发展水平和通关能力。杨佑钊(2019)[186]通过分析中欧班列发展现状和存在的问题,文章先对中欧班列的运量进行预测,根据多式联运中心枢纽规划原则和铁路站场运营功能原则,选取了乌鲁木齐枢纽四个比较合适的站点,找出了一个较好的选址备用点。并且对该节点进行了功能定位和布局优化。使其功能完备,物流运作效率高,减少不必要的物流操作成本,提高物流装载效率。

2.6.2 集装箱多式联运中心建设运营新模式研究

我国规划和建设中的18个铁路集装箱中心站是内陆地区一个完整的铁路集装箱运输体系,同时也是一个连接我国主要沿海港口、内河港口和内陆地区的海铁联运网络。因此,依托铁路集装箱中心站建设内陆港实现了集装箱海上、内河、铁路运输的无缝连接,可以使港口功能沿铁路运输网络向内陆地区延伸,使港口的作用在内陆港得到最充分的发挥,为集装箱多式联运的发展奠定坚实的基础。

改进运输技术,创新集装箱多式联运中心运输组织形式。加快铁路货运高速、重载方面的研究,促进铁路双层集装箱运输的发展。采用灵活多样的运输组织形式，在目前内陆地区集装箱运量普遍不足的情况下，可先开行普通班列，随着市场的培育与发展，再开行集装箱班列。对运量较大的方向可开行集装箱班列或双层集装箱班列，同时鼓励与扶持多式联运经营人承包集装箱班列运输，采取多式联运人独资经营或者与铁路合资经营班列的多种形式的集装箱班列经营方式。

规范多式联运市场，发展集装箱多式联运经营人（公共政策）。规范运输代理业，大力发展多式联运经营人。运输代理业从经营上推动了集装箱多式联运的发展，但是，运输代理市场的不规范行为，如层层代理、多次分包、价格混乱等问题则会阻碍多式联运的可持续发展。因此，进一步规范运输代理业，大力发展专业的多式联运经营人，有利于减少运输环节，降低运输成本，促进多式联运的健康发展。具体来讲，建议船公司、铁路、港口、公路、贸易等相关企业携手联盟，成立经济联合体——多式联运经营人，集合各方资源，发挥各自优势，形成规模运作。

健全完善我国集装箱多式联运法律法规。我国现行的涉及集装箱多式联运的法规，经全国人大常委会、国务院及有关部委颁布的主要有10多个，但相互之间缺乏协调统一，针对当前存在的问题应采取以下对策。首先，针对目前有些法律条文规定的弹性较大，导致解释和使用上的歧义等问题，尽快形成一整套集装箱多式联运的法律法规体系。其次，制定多式联运经营人资格认证标准，从法律上确定多式联运经营人的资质、经营内容和责任范围。最后，应成立一个专门部门来统一规划和管理我国集装箱的多式联运，以解决目前有的部门在制定"实施细则"或"实施条例"时，超越了法律规定的范围，以及由于法律法规的不确定、不完善等原因，导致重复收费，环节增加、费用提高，影响了集装箱的周转，阻碍了国际集装箱多式联运的发展。

建立集装箱多式联运管理大数据系统。实现集装箱多式联运参与者的数据共享通过电子数字的采集、电子数据的传输和电子数据的交换，把多式联运经营人、集装箱班轮公司、船代、卡车公司、铁路运输公司、集装箱码头公司、货代公司和内陆集装箱货运站经营人等运输部门联结在一起，把发货人和收货人以及"一关三检"、银行和保险等外贸部门、监管查验和服务部门联结在一起，实现整个集装箱多式联运系统数据的快速流动，从而提高整个多式联运的效率。EDI 系统是多式联运不可缺少的管理手段,能快速、安全、简便地完成多式联运的单证传递,节约大量的人物财。目前,我国水路已普遍使用 EDI 系统,而铁路和公路还在普及中。因此,建议我国运输管理相关部门牵头组织铁路、公路、水路、港口、海关、检验检疫、货代等部门和企业联合开发和研制式联运管理大数据系统。

发挥政府职能,引导集装箱多式联运新模式的发展。在集装箱多式联运的发展过程中,政府应当起到协调、引导和促进的作用,主要应体现在下列几个方面:第一,建议国家出台综合运输政策,鼓励和支持集装箱多式联运新模式的发展;第二,建议国家对中西部地区海铁联运实施补贴制度,将这项制度列为中央开发中西部的政策措施;第三,国家铁路局应调整铁路集装箱运价形成机制和货运运价结构,提高集装箱海铁联运的市场竞争力;第四,交通部应大力加强对公路运输的监管力度,严格限制公路超载现象,避免市场的不规范竞争。

2.7 多式联运节点选址与布局研究

多式联运的货物效率和服务质量还较低,集装箱运输信息做不到有效跟踪,系统的协调度不够,除了海运—公路在上海、浙江、江苏、京津唐等地发展最好,而铁路与海运、内河做不到紧密配合,多式联运疏运系统不完善,各个环节的信息传递也不及时。汪鸣(2016)[158]认为,我国多式联运货运总量占整个货运量的比例不到2%,根据我国实际情况看,90%的适合集装箱运输的货物集中在港口 300 公里以内,这是一个口径上的问题,就目前分析有散货、有集装箱化,这种多运作模式且多体系的采用类集装箱的联运,是非标准化的多式联运。需要对多式联运中心选址和布局进行科学研究。

2.7.1 国内对多式联运节点选址和布局研究

海铁联运。张戎、黄科(2007)[156]论述,最初海铁联运发展非常缓慢,主要是由海铁运输不密切呈分离情况、铁路运能不足、运输体制等因素影响，问题在于铁路运输能力紧张，服务质量无保证，多式联运的环节过多，导致成本高竞争力不足，无法形成规模效应。丁莉（2010）[157]研究认为，江海联运的发展还是非常好的—如上海港，并且我国出口商品可以从一些发货地或加工厂直接运到客户指定的港口或国外内陆城市，相应的进口商品也可以从国外工厂或港口直接运到我国港口或者一些内地城市，这一系列过程皆是可以通过国际多式联运依托江海联运做到，但与内陆运输差距显著，由于内陆集装箱办理站过多、铁路运输能力紧张，铁水联运发展缓慢，该学者也总结出很难形成规模效益。冉春艳、龚英（2019）[160]认为，近几年我国多式联运的发展现状已全面改善。铁水联运方面，港口货物吞吐量巨大，铁水联运量占比也在上升，天津、青岛、大连、连云港4个港口铁水联运量占全国总量的65%。

公铁联运。公铁联运发展逐渐达到显著成效，铁路枢纽中心作用逐步显现，另有罐装运输、冷链运输、驼背及行包快运等方式也在兴起。

空铁联运。空铁联运呈高速增长态势，学者用实例说明此情况河南为实现空铁联运无缝对接，建成多条多式联运专线，实现"空铁联运"的物流订单。

陆再珍（2019）[161]从整体看我国多式联运平均运输成本与单一公路运输成本相比较低36%，学者以"营满欧"为例，海铁联运的成本要比"直铁"运输节省运费8000元，长三角地区节省运费可达5000元，而对比两者运输时效差距不大；从满洲里出境到达俄罗斯，进而辐射至欧洲各地的联运系统，最远运输里程12000公里，国内运输时间24小时，全程运输时间也仅12天，单个集装箱运费节省1000多美元。ChenYanyi（2019）[162]等从基础设施、货运量发展情况和运营组织这三方面研究沿长江经济带铁水联运的发展，认为长江上中下游的基础设施程度参差不齐、运输需求也不同，所以铁水联运发展也各具特色，货运量的问题导致设施投资建设不匹配，运营组织单一。还有学者认为应当政策与运营相配合，加快出台政策法规来增大沿长江经济带的投资规模，降低运输成本，解决"最后一公里"问题，拉大货运量，保护各方利益。李牧原、罗先立（2019）[163]认为，中欧班列自提出以来发展迅速，8年来已累计开行超过13000列，

2018年国内已有59个城市与欧洲15个国家的49个城市间开通了中欧班列，国内中欧班列运行线已达65条，以霍尔果斯口岸班列通过量明显增长分析可知，2018年霍尔果斯海关监管中欧班列18条线路，通过2055列，同比增长146%，占据中欧铁路西向线路数量的2/3，新疆成为中欧班列的主要途径地。

2.7.2 国外对多式联运节点选址和布局研究

吕一之（2001）[164]论述，当时北美国际运输方面已做到集装箱标准的ISO标准，主要以海运和铁路联运，而西海岸与美中、美东内陆运输中出现由西向东的运输量较大，由东向西的回程量较小，原因在于美国国内市场需求的不同，导致了客户大量使用了超高、超长的内陆集装箱运输，这种现象导致了非ISO标准化。Fremont A（2010）[165]等研究得出：欧洲正在发展一种新的运输方式，将联合运输与公路运输结合成腹地运输，联合运输占据价格方面的优势，并鼓励公路运输转为联合运输。且欧洲建立了欧盟一体化的一种换体单元的运载工具的使用标准，跟ISO标准类似但又不同，这样做的优点是符合欧洲标准托盘的需要，方便欧洲地区开展联运需求，但缺点是欧盟一体化标准外尺码不符合ISO标准，降低了操作上的灵活性。

Macharis C（2010）[166]等论述，美国的发展现状是基于海铁运输的多式联运负责由西向东的亚洲外贸进口货物，而负责与内贸货物的中长距离运输是叫作驼背运输，当然也有发展问题存在，政策措施与燃油价格上涨对运输产生货币外部化影响。铁路基础设施投资增长不能够满足货运量需求的增长，慢慢地缺乏服务可靠性，就降低了运输竞争力，甚至发生过集装箱压港事件，铁路运能不足的情况使海铁联运发展遭到制约，海铁运量增长缓慢。Woxenius J和Bergqvist R（2011）[167]研究发现，欧洲的道路、铁路、内陆水道等网络发达，实行"网运分离"模式，服务水平高，海河联运的发展是最快的，一定程度上对铁路运输带来了巨大的挑战，而欧洲港口的腹地运输中，铁路集装箱运输作为一种联合运输形势又比半拖车运输更具竞争力。

Vermeiren Tom（2016）[168]分析研究了欧洲建立的长途和中途距离的陆地运输系统，以共同腹地联运方式开展，学者用实验测试出一个结论，通过对相同联运方式的两段不同路线运输，记录各托运人的选择倾向性，结论为联合运输的途径不影响托运人对成本的控制，他们倾向于采取成本最低的方案。这一研究也使联运系统发展有参考意义，促使着联合运输向着降本提速发展。

Sabine Limbourg（2017）[169]论述，近些年欧美等国多式联运技术持续高速发展，这一系列变化都离不开早期基础的建设，技术的进步使他们对多式联运的要求也逐渐增加，如低碳、绿色环保、时效性等，持续不断地高质量发展。欧美发达国家的多式联运强调全流程组织，学者举例美国在全球获取资源时，为了保障低综合成本和高物流效率，它的产业升级需要这么一条衔接东西海岸路桥港口的系统来实现。

Christine Tawfik（2019）[169]研究欧洲联运系统的经济效益不够理想的原因，分析发现铁路运输的优势地位和内陆水道的明显经济优势，归因于高昂的铁路固定投资成本的前期付出，投资基础设施使优势明显上升，多式联运可从铁路运输补贴中受益，即使如此也不能达到理想的经济效益，学者表明欧洲需要实施更有力的手段促进多式联运发展。

2.7.3　多式联运中心发展

我国关于多式联运中心方面的研究众多，尤其是中欧班列沿线和沿长江经济带的多式联运中心研究，论文主要以这两类研究分析对比本文的研究方向。在"一带一路"倡议下，中欧班列的快速发展离不开欧亚大陆桥的作用，多式联运系统在中欧班列中扮演着重要角色。如货运西行所依托的公铁联运系统，西北地区正在加快打造中欧班列集结中心，新疆、西安、兰州首当其冲争夺此头衔。

多式联运货运枢纽选址相关方面的研究就是为确定集结中心在何地定址，如中欧班列公铁联运货运枢纽选址研究。要发展就要先解决问题，中欧班列也面临着困境，在地方政府无序竞争、回程货源不够、投入成本过大和地方财政负担增重的困境中，先明确好发展目标，强调发挥政府、市场和企业三者间的配合，找到出路提高中欧班列竞争力。沿长江经济带区域性发展是我国重要的战略。长江下游沿岸江海联运配合外贸港口发展良好，铁水联运在多式联运研究的带动下也在不断扩展，结合政策扶持、市场供应和投资建设长江沿岸经济发展将更进一步。上游沿线铁路物流中心也与多式联运相配合，研究建设货运枢纽型物流园区，带动多式联运加速发展。中游地区物流多式联运研究更加频繁，着手组建钢铁等大批量货物联运中心，依托沿岸经济发展，与下游地区经济发展相衔接，鼓励多式联运中心建设，推动各地区经济提质增长。

综上所述，我国多式联运的研究及发展已从最初的摸索到现在的增长迅速，无论是江海联运还是铁水联运，都在高质量发展，而公铁联运的发展虽起步较晚、基础较差，但也在提速增长着。建设新疆多式联运中心，服务于中俄贸易公铁联运作业，增大贸易往来量，以中俄贸易西通道经济走廊为纽带，增加新疆贸易占比，带动中俄新的次区域发展。国外的多式联运起步早发展研究迅速，在满足外贸和内贸的货物运输需求之后，对多式联运技术也在不断提高标准，而国外的发展经验是有可取之处，但不能盲目效仿，这是不科学的，走国际化道路就要有国际标准，不同国家有不同的国情和产业结构，取长补短也要取之有道。中俄贸易西通道经济走廊克拉玛依市多式联运中心建设选址问题研究具有创新性。

2.8 多式联运路径优化与仿真研究

多式联运作为一种高效、安全、环保的交通运输组织形式，能够兼顾中俄贸易西通道经济走廊生态保护和运输效率，解决水路运输瓶颈，保证中俄贸易西通道经济走廊航运安全。

2.8.1 多式联运路径优化研究

国内外已有很多研究成果，主要为将国际多式联运网络风险分为与"点相关的中断"风险和与"边缘相关的中断"风险，并建立了风险评估模型；

使用基于活动的碳排放模型计算卡车运输的碳排放量，并与多式联运碳排放量相比较，得到了多式联运可减少 CO_2 排放的结论。分析多式联运网络风险传播成因和风险传播过程，并结合多式联运现实路径选择问题，提出了考虑作业风险的路径选择选择组合优化模型；在考虑碳排放成本的前提下，以危险货物集装箱运输时间、运输风险、运输成本为优化目标，建立危险货物集装箱多式联运网络优化模型，结果表明，多式联运相比于单一运输方式更有利于环保和安全；将多式联运的碳排放总量和运输时限作为约束条件，以运输成本、转运成本以及运输和转运过程中的碳排放成本为优化目标，获得更符合国家碳减排政策的结果；考虑危险品运输过程中的动态风险因素，建立以风险最小化和运输成本最小化为目标的双层路径优化模型，为危险品运输提供决策参考。

2.8.2　多式联运路径优化仿真研究

集装箱运输在我国沿海发达地区蓬勃发展，但我国集装箱多式联运发展较为落后，多式联运集装箱吞吐量占港口集装箱吞吐总量的比例很小。为改变我国多式联运发展缓慢的现状，交通运输部将多式联运作为沿海地区和内陆地区的共同发展目标。在多式联运为主的模式中，如何解决现有条件下我国各大主要港口与货运场站多式联运的运输优化问题，特别是基于多式联运的网络以最大效率来发挥港口作为运输枢纽的作用，需要交通管理部门建立基于科学决策的多式联运运输优化辅助系统，实现我国港口运输多式联运的辅助决策优化，提升运输管理效率，降低物流成本。

目前对于多式联运路径优化的文献多以时间和成本或者仅以碳排放最少为优化目标，较少将运输成本、运输时间、运输碳排放和运输风险问题集成考虑，约束条件的选择也较为理想化。本书在已有文献的基础上，设立四个优化目标，同时考虑多式联运参与者的差异化需求，力求约束条件贴近实际的运输状态，一方面为运输组织决策提供理论指导，另一方面对于丰富中俄贸易西通道经济走廊多式联运路径优化的研究体系具有重要的理论意义。

2.9 本章小结

本章从国内和国外对多式联运的定义、特征、新模式与格局等理论研究的界定，提出多式联运新模式的基本范式及构成结构，为中俄贸易西通道经济走廊多式联运新模式的研究提供理论基础。又从六个方面分析了与多式联运研究相关的内容和方法，对中俄贸易西通道经济走廊多式联运新模式的研究提供可借鉴的方法和经验。中俄贸易西通道经济走廊多式联运新模式的实践是我国多式联运新模式的布局和呈现。

第 3 章
中俄贸易西通道经济走廊多式联运新模式

多式联运是现代物流重要组成部分。从国家政策的推进及各种运输方式发展轨迹等方面剖析多式联运的发展现状，并对多式联运的四类运作新模式予以探究；进而从时效性、安全性、经济性、服务质量和管理能力五个方面来构建多式联运运行效果的评价指标体系。通过对政府、企业及相关组织调查数据的处理分析，对中俄贸易西通道经济走廊多式联运的效果进行综合评估，揭示该通道多式联运存在的问题及其深层次原因；最后从多式联运智能平台（政府）、多式联运企业联盟（行业）和多式联运方式组合（企业）三个层面来设计中俄贸易西通道经济走廊多式联运新模式。

3.1 多式联运模式

多式联运是指为了追求物流效率最高、投入产出比最大而对多种交通运输方式进行有机组合的一种物流解决方案，分为公铁、铁水、公水、空铁、空公等多种联运方式。在《联合国国际货物多式联运公约》（1980）中，对多式联运的贸易规则与运作方式予以详细界定，规定了整个物流过程由多式联运经营人负责，而多式联运经营人拥有多重身份，可以把整个过程作为一个物流系统，从顶层来统筹多式联运的各方运作，最终达到各种运输方式的效率最大化，实现更加集约、更加优化的利益最大化结果。

3.1.1 多式联运是一种整合模式

多式联运作为一种高效、绿色的物流整合模式,能够扬长避短地利用各种运输方式的优越性,在人们日常生活乃至经济社会发展中起着不可替代的作用。中美贸易摩擦、新冠肺炎疫情的暴发,给中国经济与民生带来诸多挑战,尤其是连接着供给与需求两个端点的物流企业更是首当其冲。中美贸易摩擦、疫情危机使得供需两端都在不断波动,无时无刻不在挑战着物流企业的多式联运能力,需要多式联运物流企业调整运营模式,形成多式联运新模式,全面提升中俄贸易西通道经济走廊的物流系统服务水平。

3.1.2 多式联运是一种低成本模式

多式联运作为一种为了达到物流运输成本最低、效率最高,将两种或两种以上不同的运输工具联合起来共同完成某项物流任务的特殊方式,具有一票到底、单一运费率的运输特点。特别是伴随着物流流程,其信息流、资金流也被融合进来,运输过程中的一次付款与一张运单凭证,往往需要打通各个区域和收发端,实现信息与资源的共享。因此,相对普通的单一运输来说,多式联运还具有综合性高、组织形式复杂、应用范围广等特征。如何在中美贸易摩擦下、疫情危机下优化中俄贸易西通道经济走廊多式联运是该区域物流企业当前面临的严峻考验。

3.1.3 多式联运是一种新组织模式

物流与制造业及服务业的上下游紧密相连,环环相扣,中间每个环节都需要物流多式联运的支撑,中美贸易摩擦、疫情危机下物流多式联运的运营情况直接关系到行业复工复产的效果。物流企业优化多式联运方式,努力减少中间环节,降低运输成本,通过推进"公改铁"、集装箱化、陆改水新路径,采用陆水空接力新方法,来确保中俄贸易西通道经济走廊物流"干流畅通""支流汇通",从而为我国相关行业缓解中美贸易摩擦影响、新冠肺炎疫情阻碍提供有力的保障。因此，中俄贸易西通道经济走廊多式联运的新组织模式优化势在必行。

3.2 我国发展多式联运的政策、速度与问题

随着近几年来国家政策的推进和各行业对物流的重视，多式联运迎来了蓬勃的发展期。多式联运的发展既需要物流企业提升其物流服务水平，也需要国家政策的支持。2016 年 3 月，交通运输部正式出台《交通运输科技"十三五"发展规划》；2016 年 12 月，国家发改委、交通运输部、中国铁路总公司联合印发《"十三五"长江经济带港口多式联运建设实施方案》；2017 年 1 月，交通运输部、外交部、国家发改委等 18 个部门联合发布《关于进一步鼓励开展多式联运工作的通知》；2017 年 2 月，国务院印发《"十三五"现代综合交通运输体系发展规划》；2017 年 4 月，国家发改委、交通运输部、中国铁路总公司联合颁布《"十三五"铁路集装箱多式联运发展规划》；2018 年 5 月，民航局发布实施《民航局关于促进航空物流业发展的指导意见》等等。这一系列的顶层设计、政策文件，为我国多式联运的协同高效和日益完善提供了有力支持，也为其今后的绿色可持续发展奠定了坚实基础。

3.2.1 多式联运的发展政策

从 2016 年以来我国推动多式联运发展的主要政策，可以看出国家对于发展多式联运的重视。可以这么说，在"一带一路"倡议提出后，发展多式联运已经上升为国家战略层面的任务。具体政策为：

2016 年 3 月，交通运输科技"十三五"发展规划，将多式联运的系统优化与监测、"一单制"运营组织及其转运装备等列为运输服务领域重点研发方向。2016 年 12 月，"十三五"长江经济带港口多式联运建设实施方案，以长江航运中心和枢纽港口为重点，强化集疏运服务功能，提升货物中转能力和效率。

2017年1月,关于进一步鼓励开展多式联运工作的通知,从国家层面全力解决多式联运发展水平较低、协同衔接不通畅、市场环境不完善、法规标准不适应,先进技术应用滞后等问题。2017年2月,"十三五"现代综合交通运输体系发展规划,健全基础设施网络,加强运输服务一体化衔接,提高运营管理智能水平,推动绿色安全发展模式,加快完善现代多式联运体系,更好地发挥交通运输的支撑引领作用。2017年4月,"十三五"铁路集装箱多式联运发展规划,规划建成布局合理、实施完善、便捷高效、协调融合、全程服务的铁路集装箱运输系统,使铁路集装箱多式联运发展取得明显成效。2017年12月,交通运输行业质量提升行动实施方案,推进运输装备标准化工程,提升多式联运换装装备、运输单元和装卸机械标准化水平,加强综合交通枢纽场站的集约化建设,实现各种运输方式场站实施"无缝衔接"。

2018年1月,《关于印发〈知识产权重点支持产业目录〉的通知》,将货物多式联运明确为国家重点发展和亟须知识产权支持的重点产业。2018年5月,民航局关于促进航空物流发展的指导意见,坚持以供给侧结构性改革为主线,以创造客户价值为导向,构建高效、绿色、安全的航空物流服务体系,深化民航与综合交通体系的融合度,推动多式联运发展。2018年9月,深入推进长江经济带多式联运发展三年行动计划,着力补齐多式联运基础设施短板,强化多式联运服务模式创新,提升多式联运装备水平,增强多式联运发展新动能,优化多式联运市场营商环境。

3.2.2 多式联运的发展速度

根据中国多式联运合作与发展大会提供的数据,2012~2018年我国多式联运的货运量依次为8.55亿吨、9.02亿吨、10.51亿吨、12.11亿吨、12.72亿吨、13.68亿吨、14.97亿吨,分别占全社会货运量的2.09%、2.20%、2.52%、2.90%、2.90%、2.85%、2.96%,基本维持在2.5%左右。而根据行业预测可知,到2020年底我国多式联运货运量将达到30.2亿吨,其占比也将会达到总货运量的6%,与2018年相比将会提高一倍,这意味着我国多式联运步入了发展的快车道。

3.2.3 多式联运的发展问题

多式联运的发展需要多种运输方式的统筹合作，各种运输方式的发展速度及其发展的平衡性将直接影响多式联运的实际效果。

公路货运量偏高。公路货运量在全国总货物运输量中的占比一直居高不下，是致使我国多式联运成本降不下去的主要原因。现在国内公路运输很不经济，跨区域长途运输的效率低、回程空载率高，阻碍多式联运的发展。2019 年公路货运量在全国总货物运输量中的占比高达 77.8%，居于多式联运的主力地位。货运周转量是货运量与运输距离的乘积，能够更全面地反映物流运输的成果。2019 年公路货运周转量达到 74836.07 亿吨公里，同比增长 5.03%。我国公路运输运距与运价的情况见表 3-1。

表 3-1　　　　　　　我国公路运输运距及运价

类型	平均运距	运输成本	总平均运输成本
煤炭运输	350 公里	0.315 元/吨公里~0.375 元/吨公里	0.346 元/吨公里
集装箱运输	300 公里	9 元/箱公里~9.9 元/箱公里	9.257 元/箱公里
普货整车	1000 公里	0.233 元/吨公里~0.424 元/吨公里	0.323 元/吨公里

数据来源：项目组调研整理。

铁路货运量占比不高。增强铁路运输的市场竞争力成为多式联运今后发展的关键着力点。一直以来铁路运输都是我国多式联运的重要依托，但同时它又是阻碍多式联运发展的瓶颈。2016 年以后铁路货运量虽在稳步增长，但在全国总货运量中的占比基本维持在 8% 左右的一个较低水平，制约了我国多式联运的进一步发展。铁路货运周转量从 2016 年起一直处于增长趋势。由于铁路货运在多式联运降低成本与能耗方面的贡献极大，故而增加铁路货运量与周转量及其占比是发展多式联运极为重要的一步。中欧班列开行列数持续增加，国际铁路联运格局基本形成。中欧班列自 2011 年开行以来，特别是 2013 年"一带一路"倡议提出后，其开行列数持续增加。中欧班列 2019 年开行列数达到 8225 列。如今中欧班列已经从关注开行数量发展到重视开行质量，更加注重载货率与货值等指标。

水运货运量逐渐增加。水运周转量保持在较高的水平。2019 年达到 74.72 亿吨，水运周转量 2019 年为 103963 亿吨公里。港口作为多式联运的重要枢纽点,其吞吐量能够决定海铁联运、海空联运的规模。2018 年全国港口吞吐量为 143.51 亿吨,其中沿海港口货物吞吐量为 94.63 亿吨,占比 65.94%;内河港口货物吞吐量为 48.88 亿吨,占比 34.06%。而 2019 年沿海和内河港口货物吞吐量均有所下降,原因主要是中美贸易摩擦。

航空货运量增速加快。2012 年以后民航货邮运输量与周转量一直保持上升趋势,2019 年民航货邮运输量为 753.2 万吨,货邮周转量达到 263.2 亿吨公里。尽管民航货运在货物总运输量中的占比不高,但是民航货物的价值占比却很高。换言之,民航运输可以充分利用其速度上的优势,在多式联运中发挥不可替代的作用。

3.2.4 中俄贸易西通道经济走廊多式联运新模式

目前欧美等发达国家的多式联运业务中,以集装箱运输为代表的海陆多式联运运作模式相当发达,已经形成了以多式联运经营人为中心,通过多式联运合同的制约,把运输的各个区间有机联系起来的运作模式。而我国多式联运运作模式主要包括以下四类:

"互联网+公铁联运"新模式。该运作模式是最早在中国出现,也是应用最广泛的多式联运运作模式,公铁联运运作模式能够充分发挥公路运输与铁路运输的优势,达到经济高效的目标。但因信息不对称,使公路货运在长途运输回程中存在较高的空载率,铁路运输也经常货源不足以致载货率低,企业亟须找到相应的渠道去分享公路货车及铁路货车的闲置运力,"互联网+公铁联运"新模式应运而生。在这种新模式下,中俄贸易西通道经济走廊多式联运物流企业可以根据货车司机的运输路线与状态以及铁路运输的情况充分利用闲置运力,提高车辆载货率进而降低物流总成本;可以实时掌握货物信息,对货物位置进行跟踪并将最新动态反馈给发货人与收货人;可以根据公路货车与铁路货车的实时信息,对整个公铁联运路线的所有车辆进行智能匹配,提高联运效率。

"物流园区+公铁联运"新模式。该模式是一种将多式联运服务的单证与单元化集装等功能延伸到物流园区内完成,然后把公路运输与铁路运输相结合的"物流园区+公铁联运"新模式。公铁联运主要运用在国际物流服务上。特别是随着中俄国际贸易的快速增长,公铁联运以其成本优势和较大的货运量成为物流企业争相发展的联运方式。它不仅能大大提高析通道多式联运的国际竞争优势，助力中国的国际贸易朝全球化迈进，而且能将我国中西部强大的铁路运输系统跟东部沿海港口进行有效衔接，促进陆港与海港的联动发展，缩小我国中西部与东部地区之间的经济差距。目前中俄贸易西通道公铁联运正朝着集装箱化与标准化的方向发展。集装箱公铁联运有着运输成本低、运量大、绿色低碳等独特优势，是国家西部内陆地区优先发展的联运方式，但也是我国当前联运的薄弱环节。提高标准化水平、扩大集装箱运量已经成为促进中俄贸易西通道公铁联运快速发展的必要条件。

"口岸+空铁联运"新模式。它是一种将航空运输与铁路运输相互衔接的联运模式。目前铁路运输特别是中俄班列的发展对民航产生了极大的挑战，双方皆已意识到空铁合作的重要性。尤其是高铁在国内中短途运输中几乎占据支配地位，民航则更侧重国内长途运输与国际运输。因此，中俄贸易西通道经济走廊的"口岸+空铁联运"有助于实现民航长距离运输与铁路中短途运输的有效结合，打造更为优质便捷的物流服务。而要想使空铁联运在交通运输市场上具有竞争力，需要做到高铁站与机场的无缝衔接，减少中转时间，畅通货物往来。

"港+水公铁联运"新模式。"港+水公铁联运"是一种充分利用中俄贸易西通道经济走廊内特有的内陆河—额尔齐斯河水运结合公路与铁路的联运模式。在单一的水运中运输时间往往太久，而公路的成本又太高。因此，针对一些特殊要求的货物（石油石化产品、能源矿产品），"港+水公铁联运"可以有效缩短货运时间，降低物流成本。水公铁联运的主要运输方式为水运，公路、铁路的占比并不高。想要发展"港+水公铁联运"首先需要做到港口与公路货场及铁路中转站之间的互联互通。

3.3 多式联运新模式的评价指标体系构建

面对中美贸易摩擦、新冠肺炎疫情的考验，中俄贸易西通道经济走廊的物流企业纷纷尝试开展多式联运，力求抓住机遇抢占市场。可以说，多式联运已经成为当前物流竞争的新战场。为了揭示中俄贸易西通道经济走廊物流企业多式联运存在的问题及原因，需要在全面的较系统调研的基础上，根据多式联运的特征和标准来构建评价指标体系，以对中俄贸易西通道经济走廊物流企业多式联运的效果进行精准、有效的评价，为进一步设计优化攻略指明方向。

3.3.1 多式联运新模式的特性

多式联运新模式主要是满足客户的要求，聚焦于安全、经济、便捷、及时，即希望多式联运服务商能够保证货物的完好、信息的安全、费用的节省以及收货渠道与方式的便利性和发货与送货的及时性。因此，多式联运新模式的效果体现在运输的时效性、安全性、经济性和协调性等方面。

多式联运新模式的时效性。多式联运新模式采用了多种交通运输方式共同参与同一票货物的运送，其最大目的是能够在成本一定的范围内，达到物流所用时间最短。然而，对于某一票货物来说即使采取了多式联运新模式，仍然会有差别很大的不同结果，因为多式联运新模式中不同交通方式的选择与组合是多种多样的。如何实现运输时效的最优化便成为多式联运新模式效果的重要内容。

多式联运新模式的安全性。多式联运新模式的安全性是最基本的要求，包括货物的自身安全性与外部安全性。相对单一的运输方式，多式联运新模式在中转过程中更容易产生安全性隐患：一是中转首先意味着货物不能连续地处于同一种外界环境下，而且中转过程也需要一定的时间，容易引发生鲜易腐品的自身安全性隐患；二是在中转的搬运过程中由于外力作用也可能产生不必要的碰撞，容易引发易碎品的外部安全性隐患。因此，多式联运新模式的安全性需要着重关注。

多式联运新模式的经济性。多式联运新模式不是几种交通运输方式的简单叠加，而是一种经多方协同、多方博弈、多方竞合而达到经济利益最佳的优化组合，最终目的是达到"1+1>2"的效果。或者换一个角度，多式联运新模式的目标也可以描述为在运输效率最高的条件下所需要的成本最低。因此，多式联运新模式的经济性效果需要特别重视。

多式联运新模式的协调性。多式联运新模式的开展离不开多种交通运输方式相互之间的协调配合，主要体现在：一是多式联运相关流程制度的流畅性、规范性、合理性；二是多式联运现场搬运、装卸、中转、包装等物流活动的协调性，涉及不同操作人员之间配合的默契度、物流设备的衔接度与物流设施的合理性；三是多式联运过程中，往往存在着与外部第三方的合作，如一些相关的运输公司、政府部门、铁路集团、航空公司等，这就涉及外部的协调性，需要多式联运各方共同处理这一过程中面临的资金流、信息流、物流。由此可见，多式联运各方的服务质量和管理能力非常重要，直接影响着多式联运新模式的协调性，需要考察这两项内容来评价多式联运新模式的运行效果。

3.3.2 多式联运新模式的评价指标体系

根据多式联运新模式效果的内涵分析，从时效性、安全性、经济性、服务质量和管理能力5个方面来构建多式联运新模式的评价指标体系，见表3-2。

表3-2 多式联运新模式的评价指标体系

一级指标	二级指标	三级指标	权重
多式联运新模式运行效果	多式联运新模式时效性	货物周转次数	
		货物周转耗时	
		各中转点间的运输方式	
		不同种类物品的运输时间	
	多式联运新模式安全性	中转时生鲜易腐货物的控制性	
		货物分拣、组合等过程的控制性	
		中转货场的控制性	
		各中转点运输的控制性	
	多式联运新模式经济性	多式联运的单位运费	
		多式联运的体积规格限制	
		与其他类似公司的价格比较	
	多式联运新模式服务质量	联运各方的客户服务态度	
		联运各方对问题货物的态度	
		联运各方对临时问题的处理能力	
	多式联运新模式管理能力	联运各方的协调度	
		中转地点安排的合理性	
		各运输方式的中转流畅度	

3.3.3 多式联运新模式的问题分析

中俄贸易西通道经济走廊的多式联运新模式还处于磨合状态，一体化综合管理思想尚未形成，多式联运新模式制度不太完善，大多数多式联运新模式还在形式阶段，依然是传统单一运输、各自为战的格局。为了揭示中俄贸易西通道经济走廊多式联运新模式中隐含的问题，按表3-2的指标体系对多式联运新模式效果展开评价。目前中俄贸易西通道经济走廊多式联运新模式发展薄弱、运行效果一般，在时效性、安全性、经济性、服务质量和管理能力5个方面都不太理想，存在着诸多不足。

多式联运新模式需要多种运输方式的紧密配合，因公共环境原因中俄贸易西通道经济走廊多式联运新模式陷入僵局，时效性受到影响。各运输方式都受到不同程度的阻碍，首当其冲的是多式联运"最后一公里"的国际公路运输。如各国为了严控疫情的扩散对道路进行封锁，限制外来车辆进出，造成了车辆难以实现跨国或省份运输，国际公铁联运几乎陷入停滞状态。低风险地区的国内公路运输基本恢复，但是司机在去往外地返回后仍需隔离，这对在疫情期间本就缺少货运司机的物流企业来说是雪上加霜，这种情况下货物的长途运输自然无法实现。

总之，公共环境危机下交通管制对公路货运的影响，使得多式联运新模式陷入僵局。无论是货物的周转次数及耗时，还是各中转点间的运输方式、不同种类物品的运输时间都多多少少受到影响。再加上多式联运新模式的参与方标准不统一，常常导致在转运时出现联而不上、费时费力等问题。

公共环境危机下多式联运新模式的货物周转面临挑战，安全性急剧下降。在新冠肺炎疫情暴发后中国沿海港口多条航线停航，多个国家也暂停中国航线，严重影响了国际多式联运新模式的进行，导致中国进口的货物运不进来，出口的货物运不出去，给我国对外贸易带来严重打击。2019年中国的港口被世界各国的船队挂靠次数约占全球港口挂靠总量的7%，散货船在中国水域的活动时间占全球活动时间的10%，集装箱船占9%。但在疫情影响下，2020年2月中旬的一周之内亚洲至北欧的航线取消了大约60%，中国贸易出口额出现暂时下滑，尽管疫情得到初步控制后航空和铁路等其他货运方式正在慢慢恢复正常，但船运的恢复情况并不乐观。

港口作为铁路、水路、公路多式联运新模式的节点，其吞吐量直接决定着我国公水联运、铁水联运以及国际多式联运新模式的效果。故而港口吞吐量的下降，使多式联运新模式下货物周转面临诸多难题。再加上疫情危机下的交通运输限制特别是公路运输限制和部分国际航线的停航，使港口出现压港现象，并且因为疫情，需要对港口的货物加强检疫，以致积压在港口的货物周转速度缓慢。进一步导致物流企业对中转时生鲜易腐货物的控制性、货物分拣、组合等过程的控制性、中转货场的控制性以及各中转点运输的控制性都急剧下降，使货物的安全很难得到保障，最终使物流企业面临诸多赔偿，增加了经济和品牌损失。

公共环境危机下多式联运新模式的物流成本攀升，经济性遭到削弱。多式联运新模式以其较低的运输成本而被各物流企业争相采用，但在疫情冲击下多式联运新模式的成本支出不断上升，其优势在不断缩小。首先，是人工成本，复工的推迟导致物流企业普遍存在劳动力短缺现象，为了疫情期间留住员工以及处理各种特殊情况，不管是内部员工的工资还是外部运费的支出都在上涨；其次，是较高的空载率，由于疫情影响物流企业的货量常常无法装满运输车辆，使其利用率大大降低，物流成本直线上升；最后，是物流枢纽点的集疏运也存在着断链、过度集中的问题，从而造成多式联运新模式的操作成本与等待费用过高。再加上多式联运新模式下货物的体积规格限制以及与其他类似公司的价格比较，极大地削弱了多式联运新模式的优势和经济性。为达到提质增效的目的，物流企业需要进一步优化多式联运新模式的运作过程，采用绿色环保、高效低能的物流操作工具和协同化的物流运输一体化解决方案。

公共环境危机下多式联运新模式的服务质量不高，各方难以协调。疫情危机下众多物流企业的多式联运新模式的服务水准显著降低，尤其是疫情在全球流行后，多式联运新模式的国际业务受到损害，全球多式联运新模式的供应链不堪重负。送货时间的延长、联运成本的上升以及收货程序的复杂都使得多式联运新模式的服务质量急剧下滑。特别是疫情下联运各方的客户服务态度以及对问题货物的态度、对临时问题的处理能力越来差,导致搬运、装卸、中转、包装等物流活动不断出现失误,严重影响了多式联运新模式的服务品质,最终引发联运各方相互指责,配合的默契度、现场操作的合规性日益低下。最核心的是,疫情导致多式联运新模式的各方在运输中只考虑自身利益,单方面的利己行动往往使得多式联运中的其他企业陷入被动,从而使得各方的协调难度越来越大,多式联运新模式的效率越来越低。

公共环境危机下多式联运新模式的管理能力较低,对接极为不畅。多式联运新模式的高效运行,离不开各方的完美协同。而疫情危机下多式联运新模式各枢纽的衔接较差,尤其是铁路运输与其他几种运输方式的对接与协调极为不畅。据调查,在多式联运新模式涉及铁路运输时,铁路运行时间只是运输总时间的1/3,大多数时间都消耗在了货物中转环节。这还是在外部条件正常的情况下,疫情期间多式联运新模式的中转耗费的时间会更久。铁路货运站与港口、公路运输的分拨中心及机场的距离本来就较远,疫情的发生不仅使物流企业常常绕路,让对接的时间更长、难度更大,而且让中转环节烦琐费时,给多式联运新模式的运行造成极大困扰。当然,这种对接不畅问题是多种运输方式共同造成的,尤其是不同运输方式的管理能力参差不齐更是多式联运新模式对接效率低下的重要原因。可以说,疫情危机下管理组织能力的薄弱,大大降低了联运各方的协调度、中转地点安排的合理性以及各运输方式的中转流畅度,导致多式联运新模式系统的协调性愈加欠缺,与外部第三方的协调更是不尽人意,最终使多式联运很难实现真正意义上的"联"。

3.4 "互联网+公铁联运"新模式

克拉玛依市是中俄贸易西通道经济走廊多式联运新模式的重要枢纽,多式联运新模式的承载城市具有地理区位优势。作者根据多式联运新模式的五大问题,从"互联网+多式联运"新模式构建智能平台(政府)、多式联运企业联盟(行业)和多式联运方式组合(企业)三个层面来设计多式联运新模式的优化设计,即,"三位一体"优化,如图3-1所示。

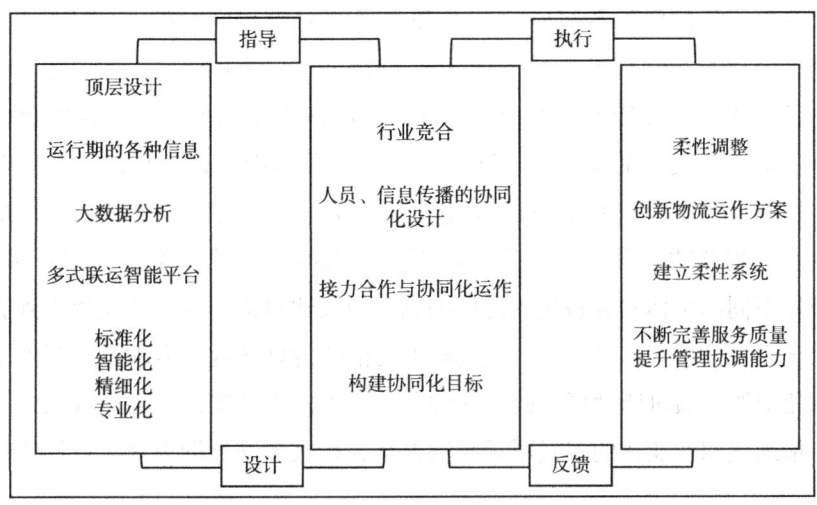

图 3-1　多式联运新模式的"三位一体"优化

3.4.1　政府层面：立足大数据，打造多式联运新模式的智能平台

多式联运新模式的实施需要多种运输方式共同配合才能完成货运活动。公共环境危机下增加了市场决策难度，物流企业不仅需要考虑时效和成本，更应该考虑安全，比较以往相同路线方案的可行性，如何更好地组织企业运力、选择合适的路线、成本更低、效率更高？而政府层面，可以基于大数据分析来打造包含客源预测、业务分类、战略规划的多式联运智能平台。如图 3-2 所示。

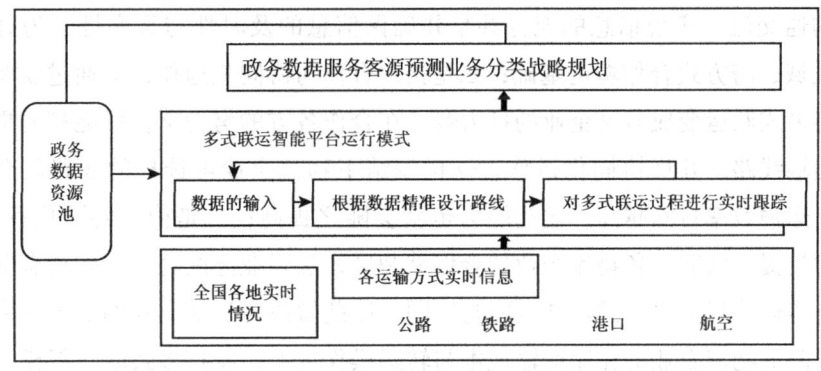

图 3-2　多式联运新模式的公共服务智能平台设计

首先，把国内外各地疫情分布和交通管制方面的数据全部输入平台，借助大数据综合分析各地的疫情情况与途中交通管制情况，同时完善和维护包括发货人、收货人在内的第三方乃至第四方之间的实时、透明化信息查询、追溯、反馈的闭环信息网络；其次，根据物流企业具体要求，在公路、铁路和水路之间精准设计多式联运路线，绕开疫区和道路障碍，重新为企业规划新的最佳物流方案，帮助企业及时将货物运至目的地；最后，是根据不同的个体和利益集团之间的利益最大化目标，建立从发货人到收货人的全过程信息共享机制，在此基础上提前统筹好各地区需求量与当前主要的枢纽资源，通过跨地区、跨行业的联动运作，不断推出更加标准化、智能化、精细化和专业化的多式联运解决方案，积极主动地助力物流业迅速恢复元气。

3.4.2 行业层面：围绕竞合，组建多式联运企业联盟

多式联运新模式需要同行业企业共同努力才能完成物流业务。疫情危机下更是需要行业的各企业加强合作、相互协调。根据供求点的位置、业务量等因素做好配置，才能保证多式联运新模式在途运输和中转操作的时效性、安全性与经济性。为此，可基于竞合共赢的价值准则来精心组建多式联运新模式的各主体之间协同运行的企业联盟，提供一体化的无缝衔接联运方案。一是人员、信息传递的协同化设计，即将多式联运所涉及的人员、信息传递等进行合理有效的协同化设计，同时加强联盟中各合作企业的沟通交流，实现信息的充分共享并确保信息的及时性与真实性，为开展跨区域、跨方式合作奠定基础；二是接力合作与协同化运作，即通过联盟链条将多式联运变成多家企业的接力赛，在合作各方的努力下，便能打通更多的运输线路，开展协同化运作，这样疫情下物流企业可选择的线路就会越多，运输效率自然越高，盈利能力也就会随之提高；三是构建协同化目标，并通过提高联盟中各物流企业的合作默契度，加强业务配合，实现现有资源与具体运输任务之间的最佳匹配与协同，以此解决各运输方式的低载货率问题，降低物流企业的在途运输成本与转运操作成本，发挥多式联运新模式的最大效能。

3.4.3 企业层面：无接触技术、柔性调整，创新多式联运方式组合

多式联运新模式系统包括人力调配、运输衔接、货物属性、系统规划等多个方面，内部极其复杂，而疫情的发生必然使多式联运的一种或几种运输方式受阻，这时就要看多式联运方式新模式组合的灵活性以及联运各方的服务品质和管理协调能力了。借助柔性调整来创新多式联运的方式组合，灵活多变地为客户提供高品质的物流服务。

首先，是创新物流运作方案，及时转变运输方式，比如在疫情紧张时公路运输几近停滞，物流企业就可以采取公转铁、公转水的多式联运新模式及时将货物运出去，避免货物积压；其次，建立业务柔性系统，通过一系列的转变与组合，全心全意帮助客户解决堵点并且避免自身物流成本的上升，建立与客户的信任关系，实现双方的长期合作；最后，不断完善服务质量，提升管理协调能力，以高效、节约为原则，柔性调整联运方式，加强多式联运新模式的中转流畅度和运行通畅度，最终达到资源利用率最高、效果最优的战略目标。

3.5 "物流园区 + 公铁联运" 新模式

目前我国铁路发展多式联运政策环境成熟、法规制度健全，国际市场发展多式联运氛围浓郁，多式联运组织模式不断创新，经营模式不断丰富。中俄贸易西通道经济走廊上以铁路为主导的多式联运新模式正处于培育期，"物流园区 + 公铁联运" 服务的新组织模式涌现，丰富和促进了多式联运的发展。

3.5.1 我国铁路发展多式联运的现状

在很早之前，我国铁路就尝试发展国际多式联运运输业务，但由于种种

原因，以铁路为主导的多式联运并未发展起来。近年来，一系列突破性的政策和举措，将我国国际铁路多式联运发展推向快车道。2015年7月，交通运输部和国家发展和改革委员会联合下发《关于开展多式联运示范工程的通知》，由交通运输企业负责具体实施，开展多式联运组织服务，推广应用快速转运装备技术，探索多式联运组织模式，培养一批综合服务型多式联运企业。2017年4月，交通运输部和中国铁道科学研究院集团有限公司共同规范了《货物多式联运术语》和《多式联运运载单元标识》，进一步理清多式联运理论概念和运载单元标准。2018年交通运输部起草了《推动运输结构调整三年行动计划（2018~2020年）》，明确其任务和目标，具体涵盖铁路运能提升、多式联运提速等"六大行动任务"，充分发挥铁路为主导的高质量多式联运运输体系，推动多式联运新模式向纵深发展。

铁路发展多式联运设施设备不断完善。随着国家"八纵八横"高速铁路网络的建设，客货分流逐步推进，铁路货运服务能力大幅度提升。目前已建成208个铁路一级、二级物流基地，18个集装箱中心站，19个内陆一级铁路口岸，形成了覆盖全国铁路货运服务网络，显著提升干线运输能力和节点物流服务能力，营运环境得到进一步改善。推进运载单元标准化，大力发展集装箱和托盘为载体的运载单元，提升铁路装卸效率。加大对双层集装箱运输技术的研究，设计完成双层集装箱装载方案和关键技术论证，提高铁路集装箱运输能力。全国枢纽型公铁联运物流园区、多式联运型物流园区等项目落地，进一步夯实多式联运基础设施衔接水平，打破"最后一公里"转运界限。

铁路发展多式联运组织模式不断创新。中国出口俄罗斯的商品车滚装运输、甩挂运输、多式联运信息平台、"散改集"运力转换、铁路全程冷链运输、高铁快递联运、公铁联运班列、铁水联运班列、中欧班列、钢材特种箱运输等新业态涌现，业务组织模式不断创新，联运产品日益丰富，运营形式更加多样。区域性多式联运组织模式不断涌现，依据其区域特征、地理位置、货源结构和经济特点等因素，形成了各具特色的多式联运组织体系，不断推动我国多式联运组织创新。创新发展运输组织模式，中欧班列多式联运提单"一单制"，以公路、铁路和航空共用货物运载单元和信息系统，实行"高铁＋航空"货物联运模式。克拉玛依依据其独特地理位置和产品特点首创"公铁联运＋冷藏空运＋公路短驳"联运新模式完成俄罗斯新西伯利亚冰淇淋的国际食品物流服务。目前主要以公铁联运为核心，充分发挥铁路、公路各自运输组合优势，开行定制班列，提升区域多式联运整体水平。

铁路发展多式联运经营模式不断丰富。铁路与快递速运的多式联运联合新模式也在快速发展中。中俄贸易西通道经济走廊的以"黑货"等大宗货物为主的铁路运输业务量连年萎缩，迫使铁路不得不做出改变，向综合物流服务商转变，到市场中参与竞争，开发新的运输市场。铁路在两端接取送达存在短板，因而铁路与社会物流企业合作势在必行。与快递速运的多式联运联合新模式也在快速发展中，快递组织货源，配送货源，而铁路运输可以更好地发挥干线运输优势，铁路运力得到更好的发挥。巩固既有市场，继续开发新市场，铁路通过与大客户"量价互保"，签订定期运输协议、"一口价"价格优惠、"减税降费"等政策稳住既有市场。持续推进运价市场化改革，完善价格形成和调整机制。

3.5.2 存在的问题

目前我国铁路创新联运组织模式、修建联运基础设施、构建联运信息平台、量化联运车辆标准、提升多式联运衔接转运水平等仍处于初级阶段，中俄贸易西通道经济走廊铁路发展多式联运存在的主要问题如下：

第一，铁路发展多式联运运输品类较为单一。目前铁路大多数客户还是集中在传统"黑货"运输（主要货物种类有木材、原油、矿粉及初级农产品等），难以满足日益增长的个性化、定制化运输需求。在国家能源结构调整和环保政策要求下，传统"黑货"铁路运输发展出现瓶颈，货运量逐年萎缩，原有单一品类运输难以为继，铁路需要加快运输结构调整，向"白货"等全品类运输服务市场进行转型。

第二，铁路发展多式联运营运网络渗透率不足。由于中国与俄罗斯的轨距不统一，使原有铁路货运服务局限于铁路货场周边及修建铁路专用线，服务范围有限，两端接取送达成本高、效率低。区域货物运输需求无法满足，铁路触角延伸有限，渗透率不足。货主往往是驱车赶到货场咨询运输信息，再联系公路将货物运输至铁路货场，中间需要经过几次来回才能将运输业务落实，导致客户运输服务体验不佳。

第三，铁路发展多式联运品牌效益不高。现阶段铁路发展多式联运还局限于干线运输，市场对铁路货运的刻板印象还停留在大运量、长距离运输过程参与者，而不是主导者。铁路作为中俄贸易西通道经济走廊综合交通运输的骨干力量，不仅需要承担更多的运输责任，同时还需要完善运输体验。因此，需要加大品牌宣传和营销推广力度，塑造品牌形象。

第四，铁路发展多式联运服务质量有待提高。两端接取送达一直是铁路货运的薄弱环节，面对市场短、频、快的货物运输需求，铁路运输服务稍显迟钝。因此，需要加快转型提供基于全程一体化"门到门""一单制"运输服务，真正解决货主运输需求，到市场中真正参与竞争，提升铁路多式联运服务质量。

第五，铁路发展多式联运融合度不够。多种运输方式衔接不畅，组合优势并未充分发挥，多式联运专用场站和运载机具匮乏、与其他运输方式设施设备和技术兼容性低等问题始终存在，制约着多式联运的发展。因此，铁路需要加大研发和投入，创新运输服务模式，研发新技术和新产品应用，切实解决多式联运衔接转运问题，以达到提升整体多式联运融合度的目的。

3.5.3 "物流园区+公铁联运"新模式

"物流园区+公铁联运"服务是指在铁路车站营业场所以外的货源集散地设立物流园区以增加公铁联运一体化链接经营服务网点。通常选址在没有铁路经过但有铁路运输需求的区位，如港口、大型物流园区、大型厂矿企业等货物集散地，简称为无轨货运站。它除了享有同铁路货运场站一样的功能外，还包括日常业务咨询、货物受理承运、电子商务服务、在线交易支持、周边客户自提等功能。

目前"物流园区+公铁联运"的多式联运新模式还处于初期探索阶段，并没有统一的标准和运营模式，各地区的"物流园区+公铁联运"服务站，应根据自身发展环境，如地理位置、交通状况、区域经济特点、货源结构、铁路运输组织能力等特点选址，虽其所具备的功能有差别，但却都具有一个共同的特点，就是将货场功能延伸到货主身边，贴近市场需求，打通"最后一公里"运输瓶颈,拓展铁路揽货服务面,提供更加优质的货运服务。货主可以通过"无轨货运站"提报货物运输需求、装卸车前后三检、检斤验货、安检查危、制票、支付、提箱还箱等,将传统铁路货场功能前置于"无轨货运站"内,然后通过集卡车、支线船、公路短驳至附近铁路货场,组织挂运。实现对每批货物取货、中转、装车、挂运和到达站接卸、配送全程跟踪。依据产品特点开发专线物流运输产品和快运班列,打造铁路货物运输服务品牌。

"物流园区+公铁联运"服务站的类型。按照运输种类分为:整车物流园区多式联运服务站和铁路集装箱物流园区多式联运服务站。整车物流园区多式联运服务站大多数是建在物流园区和大型厂矿企业周边,为拓展"白货"运输市场,将物流园区多式联运服务站建在企业身边,直接为货主服务,为货主提供定制化的专线物流运输产品、快运班列。"物流园区+海关监管仓"整车多式联运服务站是一种典型类型。铁路集装箱物流园区多式联运服务站是指在没有铁路直通的港口、口岸、物流园区,设立具有铁路集装箱堆场功能的物流园区多式联运服务站,通过支线车、集卡车等交通工具,与就近的铁路货场箱源无缝调拨,让原本铁轨没有延伸覆盖的区域融入铁路集装箱服务网络,是铁路服务网络和铁路集装箱堆场向市场终端延伸的重要媒介。

3.6 "口岸+空铁联运"新模式

空铁联运是综合交通运输体系的重要组成部分,民航和铁路具有很强的互补性。2017年由交通运输部等18个部门历时一年时间正式出台了《关于进一步鼓励开展多式联运工作的通知》,这是首次以国家层面、多部门联合推进,针对多式联运发展进行的专项部署,明确了多式联运在国家层面的战略定位。2020年9月,国家发展改革委、民航局又联合印发《关于促进航空货运设施发展的意见》,要求形成以国内大循环为主体,国内国际双循环相互促进的新发展格局,加快补齐我国航空货运短板和弱项,持续提升航空货运能力。充分释放中俄贸易西通道经济走廊"口岸+空铁联运"新模式的优势,并已成功试水。

3.6.1 我国空铁联运现状

我国航空货运业始终保持着稳健的增长态势,机场货邮吞吐量从 2011 年 1157.8 万吨增长至 2019 年 1710 万吨,同比增长 47.7%,货运方式则由以散航运输为主向全货机与散航运输相结合转变,货运骨干航线网络结构由直飞模式向枢纽化运作模式转型。在快递货运业务快速发展,以及铁路快运网络和航空快递网络持续完善的背景下,我国正在构建以航空物流为主体的国际快递货运市场,以铁路快运和航空货运相互促进的国内快递市场发展新格局。"口岸+空铁联运"正成为一种新兴的多式联运新模式,研究"口岸+空铁联运"的运输组织新模式和站场布局,对探索我国快件物流发展的新模式具有理论指导意义。

3.6.2 "口岸+空铁联运"新模式

"口岸+空铁联运"是指航空运输与铁路运输之间通过共同的口岸协作而完成的一种联合运输方式,参与者包括民航机场、航空公司、铁路系统及口岸等。大型机场与铁路在口岸完成无缝中转,铁路可服务于国际或国内货物运输,而枢纽机场可侧重于国际与国内长途运输,从而发挥二者的速度优势,拓展航空运输和铁路运输各自的辐射圈。

快件空铁联运的衔接模式及其运输组织。随着高铁货运列车的下线,我国快件空铁联运将逐渐推广以航空+货运专列的组织模式为主、实行客货共线的高速铁路运行模式。这一联运模式有利于在城市群范围内推动快件运输从卡车运输、中短途航空货运航班向高速铁路列车运输的模式转换,进而打造以"口岸+空铁联运"为主体的中长距离多式联运快件物流体系。从机场口岸的空铁联运衔接来看,航空+货运专列组织模式需要针对货运专线段、专用的货运空铁联运站场进行规划建设,其中货运专线段是指从高速铁路客运正线分出专用货运铁路支线引入至机场货运区,通过分时开行的方式,减少客货列车相互之间的影响。高速铁路货运口岸站场应主要考虑机场和铁路的位置关系及接驳中转作业过程中各环节衔接的便利程度，在尽量不增加基建成本的前提下，宜尽量靠近机场货运区，以实现货物的无缝衔接、作业的集中处理。"口岸+空铁联运"新模式需要根据铁路站场和机场的相对位置关系及其多式联运全作业流程等进行设计，可以分为无缝衔接式、外部转运式及内部接驳式3种类型。

无缝衔接式空铁联运是指高速铁路线路引入机场口岸货运区，并直接在口岸货运区空侧隔离区内完成铁路运输与航空运输之间货物中转接驳作业的联合运输形式，无缝衔接的空铁联运模式。该模式是空、铁两种运输方式在口岸全面融合、无缝接驳的理想联运模式，整个联运过程实现"一单到底、一箱到底"，可提供"全封闭、一站式"的快件货物运输服务。无缝衔接式空铁联运作为一种作业流程集中在机场空侧运作的理想化模式，需要从高速货运列车、站台装卸系统、货运机坪内部传送系统等诸多方面进行整体设计，该模式适用于新建货运机场口岸货运区。从快件货物的传送设备及其载体来看，无缝衔接式可分为集装箱运输或散件货物运输两种方式。空铁通用的货物集装箱整件装卸和转运可通过滚轴式水平传动平台及垂直升降平台实现，即高铁货运列车停靠站台的两侧设置有兼具过磅称重功能的水平传动平台，列车每节车厢两侧车门全开启后，车内的集装箱可通过带滚轮的货运地板推至滚轴平台，滚轴装置再带动集装箱前进至指定位置，然后通过垂直升降平台直接传送到货运机坪，实现整箱拆装转运作业，反之亦然。该模式可实现列车双侧同时装车和卸车，显著提升了装卸作业效率。散件货物运输可通过快件自动传送和分拣设备实现高速货运列车与货运机坪之间直接的快速分拣及转运。无缝衔接式空铁联运节省了快件运输的周转环节，作业时间短，运行效率高。

外部转运式空铁联运是指先期各自独立完成货物的铁路运输和航空运输作业，再在机场口岸侧组织联合运输的运作模式，其中航空货物的作业流程在机场货运区完成，高铁货物的作业流程在铁路货运站内完成，再使用货运卡车对联运货物进行接驳和快速集散，外部转运的空铁联运模式。外部转运式通过机场陆侧的公路运输解决了"最后一公里"的问题，但需要在航空—公路—铁路三种交通方式之间进行两次货物中转，与其他两种模式相比增加了周转环节。该模式下的铁路站场和机场货运站相对独立作业，两者均可各自完成货物拆解、拼箱打板、仓储配载等系列作业。高铁货运站设置灵活，除了新建之外，还可利用现有的高速铁路车站和动车所进行改造，用地受限相对较少，基建成本低且易于实现。该模式不仅仅服务于空铁联运产品，也可以实现公铁、空公等其他多式联运模式，可满足于特快运输服务、快运服务和普通货运等多种货运产品设计的需求。外部转运模式总体上因接驳次数多、联运时间长未能充分有效地发挥空铁联运的优势。

内部接驳接式是指将高速铁路货运支线引入机场货运区，并在机场口岸陆空侧交接处配套建设空铁联运货站的联合运输形式，即联运的货物分别从机场货运站或高速铁路站台卸下后转运至空铁联运货站，在该货站内完成分拣、装卸、仓储、安检等一系列周转作业，最后转运至高速铁路车站或机坪再次发运。该模式下的空铁联运货站、高速铁路站台均设置在机场货运区，联运流程需要根据联运作业和运输流线统筹设计组织。空铁联运口岸是内部接驳联运模式下的重要衔接节点和工作场所，其铁路和航空货物的中转作业均集中在空铁联运口岸中完成，机场陆侧和空侧的隔离区分界线也设置在其内。铁路站场、机场货运区和空铁联运货站之间的转运需要拖车和升降平台等在口岸区内进行短距离接驳，并规划专用道路进行衔接，以合理安排货运车辆进出港的运输流线，减少流程交织。以此解决"最后一公里"问题。

三种模式分析。机场与铁路口岸的3种空铁联运衔接模式分别采用了不同的铁路设站形式，并各自适用于不同的货运区类型。理想化的口岸无缝衔接模式实施难度大，而外部转运模式的运作效率较低，相较之下内部接驳模式实用性强，联运效率相对较高。因此，未来快件空铁联运应优先选择内部接驳模式为主的联合运输组织模式，并建设由铁路口岸、机场口岸货运区和口岸空铁联运货站所共同构成的"口岸＋空铁联运"综合物流运输枢纽。

3.6.3 "口岸＋空铁联运"站场的空间布局模式

在内部接驳式空铁联运中，空铁联运站场的空间布局对提高联合运输周转效率、清晰划分作业流线起着至关重要的作用。根据铁路车站、机场和空铁联运货站的位置关系和联运作业流线的不同，空铁联运站场可以分为 I 形、L 形和 U 形 3 种空间布局模式。

I 形布局模式是指空铁联运货站布置在高速铁路站台的一侧，并与高速铁路线路走向平行、与站台作业区联合布置的布局形式。该种布局模式适用于运量较少的区域性货运枢纽机场，高速铁路在机场货运区内设站，车站形式为尽端站或通过站，其中通过式线路可同时兼顾航空货运和油料运输多种功能。站台宜采用"三台夹两线"的基本形式，站台长度不受限制，站台数量在未来用地充足时可向一侧平行扩展。其优势在于从高速列车卸下的货物可以直接进入货站内完成相应的物流作业，且货站内设有仓储区，可以同时处理直通和非直通货物。劣势在于其受制于机场和铁路线路的用地限制，站场规模较小，不利于远期扩建，仅可与一侧的站台作业区形成良好的道路交通联系，为此仅能处理空铁联运的货物。

L 形布局模式是指空铁联运货站设置在高速铁路站台的单侧和端部，其中端部货站内完成空铁物流作业，主要用于直通空铁联运货物的快速集散，侧边货站为站台作业区的扩展区域，该区域与仓储区域合并布置，用于非直通货物的装卸和暂存。该种布局模式适用于新建或既有的专业性货运枢纽机场，在机场内部设置的高速铁路车站形式为尽端站，且"三台夹两线"站场可以根据实际情况向双侧扩展，以增加站台和线路的数量。但站台端部为主要的作业场地，不利于未来站台长度的扩展。其优势在于用地集约且留有未来发展的余地，站场位于货运区内，货物中转接驳的距离较短。劣势在于其站台作业区与空铁联运货站分开布置，装卸车辆要走行至站台端部才能进入到空铁联运货站内进行周转作业。端部主要作业区负荷较大，且因货站的面阔偏窄而导致货站内进出港作业流线有可能存在交织问题，需要合理划分货站内部的功能分区，优化运输流线。

U 形布局模式是指由空铁联运货运区、公铁联运货站及综合办公区三面围合高速铁路站台的布置形式。该种布局模式适用于综合性货运枢纽机场，高速铁路车站在机场外部或航空物流园区内设置，车站形式为尽端站，货站与机场机坪区之间存在一定的距离，需要规划建设空侧隔离区专用的货运通道进行衔接。由于站场为一次性建成，且规模较大，功能较为齐全，在前期规划设计时需要合理预测近远期空铁联运货量，确定站台的数量和装卸线长度，满足站场未来的发展需求。其优势在于用地受限相对较小，货站具备综合物流的特征，内部流线清晰，包含装卸、仓储和办公等多种功能，可以完成货物发送或运抵处理的全过程。同时该种模式还可以根据周边用地和交通条件，与机场对外路网进行有效衔接，根据不同的货运产品设计出相应的货物办理流线，以满足空铁、公铁等多种联运模式的需求。其劣势在于货站与机场机坪区之间存在一定的距离，铁路线路可能会分割机场周边地块，其线路走向和站场布局必须遵循临空经济区规划和机场总体规划。

3.6.4 "口岸+空铁联运"站场规划建设及其运输组织的实施举措

加快空铁联运配套基础设施的规划建设。快件空铁联运站场是联运货物的基础作业场所和转运接驳节点，其规划建设直接影响着空铁联运的整体作业流程和运输组织。在布局联运站场时，应统筹所在区域的高速铁路线网规划和建设规划、机场总体规划及临空经济区规划等相关规划，深入研究站场和机场及周边地区之间的关系，充分论证高铁货运线路与机场的衔接方式，最终确定联运站场的具体位置。对于新建或改扩建的综合性货运枢纽机场或专业性货运枢纽机场，应优先论证高铁货运线路引入枢纽机场货运区的可行性，以实现机场与高速铁路线路直接的互联互通，再结合机场周边实际用地条件和所在地区航空货运业及快件业的发展需求，从 I 形、L 形和 U 形 3 种站场空间布局模式遴选出合理的基本模式，最终确定联运场站的具体布局方案。综合考虑空铁联运站场和航空物流园区的一体化建设，可以在机场地区打造集物流、商贸和综合服务于一体的多式联运平台。此外，在规划建设空铁联运站场的同时，还应配套建设专用的联运物流转运和装卸设施，以便快速高效地处理航空和高速铁路的联运货物。

加强空铁联运站场的规划设计标准制定及流程优化。空铁联运站场的规划设计涉及机场和铁路两大板块，为保证站场规划设计的技术规范性和建设可行性，应联合铁路和民航的相关部门联合出台空铁联运站场设计导则及国家设计标准。可结合《高速铁路设计规范》（TB10621-2014）、《民用机场飞行区技术标准》（MH5001-2013）等相关规范要求，针对新建和已建机场的建设条件，对空铁联运站场内铁路线路的选型、建筑物高度等具体基础设施的规划建设予以规范。还可根据综合性、专业性和区域性3种类型的货运机场的运营特点,明确I形、L形和U形3种基本站场空间布局模式的适用范围和实用条件。其中安检作为保证货运安全、提高货物流转效率的关键环节,是流程优化的重点。当下民航和铁路在货物的安检标准、安检目录和禁限物品等方面要求和规定还不一致,需要民航和铁路部门联合推进货物联运安检互认工作,共同研究制定联运安检互认的技术标准规范,清晰界定安全责任主体及其边界。结合民航和铁路现有的安检技术标准,依据安检标准"就高不就低"原则,首先推动由执行高安检标准的载运工具转运执行低安检标准的载运工具的单向快件安检互认工作,即航空货物从飞机卸下进港后可直接运送至高速铁路列车发送,全过程无须再安检;而高铁货物从列车卸下进港时需要进行航空安检后方可装机出港。

协调与优化空铁联运的运输组织。"口岸+全货机+货运专列"的联运模式是未来空铁联运发展的主要方向,需要对两者之间的运输组织进行协调和优化。从运力适配来看,我国目前研制的高速铁路专列载重不少于110吨,载货容积不少于800立方米,而常见的全货机可划分为运量在100吨以上的大型货机、30吨左右的中型货机、15吨左右的小型货机3种类型。根据高铁货运整车编组和3种类型全货机的运量,可建立起"一对一""一对四"和"一对多"的运力适配关系。其中小型货机通常需要根据同一时间段的全货机载货量和客机腹舱载货量的配载情况,通过航班波组织多架客货机到港货物集中装卸后,再组织打板拼箱至货运专列进行发送。从运行时刻安排来看,空铁联运协调时刻分为集中协调时刻和零散协调时刻2大类,且以集中协调为主。集中协调主要针对货运专列和全货机运输,根据两者的运行组织特性,协调时刻安排原则上为"白天集货,夜间运输",以满足快递运输"次日达""次晨达"的要求。货运列车和全货机的运行时刻既有交错又有重叠,需要进行航空货运航班波与铁路运行时刻协同设计,从航空至高速铁路的联运时间组织以航班时刻为主,从高速铁路至航空的联运时间组织以列车时刻为主。零散协调时刻主要是针对除夜间以外其余时刻的零星货运航班、腹舱载货运输和需要日间运输的国际货物,需要在客运铁路时刻中穿插安排货运专列,并与机场日间进出港客运航班波统筹设计,实现科学合理的时刻资源分配。

3.7 "港+水公铁联运"新模式

2021年10月14日,习近平总书记在第二届联合国全球可持续交通大会开幕式上发表重要讲话指出,新中国成立以来,几代人逢山开路、遇水架桥,建成了交通大国,正在加快建设交通强国,要坚持生态优先,实现绿色低碳。要加快形成绿色低碳交通运输方式,加强绿色基础设施建设,让交通更加环保、出行更加低碳。2021年,我国全社会物流总费用16.7万亿元,占国内生产总值(GDP)的14.6%,高出欧美日等发达国家平均水平近1倍。国务院办公厅2021年1月7日印发《推进多式联运发展优化调整运输结构工作方案(2021~2025年)》,《方案》要求,以加快建设交通强国为目标,以发展多式联运为抓手,加快构建安全、便捷、高效、绿色、经济的现代化综合交通体系,更好的服务构建新发展格局,为实现碳达峰、碳中和目标做出交通贡献。《方案》提出,到2025年,多式联运发展水平明显提升,基本形成大宗货物及集装箱中长距离运输以铁路和水路为主的发展格局,全国铁路和水路货运量比2020年分别增长10%和12%左右,集装箱铁水联运量年均增长15%以上。大力发展多式联运,推动各种交通运输方式深度融合,通过提高"公铁水联运"的比率,进一步优化调整运输结构,提升综合运输效率,降低社会物流成本,促进节能减排降碳。

3.7.1 我国公铁水联运现状

近年来,随着公路的改造、高速公路网络的逐步形成,公路运输得以快速发展,公路、铁路及水运在客运和货运业务上展开了激烈竞争。由此,公路、铁路及水路运输的竞争和联合运输备受关注,而无论是公路运输、铁路运输还是水路运输,都有各自的优势和不足。然而,大物流的发展,需要充分发挥各种运输方式的优势,规避其不足,以实现最优的经济效益,公路、铁路与水路的联运便呼之欲出。在竞争激烈的形势下,货物运输要求速度快、损失少、费用低,而公铁水联运适应了这些要求。以"港+公铁水联运"新模式运输在欧美许多发达国家的社会和经济发展中扮演了重要的角色。"港+公铁水联运"新模式可以化繁就简，把转换的时间缩短再缩短。

3.7.2 公铁水运输分析

公路运输灵活便捷。公路货运机动灵活、简捷方便、应急性强，能深入到其他运输工具到达不了的地方；适应点多、面广、季节性强的货物运输；随着公路现代化、车辆大型化，公路运输是实现集装箱在一定距离内"门到门"运输的最好的运输方式。公路货运存在的问题是，比起铁路来，汽车运输的运输单位小，运输量和汽车台数与操作人员数成正比，产生不了大批量输送的效果。铁路运输准确安全。铁路运输几乎不受气候影响，一年四季可以不分昼夜地进行定期的、准确的运转；铁路运输速度比较快，运输量比较大。铁路运输成本较低，铁路运输费用仅为汽车运输费用的几分之一到十几分之一，运输耗油约是汽车运输的二十分之一。铁路运输安全可靠，风险远比公路运输小。铁路货物运输固然有其优势，但其特点也决定了其必然存在弊端：由于在专线上行驶，而且车站之间距离比较远，缺乏机动性；运输起点和终点常常需要汽车进行运转，增加了搬运次数。水路运输量大而成本低。与公路、铁路相比，水路运输最大的优势是成本低、污染小、安全经济，水路运输可以实现大批量运输，而且所利用的江、海都是自然资源，不会造成对资源的浪费，有利于环保。水路运输减少能源能耗，减少了对环境的污染。但其劣势是周期长，容易受航道限制。

公铁水联运高效统一。公铁水联运就是充分发挥铁路骨干运输的优势，公路灵活多变、快速的特点，水运低成本环保特征，为客户提供一票式门到门运输服务。手续简便、责任统一。在公铁水联运方式下，所有运输事项均由联运承运人负责办理。而货主只需办理一次托运、订立一份运输合同、支付一次运费、办理一次保险，并取得一份联运提单，与各运输方式相关的单证和手续上的麻烦被减少到最低限度。发货人只需与联运经营人进行交涉，由于责任统一，一旦在运输过程中发生货物灭失或损坏时，由多式联运经营人对全程运输负责，减少运输过程中的时间损失，使货物运输更快捷。公铁水联运作为一个单独的运输过程而被安排和协调运作，能减少在运转地的时间损失和货物灭失、损坏、被盗的风险。公铁水联运经营人通过联络和协调，在运转地各种运输方式的交接可连续进行，使货物更快速地运输，从而弥补了与市场距离远和资金积压的缺陷，节省了运杂费用，降低了运输成本。公铁水联运还可以提高运输的组织水平，实现货物的连续运输，可以把货物从发货人的工厂或仓库运到收货人的仓库或工厂，做到了门到门的运输，使合理运输成为现实。在公铁水联运物流系统中，公路运输承担着公司承运的货物的提取、配送，是公司公铁水联运的最初和最终环节。公铁水联运实现后，厂家发货只需要将货物交给从事联运的物流公司直接办理，而不必去找多家公司服务，而且货物的主要运输方式是水运与铁路运输，货物的安全性便得以保障，比过去全部汽运更加安全。同时，随着公路运输成本的增加，客户将长途运输改为铁路运输模式或水运，成本必将下降，又会给企业带来新的效益，进一步实现了成本的经济性。

港口链接事关成败。水运、公路和铁路的连接通常是通过公铁水联合运输的港口中转平台来实现，要实现高效接驳，对船舶、卡车和铁路货车之间转运的货物不进行再次处理，港口中转平台是整个公铁水联合运输链的增值中心。由集装箱、叉车、堆场构成的港口中转平台，构成了水运、铁路与公路三种运输方式的接口，高效的转换在于此。公铁水联合运输的效率与港口运输中转平台的生产力紧密相关，而集装箱的推广和统一，成为保证公铁水联运通畅的统一接口。保证所有的港口、机场、海关，以及平台的其他各种费用被支付。

破解制约因素。一是在我国物流经济总体发展并不平衡，区域发展水平存在很大差距。铁路运输的发展仍然是主要以干线运输进行。但铁路干线开通的货运结点少、支线运输薄弱，并没有解决也不可能彻底解决周边地区的运输难题，而且物流的干线运输还不够充分，特别是铁路干线运输大部分还存在速度较慢、货运车次较少等情况。另外我国现代物流业起步较晚，高级物流人才匮乏，公铁水联运的相关运输技术一直薄弱，人才的培育和成熟，也需要一段时间。二是当前公、铁、水多式联运，公铁联运具有较大份额。从宏观角度分析：统一管理机构的缺失和一致性政策的缺失是较为突出的问题。建议由国务院或发改委牵头，组织建立多个部门组成的公铁水多式联运协调机构。政府积极为企业运作创造条件，积极推动相关基础设施建设，去规范市场行为，同时建立区域间协调机构并起到示范作用。从微观角度分析：建议大力宣传公铁水联运的优势，使更多的人了解公铁水联运，选择公铁水联运，而联运供应方也要提高服务质量，不断改善硬件与软件设施，更好地发挥公铁水联运优势。

3.7.3 "港+公铁水联运"新模式

目前，公铁水联运方式衔接融合不够、高品质运输服务供给不足等问题，创新新模式把公铁"资源优势"和铁水运输的"成本优势"形成有效叠加，对推动经济发展意义重大。切实减少公路运输量，增加铁路和水路运输量仍然空间巨大。港口与公铁水的协同联动力度还不够，需要加强与港口、物流、大型工矿企业的对接，进一步推进"公转铁""公转水"。构建"港+公铁水联运"新模式。

以港口为节点公铁水联运。围绕"加快铁、用足水、强化联"总体思路，完善货运铁路网络，提升铁路运输能力，进一步发挥水运优势、推进大宗货物"公转水"，推进"港+公铁水联运"新模式发展，通过减少不合理公路运输，将更多长距离大宗货物运输转移至水路、铁路，加强公铁水联运，运输结构持续优化。形成高效顺畅的"港+公铁水联运"体系。

从理论和经验看，通过实施"港+公铁水联运"新模式结构，可以加强不同运输方式间无缝化衔接和一体化组织，可提高运输效率30%左右，降低运输成本20%左右，全面提高综合运输效率、降低全社会物流成本。系统规划布局重点港区集疏港铁路与公路，推动集疏港铁路向堆场、码头前沿延伸，努力打通铁路进港"最后一公里"。形成以港口为节点的高效顺畅的公水联运、铁水联运系统。有利于构建以国内大循环为主体、国内国际双循环相互促进的新发展格局，发挥各种运输方式的比较优势和组合效率，推进不同运输方式加强衔接，充分调动广大运输企业特别是龙头骨干物流企业的积极性，引导传统运输企业向现代物流企业发展，有效激发市场活力和内生动力。

3.7.4 "港+公铁水联运"新模式建设措施

中俄贸易西通道经济走廊将发展"港+公铁水联运"新模式作为调整运输结构的重点事项，落实港口、工矿企业、铁路企业的责任，提出六方面政策措施。

一是提升"港+公铁水联运"新模式的承载能力和衔接水平。加快港口物流枢纽建设，完善铁路物流基地布局，有序推进专业性货运枢纽机场建设。健全港区、园区等集疏运体系，新建或迁建煤炭、矿石、石油沙等大宗货物年运量150万吨以上的物流园区、工矿企业及粮食储备库等，原则上要接入铁路专用线或管道。

二是创新"港+公铁水联运"组织模式。丰富多式联运服务产品，大力发展铁路快运，推动冷链、危化品、国内邮件快件等专业化联运发展。培育多式联运市场主体，鼓励港口航运、铁路货运、航空寄递、货代企业及平台型企业等加快向"港+公铁水联运"新模式经营人转型。推进运输服务规则衔接，以铁路与水运衔接为重点，推动建立与"港+公铁水联运"新模式相适应的规则协调和互认机制，深入推进"港+公铁水联运"新模式的"一单制"，探索推进国际"港+公铁水联运"新模式单证的物权化。加大信息资源共享力度。

三是促进"港+公铁水联运"新模式下重点区域运输结构调整。推动大宗物资"公转铁、公转水"。推进中俄贸易西通道经济走廊及周边国别地区的经济单元区运输绿色低碳转型。加快与长三角地区、粤港澳大湾区公铁水联运发展。

四是加快技术装备升级。推广应用标准化运载单元，积极推动标准化托盘（1200mm×1000mm）中俄贸易西通道经济走廊"港+公铁水联运"新模式中的应用，加强技术装备研发应用，提高技术装备绿色化水平。

五是营造统一开放市场环境。深化中俄贸易西通道经济走廊"港+公铁水联运"新模式中重点领域改革，建立统一开放、竞争有序的"港+公铁水联运"服务市场，规范重点领域和环节收费，加快完善法律法规和标准体系。

六是完善政策保障体系。加大对中俄贸易西通道经济走廊"港+公铁水联运"新模式的资金支持力度。加强对重点项目的资源保障。制定推动中俄贸易西通道经济走廊"港+公铁水联运"新模式发展和运输结构调整的碳减排政策,鼓励出台支持中俄贸易西通道经济走廊"港+公铁水联运"的协同、提高综合运输效率、便利新能源和清洁能源车船通行等方面政策。

3.8　本章小结

通过对多式联运的定义、特征及功能分析,并构建多式联运新模式运营效果的评价指标体系,研究我国多式联运运作模式的现状,提出中俄贸易西通道经济走廊"互联网+公铁联运"新模式、"物流园区+公铁联运"新模式、"口岸+空铁联运"新模式、"港+水公铁联运"新模式。

| 第4章 |

克拉玛依市多式联运节点的选址与路径模型优化

本章主要是促进中俄贸易西通道经济走廊多式联运运输体系中的铁路货运部门主动走出去，提出建立"物流园区多式联运服务站"，探索以铁路为主体发展"互联网＋多式联运"新模式。分析"物流园区多式联运服务站"多式联运新模式，比较其与现有公铁联运、铁水联运模式的区别，探析"物流园区多式联运服务站""互联网＋多式联运"多式联运新模式具有拓宽铁路运输产品品类、扩大铁路货运市场营运网络、增强铁路货运营销推广力度、提升货运综合服务质量、提高多式联运整体融合度等优势，为铁路推广"物流园区多式联运服务站""互联网＋多式联运"多式联运新模式奠定理论基础。

4.1 研究背景

中国与俄罗斯在经济方面一直有着很好的合作，贸易关系也在不断深入，为了更好地促进双方的经贸合作，中俄两国在经济领域内做出了良好的贸易政策，以全方位互信为基础、"一带一盟"为依托、区域同步振兴为抓手的"次区域经济一体化"的地缘关系提质升级。研究建设中俄贸易西通道经济走廊，推动该次区域经济一体化合作发展，其核心区分东、中、西三线跨境物流通道。目前路线为巴克图口岸（吉木乃口岸）——阿亚古兹（哈萨克斯坦）——巴尔瑙尔——新西伯利亚的中俄贸易西通道经济走廊的西线是连通的，可以进行正常贸易。本章以西线为背景，研究中俄贸易西通道经济走廊核心承载城市克拉玛依多式联运新模式的节点选址与通道路径优化模型与仿真问题，为中俄贸易西通道经济走廊多式联运新模式的决策提供理论支撑。

4.1.1 中国新疆与俄罗斯贸易现状

中俄两国在世界上都是贸易大国，在全球贸易中两国都占据着重要的地位，俄罗斯是中国第十大贸易伙伴国，而中国已经持续8年为俄第一大贸易伙伴国。从2015~2018年，中国同俄罗斯进出口总额一路飙升达到10710745万美元（见图4-1），进出口总额增长率分别为2.4%、20.1%、27.2%，从增长情况可以看出中俄贸易量正在不断增大，趋势已经非常明了；而从2015~2018年，新疆同俄罗斯进出口总额虽然在2018年上升到173276万美元（见图4-2），但进出口总额增长率分别为41.8%、-9.3%、43.6%，进出口总额趋势为先升后降再升，说明在2016~2017年中国同俄罗斯贸易增长量上，新疆没有做出应有的贡献。

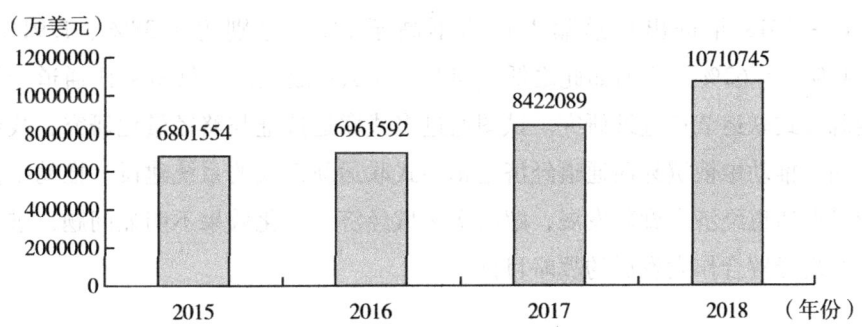

图4-1 中国同俄罗斯进出口总额

数据来源：《中国统计年鉴》。

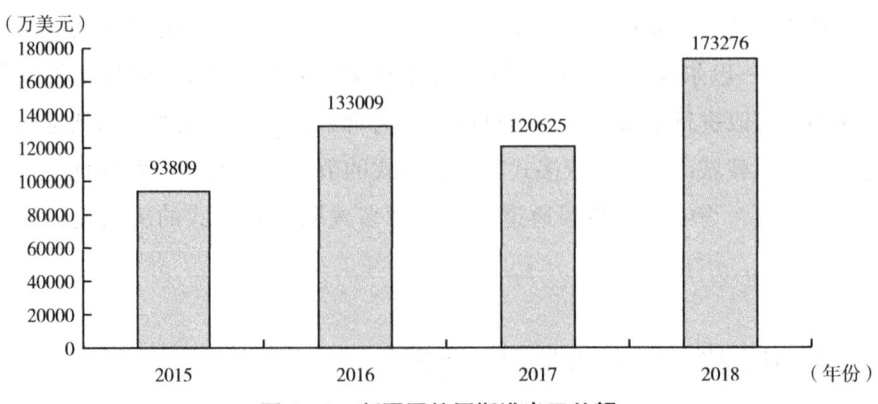

图 4-2 新疆同俄罗斯进出口总额

数据来源：《新疆统计年鉴 2019》。

值得分析的是在中国同俄罗斯进出口总额中新疆占比情况（见表 4-1）。

表 4-1 新疆、中国同俄罗斯进出口总额及新疆占比

项目 \ 年份	2015 年	2016 年	2017 年	2018 年
新疆同俄进出口总额（万美元）	93809	133009	120625	173276
中国同俄进出口总额（万美元）	6801554	6961592	8422089	10710745
新疆占比（%）	1.38	1.91	1.43	1.62

数据来源：国家统计局；《新疆统计年鉴 2019》。

从中俄贸易西通道的地理位置方面看，新疆占据极大的区位优势，但 2015~2018 年进出口总额占比均不高于 2%，分别为 1.38%、1.91%、1.43%、1.62%，为何如此之低？问题是什么？故提出中俄贸易西通道经济走廊多式联运节点选址研究。试图通过多式联运选址与路径量化研究，找到原因，推动中俄贸易西通道经济走廊多式联运新模式的系统建设，推动中俄贸易西通道经济走廊新发展，解决次区域经济一体化效果不明显问题，进一步实现经贸合作大发展的战略目标。

4.1.2 克拉玛依市多式联运新模式的实践

中俄贸易西通道经济走廊核心承载城市克拉玛依，在近几年的发展过

程中，为适应国际运输市场需求，公铁空货物运输节点不再局限于传统的"站到站"形式，而是将运输服务链条进一步延伸，加快实现"门到门"的全程多式联运物流服务新模式，通过"互联网＋公铁联运"新模式不断提高货运服务质量，加强铁路在运输市场中的竞争力。由于传统的铁路货运车站固定在某一地点，而且大多数处于偏远市郊，辐射范围有限，"最后一公里"接取送达问题往往借助公路运输来解决，目前主要采用的是外包模式，而各种运输方式之间仍然存在衔接度不足、服务质量参差不齐，部分存在铁路与口岸、公路运输"连而不畅、邻而不接"的问题，构建"物流园区＋公铁联运"新模式，解决货物倒装次数多、运输成本高、运输效率低等难题。克拉玛依航空公司与北疆铁路公司结合自身实际，不断创新和细分运输服务市场，寻求适应新时代跨境电商货物运输需求，设计"口岸＋空铁联运"新模式来适应市场需求，通过口岸最大限度地提升空铁联运方式之间的衔接程度，疏通运输链条两端"毛细血管"，拉近运输企业与市场之间的距离。为降低物流成本，多次组织考察组考察水运条件，依据额尔齐斯河实际，提出"港＋水公铁联运"新模式，解决市场需求和运输企业经营的需要，有利于真正做到为货主服务，提升中俄贸易西通道经济走廊的货运服务质量。目前克拉玛依市在实施的新模式如图4-3、图4-4所示。

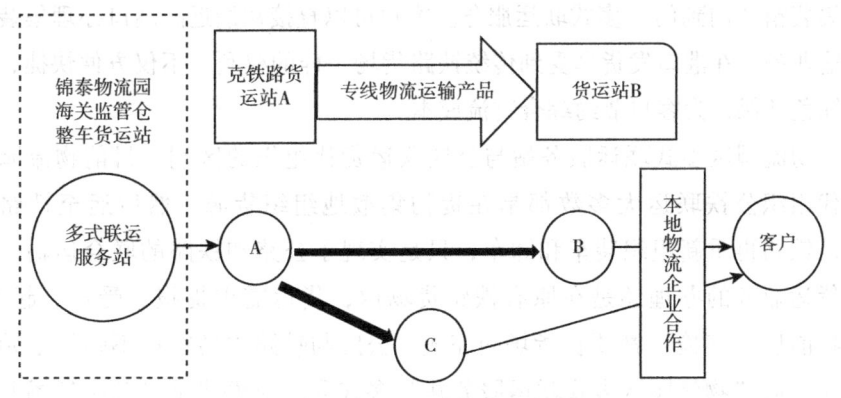

图4-3　物流园区＋公铁联运新模式

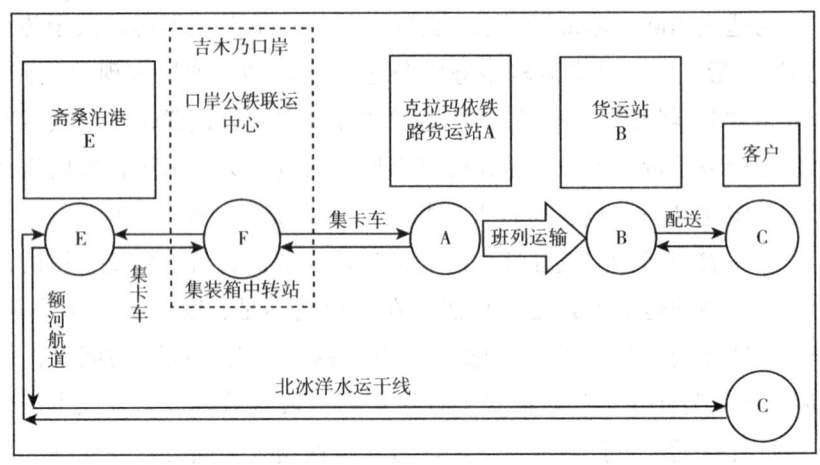

图4-4 "港+水公铁联运"新模式

两种新模式的区别。传统的铁水联运仅是2种运输方式物理上的连接，并未形成统一的联运基础设施，铁路货场没有港口或口岸功能，港口或口岸没有铁路货场功能，需要在各自系统办理集装箱运输业务，集装箱无法实现共享，双方组合运输优势并未充分发挥。而铁路"物流园区多式联运服务站"直接在港口设置集装箱堆场，铁路集装箱提前配置在港口。提供货运业务咨询，集装箱需求提报、安检查危、检斤验货、装载检查、提箱还箱及集装箱管理等延伸业务，有效衔接集装箱铁水联运运输组织，为货主提供优质的集装箱"门到门"多式联运服务。客户可以直接在最近的港口办理集装箱运输业务，在港口发货享受到传统铁路货场一样的权利，不仅方便快捷，而且绿色环保，为客户节约综合物流成本。

物流园区多式联运服务站与公铁联运货代组织的区别。目前物流园区货代组织公铁联运大多数都是在货物集散地组织货源，然后运至铁路货场，铁路再重新组织装车和卸车，只是实现了公路和铁路的联合运输，铁路货运业务的办理还是在原有铁路货场内，货运需求提报、受理、起票、货物前后"三检"都要在货场内完成，公路与铁路中转衔接不畅问题始终存在。而"物流园区多式联运服务站"多式联运新模式是将铁路货场开至货物集散地或者企业身边，除了具有传统铁路货运站的一些基本功能，如商务洽谈、业务受理、核算和交付等，又延伸其物流服务链条，如接取送达、专线物流和定制运输产品等，大大增加了铁路货运服务能力。"物流园区多式联运服务站"是铁路主动作为，积极投身于多式联运体系，根据货主需求，优化运输产品，提供专线物流、快运班列等个性化运输服务。"物流园区多式联运服务站"多式联运新模式简化了货主在货场办理业务的手续，提高了多种运输方式之间的衔接效率，同时缓解了铁路货运站集中办理业务的压力。

4.1.3 中俄贸易西通道经济走廊干线运输的特征

该通道主要货种是干散货（煤矿、铁矿石、矿建材料和非金属矿石）、液体散货、集装箱、商品汽车等大类．随着中俄贸易西通道经济走廊航运的快速发展和通关需求的快速增长，口岸的通过能力不足的问题日益凸显，成为制约中俄贸易西通道经济走廊上游多式联运发展的瓶颈。据统计，吉木乃口岸枢纽货物通过量在 200 万～300 万吨/年的吞吐能力，中俄贸易西通道经济走廊公路主要以新西伯利亚—吉木乃口岸、吉木乃口岸—克拉玛依公路等高速为主，还包括部分国道一级公路和大量的中俄贸易西通道经济走廊地方公路。多式联运作为一种便捷经济、安全可靠、集约高效、绿色低碳的运输组织方式，能够为当前中俄贸易西通道经济走廊经济带的绿色、生态发展之路提供有力支撑。

4.2 多式联运新模式的节点城市选址

4.2.1 因素分析

中俄贸易西通道经济走廊的发展，需要有核心城市作为多式联运节点的承载城市，以多种多式联运新模式，带动各节点之间的联运贸易，促进区域发展。假定俄罗斯境内的核心节点为新西伯利亚市（即终点城市），此处以西通道西线的巴克图口岸为例，通过在新疆境内选址来确定国内的核心节点（即起点城市），拟定乌鲁木齐、克拉玛依、吐鲁番、哈密这4个城市做选址假设地址的因素分析。

经济因素。影响中俄贸易西通道经济走廊发展的经济因素主要包括：土地价格、水电价格、通讯服务费用、海关清关费用、运输费用、运营费用等。在这里主要考虑工业用地价格和运输费这两个经济因素，假设其他经济因素不变，工业用地价格是指在拟定城市内工业使用土地的最低价，运输费是指货物从拟定城市到新西伯利亚市的公铁联运运输费用。

非经济因素。拟定城市的非经济因素主要包括：地方政府的政策及规章、人力资源条件、地质与气候条件、基础设施完善程度、经济发展水平、市场与供应环境、自然资源情况七个因素。

4.2.2 建立模型

因次分析法是指对经济因素和非经济因素依据相对重要程度，进行综合考虑的一种评价方法。假设经济因素和非经济因素重要程度之比为$A:B$，且$A=B=0.5$，即重要程度相同。（1）设拟定城市的总成本为E_i，经济因素的重要性因子为X_i；则$X_i=(1/E_i)/\text{sum}(1/E_i)$，这里用倒数来表示是因为经济因素的重要性与总成本成反比，即成本越高经济性越差，也就重要性越低。（2）设非经济因素对拟定城市的重要性为Y_j，根据单一非经济因素的赋权规则，取较好的比重为1、较差的比重为0，比重用Q_j表示，权重用P_j表示；则$Y_j=\text{sum}(Q_j\times P_j)$。（3）根据经济因素与非经济因素的重要程度之比，结合两者的重要性因子，可得出拟定城市的重要性指标Mn，则$Mn=A\times X_i+B\times Y_j$。

4.2.3 基于因次分析法的新疆多式联运中心选址

运输费用的计算。假设一批相同的货物分别从四个拟定城市出发运往新西伯利亚市，基本不考虑货物的本身价值，设货物重量为10吨，根据不同的运输方式计算各路段运费，各路段运输距离分别为：乌鲁木齐—克拉玛依（393km）、克拉玛依—塔城（308km）、塔城—巴克图口岸（20km）、巴克图口岸—阿亚古兹（275km）、阿亚古兹—新西伯利亚（1045km）、吐鲁番—乌鲁木齐（180km）、哈密—吐鲁番（409km），以及公路铁路的运价，就可以计算出四条线路的运输费用。根据公式运费 = 运价 × 运距 × 重量，公路运价取 0.35 元/吨·km，铁路运价取 0.09 元/吨·km。

（1）乌鲁木齐至新西伯利亚：

运费 $= 0.09 \times 10 \times (393 + 308) + 0.35 \times 10 \times (20 + 275) + 0.09 \times 1045 \times 10 = 2603.9$（元）

（2）克拉玛依至新西伯利亚：

运费 $= 0.09 \times 10 \times 308 + 0.35 \times 10 \times (20 + 275) + 0.09 \times 1045 \times 10 = 2250.2$（元）

（3）吐鲁番至新西伯利亚：

运费 $= 0.09 \times 10 \times (393 + 308 + 156) + 0.35 \times 10 \times (20 + 275) + 0.09 \times 1045 \times 10 = 2744.3$（元）

（4）哈密至新西伯利亚：

运费 $= 0.09 \times 10 \times (701 + 156 + 409) + 0.35 \times 10 \times (20 + 275) + 0.09 \times 1045 \times 10 = 3112.4$（元）

因次分析法。按照因次分析法模型[173]，计算各城市经济因素的重要性因子：（数据见表 4-2），计算各城市非经济因素的重要性因子：（数据见表 4-3）。

表 4-2　　　　　经济因素的总成本

经济因素	乌鲁木齐	克拉玛依	吐鲁番	哈密
工业用地价格	336	252	96	120
运输费用	2603.9	2250.2	2744.3	3112.4
总成本（元）	2939.9	2502.2	2840.3	3242.4

表 4-3　　　　　非经济因素的比重和权重

非经济因素	乌鲁木齐	克拉玛依	吐鲁番	哈密	权重
当地政府的政策法规	1	1	1	1	0.24
基础设施完善程度	1	1	1	1	0.2
经济发展水平	1	1	0	0	0.16
人力资源条件	1	1	0	0	0.12

续表

非经济因素	乌鲁木齐	克拉玛依	吐鲁番	哈密	权重
地质与气候条件	0	0	1	1	0.12
市场与供应环境	1	1	1	1	0.08
自然资源情况	0	1	0	0	0.08

$1/E_1 = 0.00034$；$1/E_2 = 0.0004$；$1/E_3 = 0.000352$；$1/E_4 = 0.000308$

$\text{sum}(1/E_i) = 0.0014$

$X_1 = (1/E_1)/\text{sum}(1/E_i) = 0.243$；$X_2 = 0.286$；$X_3 = 0.251$；$X_4 = 0.22$

$Y_1 = 1 \times 0.24 + 1 \times 0.2 + 1 \times 0.16 + 1 \times 0.12 + 0 \times 0.12 + 1 \times 0.08 + 0 \times 0.08 = 0.8$

$Y_2 = 1 \times 0.24 + 1 \times 0.2 + 1 \times 0.16 + 1 \times 0.12 + 0 \times 0.12 + 1 \times 0.08 + 1 \times 0.08 = 0.88$

$Y_3 = 1 \times 0.24 + 1 \times 0.2 + 0 \times 0.16 + 0 \times 0.12 + 1 \times 0.12 + 1 \times 0.08 + 0 \times 0.08 = 0.64$

$Y_4 = 1 \times 0.24 + 1 \times 0.2 + 0 \times 0.16 + 0 \times 0.12 + 1 \times 0.12 + 1 \times 0.08 + 0 \times 0.08 = 0.64$

计算拟定城市的重要性指标：

$M_1 = 0.243 \times 0.5 + 0.8 \times 0.5 = 0.5215$

$M_2 = 0.286 \times 0.5 + 0.88 \times 0.5 = 0.583$

$M_3 = 0.251 \times 0.5 + 0.64 \times 0.5 = 0.4455$

$M_4 = 0.22 \times 0.5 + 0.64 \times 0.5 = 0.43$

从4个拟定城市的重要性指标可以看出：克拉玛依市优于乌鲁木齐市及其他两个城市。在中俄贸易西通道经济走廊的区域性发展中，克拉玛依市作为核心节点（起点城市）连接西伯利亚市是最具有优势的，故多式联运节点承载城市选址在克拉玛依市。

4.2.4 承载城市中多式联运节点的定位

定位原则。根据克拉玛依城市规划状况，具体定位参照以下原则：

（1）交通便利程度。主要考虑定位区域是否靠近高速公路、主干道路、铁路枢纽等，城市交通的便利程度是建立多式联运中心的主要参考依据。

（2）土地使用情况。在考虑到城市交通便利的情况下，对于所选区域的土地使用情况也要考虑在内，若土地上有建筑无疑所选区域不太合理，即使建筑可拆除也增加了投入成本。

（3）环境影响状况。所选区域对周围环境的影响程度、对附近居民生活的影响也是定位需要考虑到的。

克拉玛依市的交通图如图 4-5 所示。

图 4-5 克拉玛依市交通规划图

根据克拉玛依市交通图，初步拟定 7 个备选地址的坐标点，并赋予权重，通过对这 7 个坐标点采用交叉中值法计算出优化坐标区间，再选定区间内一个点作为初始解，采用精确重心法迭代计算一次，重新优化得到最优定位。

定位方法。（1）交叉中值法。

由图 4-6 中建立的地图坐标系可得，7 个拟定点的坐标为：$1 = (14, 1.5)$、$2 = (3, 2)$、$3 = (10, 2)$、$4 = (5, 6.5)$、$5 = (8, 3.5)$、$6 = (11, 6)$、$7 = (13.5, 4)$。

图 4-6 地图坐标系

假设各个坐标点的权重只受定位原则的三个因素影响,情况较好的比重为 1、情况较差的比重为 0,则可得权重赋分表(见表 4-4)。

表 4-4 坐标点权重赋分表

比重 \ 坐标点	1	2	3	4	5	6	7
交通便利程度	1	0	1	0	1	1	1
土地使用情况	1	1	1	1	0	0	1
环境影响状况	1	0	0	0	0	1	1
权重	0.2	0.1	0.15	0.1	0.1	0.15	0.2

中值 $w^* = (0.2 + 0.1 + 0.15 + 0.1 + 0.1 + 0.15 + 0.2)/2 = 0.5$。

X 轴方向坐标点 2,4,5,3,6,7,1 坐标依次为 3,5,8,10,11,13.5,14。由最大化定理得,分别从左到右和从右到左可得中值点位于 3 和 7,所以 X 向最优坐标在 3~7 之间;Y 轴方向坐标点 1,2,3,5,7,6,4 坐标依次为 1.5,2,2,3.5,4,6,6.5。同理可得,Y 向最优坐标在 3~7 之间。综上,横坐标在 10~13.5 区间,纵坐标在 2~4 区间构成。

(2) 精确重心法

选取一个初始解坐标为 (10,4),进行迭代计算。位置点、坐标和权重均已知,距离 d 是指运用欧几里得距离的二维公式计算得出,即位置点到初始解的欧氏距离。根据重心法计算公式可知，需要用到 w_i/d_i、w_ix_i/d_i、w_iy_i/d_i 这三个数值，具体见表4－5。

表4－5　　　　　　　　迭代计算所用数值

位置点	1	2	3	4	5	6	7
坐标	(14,1.5)	(3,2)	(10,2)	(5,6.5)	(8,3.5)	(11,6)	(13.5,4)
权重 w_i	0.2	0.1	0.15	0.1	0.1	0.15	0.2
距离 d_i	4.72	7.28	2	5.59	2.06	2.24	3.5
w_i/d_i	0.0424	0.0137	0.075	0.0167	0.0485	0.067	0.0571
w_ix_i/d_i	0.5936	0.0411	0.75	0.0835	0.388	0.737	0.77085
w_iy_i/d_i	0.0636	0.0274	0.15	0.10855	0.16975	0.402	0.2284

由以上数值可得：设最优解为 (x^*, y^*)
则代入公式

$$x^* = \frac{\sum_1^7 w_i x_i / d_i}{\sum_1^7 w_i / d_i}$$

$$y^* = \frac{\sum_1^7 w_i y_i / d_i}{\sum_1^7 w_i / d_i}$$

确认位置。经过交叉中值法和精确重心法的计算，现已得出定位的坐标点为（10.45，3.59），根据克拉玛依市交通图，进行地图定位确认，最优位置坐标点大约在克拉玛依区平南五路与金龙大街东南方向附近（可对照图4－6）。在定位原则和克拉玛依市交通图的基础上，拟定初始坐标点方案，运用交叉中值法和精确重心法的定位方法，从根本上保证了最优解的合理性和应用性。而且此坐标周围区域有石化工业园区、生产制造物流园、物资中心、配送中心等园区或工业企业，金龙大街和平南五路均为主干道公路，靠近铁路货运站，开展多式联运作业非常便利。

4.2.5　多式联运节点主要功能区布局建议方案

多式联运节点布局。多式联运节点是一个具有组织转运、调节和管理货物流通的场所，是跨地区、跨部门、跨行业、集货物储存、联运、加工、配送、信息为一体化的现代物流中心节点。多式联运节点城市选址在克拉玛依市，定位为四种联运新模式的物流枢纽节点，主要提供联运一体化服务，带动该地区多式联运发展，促进中俄贸易西通道经济走廊建设，以推动次区域经贸合作发展，来提升新疆在中俄贸易量中的占比增长。

节点功能区划分。根据国内常规的多式联运中心功能区划分，克拉玛依多式联运中心的功能区可分为8个区域：多式联运区、仓储区、堆场区、配送区、海关监管及保税区、保税加工区、停车区、综合配套服务区。各区域主要功能描述如下：

（1）多式联运区。负责公路与铁路运输的衔接，对公路转铁路、铁路转公路实施精确连接转换，也供不同运输工具在此区域内经停修整，以达成多式联运的有效性，即贸易货物在这里完成不同运输方式的转换。

（2）仓储区。配有专业化先进化的装卸搬运机械，满足各个企业对货物的仓储、保管、整理等要求，与货物的多式联运、配送、保税加工等物流需求；设有普通仓储区和保税仓储区，分类型进行标准化自动化存储，既确保普通货物的安全储存，也保证过关货物的规整和快捷，减少作业对货物的损伤。

（3）堆场区。分类型设置各运输货物堆场区域，满足其临时堆放和露天保管，配有先进的装载、卸载、运送、码垛等搬运机械设备，如海关智能闸口、自动堆垛机、自动导引搬运车等，提高作业效率，减少对货物的损伤。

（4）配送区。设立公路货物枢纽站，完成以公路为主的各类物流集结、配送等活动，提供所需要的运输方式及工具，快速、高效、安全的配送至客户指定地点，尽可能方便客户。

（5）海关监管及保税区。为企业提供保税贸易手续转接，监管仓储、保税仓储、国际采购、报关报检等一站式服务，具有标准的集装箱运输功能，为外贸进出口运输、拼箱、箱货管理、检疫检验等提供专业服务。

（6）保税加工区。提供一些满足保税货物的基本物流服务，还设置有专门区域为保税货物提供简单加工、组合等增值服务。

（7）停车区。分为两部分：一是货车停车区，供进出车辆停放、维修和保养，为入驻物流企业等提供综合的停车服务；二是私家车停车区，供进出园区的一切私人小轿车停放。

（8）综合配套服务区。提供办公和住宿以及一系列的财务、商务、清关、税务、保险等为入驻企业服务；建立有物流信息系统和电子商务平台，从物流运作的各个方面进行信息采集、分析、传递，确保物流状态可查询、物流过程可跟踪，提供物流客户关系管理、物流决策支持等资讯信息，发布运量运力供求、价格走势、贸易商情等信息，以方便开展在线交易。

功能区布局建议方案。布局规划是解决功能区之间相对位置关系的问题，即在已定的范围内合理地确定各功能区的相对位置。遵循以下原则：

（1）一般性原则。包括距离最小、系统优化和统筹兼顾原则，一般可使用物流从至表、系统布置设计 SLP、关系表法等具体布局方法实现。

（2）个性化原则。统一规划，全面实施；使区域内建设既独立又有联系，符合国家安全、绿色、环保、消防等有关规定。联运配套，优先考虑；将多式联运区建在靠近铁路一侧方便连接上铁路货运干线，综合配套服务区布局在便捷的重心位置，提高整体服务效率。综上原则，建议各功能区布局如图 4-7 所示，出（入）口的设定充分考虑了主干道及货物运输便利性的因素，1 号为正大门，2、3 号为侧门，设立目的是方便货物快捷的运出与运入堆场区和配送区。从图 4-7 可知，建议方案没有对园区及各功能区的面积进行标注，是由于中俄贸易西通道经济走廊的数据复杂、不易获得和计算困难，且未能实地调研得到准确数据，故只做出布局建议方案，不能直接使用，仅供后期研究做参考。

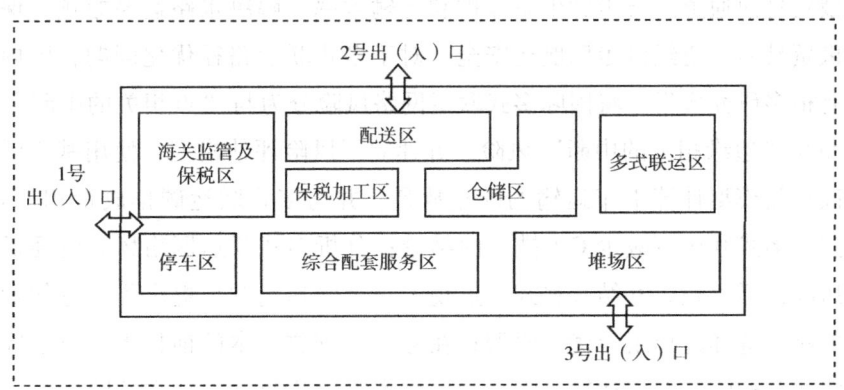

图 4-7　克拉玛依多式联运节点的主要功能布局建议

4.3 多式联运路径模型优化及求解

多式联运新模式将为中俄贸易西通道经济走廊经济绿色发展提供有力支撑。该部分在分析中俄贸易西通道经济走廊干线运输通道数据的基础上，集成考虑运输成本、运输时间、运输风险和碳排放量四个方面因素，构建基于多目标的中俄贸易西通道经济走廊干线多式联运路径优化模型。结合多式联运参与者的差异化需求，确定 4 个目标函数的不同权重，进而通过加权求和将多目标合并转化为单目标问题，并采用遗传算法进行求解。针对中俄贸易西通道经济走廊干线运输过程开展模型的算例研究，研究结果表明，所构建的多目标路径优化模型能够为运输组织者提供满足差异化需求的最优多式联运方案。结合 GIS 全国公路网、铁路网、水运网络的多式联运综合系统平台，基于 Trans CAD 建立多式联运运输优化辅助系统。该系统可根据业务需要，实现多式联运运输系统的优化问题，解决优化模型的系统建模和功能应用，为科学决策和管理提供有力的支持。

4.3.1 多式联运路径优化

多式联运作为一种高效、安全、环保的交通运输组织形式，能够兼顾中俄贸易西通道经济走廊生态保护和运输效率，解决水路运输瓶颈，保证中俄贸易西通道经济走廊航运安全。对于多式联运路径优化问题，国内外已有很多研究成果。将国际多式联运网络风险分为与"点相关的中断"风险和与"边缘相关的中断"风险，并建立了风险评估模型；使用基于活动的碳排放模型计算卡车运输的碳排放量，并与多式联运碳排放量相比较，得到了多式联运可减少 CO_2 排放的结论；分析多式联运网络风险传播成因和风险传播过程，并结合多式联运现实路径选择问题，提出了考虑作业风险的路径选择选择组合优化模型；在考虑碳排放成本的前提下，以危险货物集装箱运输时间、运输风险、运输成本为优化目标，建立危险货物集装箱多式联运网络优化模型，结果表明，多式联运相比于单一运输方式更有利于环保和安全；将多式联运的碳排放总量和运输时限作为约束条件，以运输成本、转运成本以及运输和转运过程中的碳排放成本为优化目标，获得更符合国家碳减排政策的结果。考虑危险品运输过程中的动态风险因素，建立以风险最小化和运输成本最小化为目标的双层路径优化模型，为危险品运输提供决策参考。

目前对于多式联运路径优化的文献多以时间和成本或者仅以碳排放最少为优化目标，较少将运输成本、运输时间、运输碳排放和运输风险问题集成考虑，约束条件的选择也较为理想化。本书在已有文献的基础上，设立四个优化目标，同时考虑多式联运参与者的差异化需求，力求约束条件贴近实际的运输状态，一方面为运输组织决策提供理论指导，另一方面对于丰富多式联运路径优化的研究体系具有重要的理论意义。

4.3.2 多式联运路径优化模型构建

模型描述与模型假设。假设中俄贸易西通道经济走廊干线多式联运运输网络有 n 个运输节点，每个节点之间有 m 种运输方式，现有总重量为 Q 的 N 个集装箱进行运输，在考虑运输网络的约束条件下，通过选取不同的运输方式组合，实现运输过程的成本最小，运输时间最短，碳排放量最低以及运输风险最小。实际的多式联运运输过程复杂，为增加所建模型的可操作性，做出如下假设：

（1）货运多式联运网络路径上的任意路段至少存在一种运输方式；

（2）同一批货物在已知联运路径上只能选择一种运输方式；

（3）货物只在节点进行不同运输方式的中转作业，每个节点只能中转一次，同种运输方式之间不进行转运；

（4）仅考虑运输风险对多式联运路径的选择的影响，不考虑意外风险；

（5）每个转运节点的容量都满足运量，多式联运货物重量不超过某种运输方式的运输能力。

模型构建。根据上述假设，结合多式联运运作实际流程，模型目标函数如下：

（1）运输过程的总成本包括节点间的运输成本和在节点进行换装作业的

换装成本，运输过程中的各成本之和用 Z 表示，最小的运输成本为：

$$\min Z = \sum_{i=1}^{n}\sum_{k=1}^{m} C_{i,i+1}^{k} X_{i,i+1}^{k} Q L_{i,i+1}^{k} + \sum_{i=1}^{n}\sum_{k=1}^{m}\sum_{p=1}^{m} Q y_{i}^{k,p} d_{i}^{k,p} \quad (4-1)$$

式中：i 为运输节点的集合，$i = 1, 2, \cdots, n$；k, p 均为运输方式的集合，取值为 1 到 n 之间的任意整数；$C_{i,i+1}^{k}$ 为采用第 k 种运输方式从节点 i 到 $i+1$ 的单位运输费用，元/(t·km)；$X_{i,k+1}^{k}$ 为 0~1 变量，为是否采用第 k 种运输方式从节点 i 到 $i+1$ 运输；Q 为货物运输总重量，吨；$L_{i,i+1}^{k}$ 为采用第 k 种运输方式从节点 i 到 $i+1$ 的运输距离，km；$y_{k,pi}$ 为 0~1 变量，为是否在节点 i 采用 k 转 p 运输方式；$d_{i}^{k,p}$ 为在节点 i 进行 k 种运输方式转 p 种运输方式的单位转运成本，元/t。

（2）运输过程中的总时间包括节点间的运输时间和在节点进行换装作业的时间，运输总时间用 T 表示，最小的运输时间为：

$$\min T = \sum_{i=1}^{n}\sum_{k=1}^{m} t_{i,i+1}^{k} X_{i,i+1}^{k} + \sum_{i=1}^{n}\sum_{k=1}^{m}\sum_{p=1}^{m} f_{i}^{k,p} y_{i}^{k,p} N \quad (4-2)$$

式中：$t_{i,i+1}^{k}$ 为从节点 i 到 $i+1$ 采用 k 种运输方式的运输时间，h；$f_{i}^{k,p}$ 为节点 i 由 k 种运输方式转 p 种运输方式的单位转运时间，h/TEU；N 为运输的集装箱数量。

（3）运输过程中的碳排放量包括节点之间运输过程中的碳排放量和在节点进行换装作业的碳排放量，运输过程中总的碳排放量用 E 表示，最小的总碳排放量为：

$$\min E = \sum_{i=1}^{n}\sum_{k=1}^{m} X_{i,i+1}^{k} l_{i,i+1}^{k} Q g_{i,t+1}^{k} + \sum_{i=1}^{n}\sum_{k=1}^{m} y_{i}^{k,p} Q b \quad (4-3)$$

式中：$g_{i,i+1}^{k}$ 为采用 k 种运输方式的单位周转量的碳排放量，kg/(t·km)；b 为在节点进行换装操作的单位碳排放量。

（4）运输过程中的风险是指货物在节点间运输过程中的作业风险，用 R 表示，最小的运输风险为：

$$\min R = \sum_{i=1}^{n}\sum_{k=1}^{m} X_{i,i+1}^{k} s_{i,i+1}^{k} \quad (4-4)$$

式中：$s_{i,i+1}^{k}$ 为在节点 i 到 $i+1$ 采用 k 种运输方式的风险值。

约束条件

$$X_{i,i+1}^{k} + X_{i-1,i}^{k} \geq 2 y_{i}^{k,p} \ \forall i \in n, \forall p, k \in m \quad (4-5)$$

$$t_{i,i+1}^k \geq 0, f_i^{k,p} \geq 0, Q \geq 0 \quad (4-6)$$

$$\sum_{k=1}^{3} X_{i,i+1}^k = 1 \quad (4-7)$$

$$X_{i,i+1}^k = \begin{cases} 1(节点\ i\ 到\ i+1\ 采用\ k\ 种运输方式) \\ 0(节点\ i\ 到\ i+1\ 不采用\ k\ 种运输方式) \end{cases} \quad (4-8)$$

$$y_i^{k,p} = \begin{cases} 1(节点\ i\ 采用\ k\ 转\ p\ 运输方式运输\ k \neq p) \\ 0(不转运) \end{cases} \quad (4-9)$$

式（4-5）保证整个的运输过程是连续的；式（4-6）保证运输时间、转运时间和运输量为正值；式（4-7）保证在两个节点之间只能选择一种运输方式；式（4-8）为决策变量的取值约束，表示在两个节点之间是否采用某种运输方式；式（4-9）同样是决策变量的取值约束，表示在某个节点是否改变运输方式。

4.3.3 模型求解

目标函数分析。该部分涉及运输成本、运输时间、运输碳排放和运输风险四个目标函数，综合来看四个目标函数：运输成本和运输时间存在明显的背反关系；运输成本和运输碳排放量之间存在明显的背反关系；其他目标函数之间不存在明显的背反关系。多式联运的目的是实现整个运输过程的最优，因此，如何综合考虑三种运输方式的优缺点，协调四个目标函数之间的关系，是该部分的重点。

多式联运运输方式和运输路径选择的本质是多式联运参与者的权衡选择过程，通过赋予不同优化目标不同的权重可满足多式联运参与者的差异化需求，但本模型中的四个目标函数量纲不同，在转化为单目标函数进行求解时需先对其进行量纲的量化处理。在利用遗传算法进行求解时，每代个体中，都可以得到个体的四个目标函数值，分别按照如下表达式对目标函数进行量纲的量化。

$$Z_i^* = \frac{z_i - \min z_i}{\max z_i - \min z_i} \quad (4-10)$$

$$T_i^* = \frac{T_i - \min T_i}{\max T_i - \min T_i} \quad (4-11)$$

$$E_i^* = \frac{E_i - \min E_i}{\max E_i - \min E_i} \qquad (4-12)$$

$$R_i^* = \frac{R_i - \min R_i}{\max R_i - \min R_i} \qquad (4-13)$$

最后将量纲 - 的量化的多目标函数进行加权求和，转化为单目标函数求解，表达式为：

$$\min f_i^* = w_1 Z_i^* + w_2 T_i^* + w_3 E_i^* + w_4 R_i^* \qquad (4-14)$$

式中：w_i 为每个目标函数的权重，$w_i \in [0,1]$，$\sum_{i=1}^{4} w_i = 1$。决策者可根据自身不同的需求来确定每个目标函数的权重值，通过给定的权重值就可以求出中俄贸易西通道经济走廊多式联运的最优路径。

遗传算法求解。遗传算法求解沿江集装箱多式联运路径优化模型如下。

(1) 编码运输节点间的运输方式采用 1 - 2 - 3 方式编码，即分别表示铁路、公路和水路。初始化种群，产生 40 个个体，作为迭代的开始；

(2) 适应度函数构建根据转化过的单目标函数分析其函数值特征，采取目标函数的倒数来构建适应度函数：

$$fit(f_i^*) = 1/(1 + c + w_1 Z_i^* + w_2 T_i^* + w_3 E_i^* + w_4 R_i^*) \qquad (4-15)$$

c 为目标函数的保守估计值；

(3) 选择本书采用轮盘赌法将适应度较大的个体以较大的概率选为父代，进而将更好的信息遗传给子代；

(4) 轮盘赌法选择的概率公式为：

$$P(i) = \frac{fit(i)}{\sum_{i=1}^{n} fit(i)} \qquad (4-16)$$

(5) 交叉选择的父代个体的部分结构加以替换重组而生成新的个体；

(6) 变异在选择的父代中随机选择部分个体，在选中的个体上以一定的概率随机改变部分基因信息，从而得到新的个体；

(7) 终止条件选择最大的迭代数作为终止条件，算法迭代到最大代数时终止迭代。

4.4 多式联运新模式的路径选择算例分析

4.4.1 算例数据收集

以俄罗斯新西伯利亚到中国新疆乌鲁木齐的集装箱运输为例。假设有20个20ft集装箱总重400t要从俄罗斯新西伯利亚运往中国新疆克拉玛依,中间经过斋桑泊港、吉木乃口岸和克拉玛依三个节点,每两个节点之间有公路、铁路和水路三种运输方式可供选择。查询资料知,铁路的运输速度为80km/h,水路的运输速度为24km/h,公路的运输速度为100km/h。根据2017年交通运输行业发展统计公报和2017年铁道统计公报给出的数据,铁路单位运输工作量综合能耗为4.33吨标准煤/百万换算吨公里,公路货运企业每百吨公里单耗1.8千克标准煤,水路运输企业单耗标准煤4.4千克/(千吨·海里),港口企业生产104t货物消耗的标准煤为2.4t。铁路单位运输成本为0.135元/(t·km),公路单位运输成本为0.35元/(t·km),水路单位运输成本为0.03元/(t·km)。模型所需其他数据见表4-6、表4-7。

表4-6　不同运输方式之间的转运成本(元/吨)和转运时间(小时/TEU)

转运成本/转运时间	铁路	公路	水路	备注
铁路	0/0	5.5/0.2	7.5/0.45	
公路	5.5/0.2	0/0	6/0.34	
水路	7.5/0.45	6/0.34	0/0	

表4-7　不同运输方式的运输距离/运输时间/运输作业风险

起点	终点	运输方式	运输距离/km	运输时间/h	运输作业风险
新西伯利亚	斋桑泊港	水运	1306	52.30	5
新西伯利亚	斋桑泊港	公路	1239	12.50	3
新西伯利亚	斋桑泊港	铁路	1127	14.20	2
斋桑泊港	吉木乃口岸	公路	129	1.50	1

续表

起点	终点	运输方式	运输距离/km	运输时间/h	运输作业风险
斋桑泊港	吉木乃口岸	铁路	416	5.30	4
吉木乃口岸	克拉玛依	公路	349.6	3.50	3
吉木乃口岸	克拉玛依	铁路	/	/	/
克拉玛依	乌鲁木齐	公路	315.8	4.50	4
克拉玛依	乌鲁木齐	铁路	393.3	5.20	2

4.4.2 不同运输方式的碳排放计算

根据联合国政府间气候变化专门委员会（IPCC）出台的《2006年IPCC国家温室气体清单指南》中提供的方法计算运输碳排放，具体公式为：

$$单位运输 CO_2 排放量 = 原始排放系数 \times 我国标准煤热值 \times 碳氧化因子 \times 燃料单位使用量$$

式中碳氧化因子值为1。根据IPCC数据库，典型煤种如焦煤的碳含量为 25.8kg/GJ，碳氧化成 CO_2 分子量从12变成44，我国标准煤的热值为7000kcal/kg，换算为国际单位为29.3076GJ/t。据此可计算单位标准煤的 CO_2 的排放量：25.8kg/GJ × 44/12 × 29.3076GJ/t ÷ 1000 = 2.7725t。

再结合上表的数据可知，铁路运输的单位周转货物量的碳排放量为 0.0119kg/(t·km)；公路运输的单位周转货物量的碳排放量为 0.0499kg/(t·km)；水路运输的单位周转货物量的碳排放量为 0.0066kg/(t·km)；港口企业生产每吨货物的碳排放量为 0.00067t。

4.4.3 算例求解

将上述参数代入所建的模型中，并用Matlab软件对本文数学模型进行求解，给定最大的遗传代数100，交叉概率为0.7，变异概率为0.01，结合多式联运组织者的差异化需求（目标函数的权重），对上述模型进行求解，得到具体运输路线和运输方式为：

（1）多式联运组织者只追求成本最低而不考虑其他优化目标时，最优的

多式联运路径方案为,最优路径新西伯利亚水运→斋桑泊港公路→吉木乃口岸公路→克拉玛依铁路→乌鲁木齐市;

(2) 多式联运组织者只追求运输时间最短而不考虑其他优化目标时,最优的多式联运路径见方案为,最优路径新西伯利亚公路→斋桑泊港公路→吉木乃口岸公路→克拉玛依铁路→乌鲁木齐市;

(3) 多式联运组织者只追求运输碳排放量最少而不考虑其他优化目标时,最优的多式联运路径方案为,最优路径新西伯利亚水运→斋桑泊港铁路→吉木乃口岸公路→克拉玛依铁路→乌鲁木齐市;

(4) 多式联运组织者只追求运输风险最小而不考虑其他优化目标时,最优的多式联运路径方案为,最优路径新西伯利亚铁路→斋桑泊港公路→吉木乃口岸公路→克拉玛依铁路→乌鲁木齐市。

由于水路运输成本最低,碳排放量最少,因此在只追求运输成本最低和只追求运输碳排放量最少时,出现了相同的运输路径和运输方式。对比上述结果可知,当多式联运组织者只追求某单一目标最优化时,往往会得到其他目标的最劣解。比各目标赋予相同权重时也要多出近一倍的时间,完全丧失了多式联运的优势。本书所建的中俄贸易西通道经济走廊集装箱多式联运路径选择模型可以通过调整模型中不同优化目标的权重来满足多式联运参与者的差异化需求,为多式联运的路径选择提供理论指导。

4.5 多式联运新模式的仿真

为改变中俄贸易西通道经济走廊多式联运发展缓慢的现状,本书将多式联运新模式作为该通道国际物流的发展目标。在多式联运新模式中,如何解决现有条件下主要港口与货运场站多式联运的运输优化问题,特别是基于多式联运的网络以最大效率来发挥港口、口岸及物流园区作为运输枢纽的作用,需要建立基于科学决策的多式联运优化系统,实现港口、口岸及多式联运节点的决策优化,提升运输效率,降低成本。该部分基于中俄贸易西通道经济走廊多式联运新模式的网络,以最大效率来解决港口、口岸及多式联运节点的物资多式联运的复杂运输问题,建立港口、口岸及多式联运节点运输优化决策系统，以解决该经济走廊物流网络配流、多式联运路径比较、经济腹地范围比较等多种复杂问题。中俄贸易西通道经济走廊不同运输方式组合下的多式联运仿真步骤如下。

4.5.1 基于 Trans CAD 的多式联运路网建模

为了实现运输优化决策系统的功能，需要对公路、铁路、水运等综合路网的数据采集、录入、分析、拓扑、处理、合并、统计和综合等各种信息。基于 Trans CAD 的多式联运路网的建立目标，将全国公路、铁路、港口、国域、省域、地域的地理信息和属性数据建立统一的综合交通路网数据库，为港口、口岸及多式联运中心运输优化决策系统提供底层的支撑。包含以下主要内容：

公路网数据整合。基于公路网 GIS 数据与城市道路网 GIS 数据包括相关属性数据，接近 4000 万条公路网与城市道路网的线路数据，2000 万个点数据，导入到 Trans CAD 中，并进行数据整合。对公路网数据进行拓扑分析与整合，包括各省域路网拼接并实现属性数据的修改。

铁路网数据整合。基于铁路网 GIS 数据进行 Trans CAD 整合，包括现有铁路线路 GIS 数据 1 万条左右以及铁路站点 GIS 数据 6000 个，对铁路网数据进行拓扑分析与整合。

水运网数据整合。基于水运网络 GIS 数据进行 Trans CAD 拓扑分析与整合，包括海运 GIS 数据，及内河航运 GIS 数据和港口或口岸 GIS 数据。

多式联运综合路网数据整合。将公路网数据、铁路网数据和水运网数据，基于运输优化决策系统，进行拓扑分析处理与整合，形成一套完整的中俄贸易西通道经济走廊综合交通路网数据服务系统。对公路，铁路，水运的 GIS 路网进行编辑和处理，形成综合线路 GIS 系统。同时对公路运输站，铁路站，港口或口岸等特殊点进行编辑和处理，对其进行整合和拓扑分析，实现站点之间的通信和拓扑联系。最终实现公路、铁路、水运网络与节点的拓扑分析和连接，建立多式联运新模式网络，实现其网络配流及路径比较，并对其经济腹地范围等建模的分析服务，提供网络和数据基础。

4.5.2 仿真系统主要功能

基于 Trans CAD 的多式联运优化系统，建立集装单元网络配流和多式联运路径比较两个主要的功能模块。

集装单元网络配流。国内外现有的交通网络配流模型很多，通常可以分为平衡模型和非平衡模型两大类，但是基于多式联运的集装单元交通网络配流模型应用较少。

港口、口岸或多式联运节点对外的运输配流模型多个点对应多个点的多重交通运输网络模型中是比较难以解决的，这个模型中一个区域或一定范围内有 N 个即将运输的出发点，这些出发点每一个都有一个或几个需要运出的货运港口、口岸或多式联运中心 M 可以选择，在这种条件下，如果需要确定 N 个货运出发点对应的 M 个货运港口、口岸或多式联运中心的货运运输线路上，$N \times M$ 条线路的运输货运流量分布，就需要应用基于集装箱的运输网络配流方法。当 N 个节点间存在着 $N \times M$ 个货运运输线路进行选择的基础之上，每一条货运运输线路同时存在着多个路径的时候，这种基于多式联运的运输网络优化模型就变得非常的复杂，但基于多式联运的多路径计算比较常见。

基于中俄贸易西通道经济走廊多式联运新模式运输系统的某一个原油或木材采集点，主要运输方式有：

（1）通过货运运输枢纽选择采用公路集装箱直接运输；
（2）采用公路运输到铁路货运场站在通过铁路运输到达目的地；
（3）采用公路运输到港口通过水运运输运送到目的地；
（4）采用公路运输到铁路货运场站，通过铁路运输到港口，通过水运运输到目的地；
（5）通过公路运输到港口，通过水运运输到达中转港口，再通过铁路或公路运输，运输到目的地等。

公路、铁路、水运等多种方式进行多重组合，其中主要考虑到公路运输费用，铁路运输费用，水运运输费用，以及中间的公路装卸货费用，铁路装卸货费用，水运装卸货费用等，以及不同种组合之间的合理性。

准确选择或预测现实中的多式联运路径及网络运输状况,要采用多式联运网络配流法,但现有多式联运交通网络配流模型存在着局限性。非平衡流量分配法是基于最短路分配法原理,把每一 OD 对的量全部分配在连接该 OD 对的最短路径上,其余路径不分配交通量。非平衡交通分配模型,虽模型结构简单,但存在着和实际交通出行情况不太相符的缺点。平衡分配法虽考虑路段通行能力的限制,由于多式联运费用分配特征,铁路与水运对于路段通行能力描述与实际不相符,多式联运路径分配主要考虑铁路与水运节点运输成本,但物流量分布不均匀和实际交通流向不符。因此比较理想的网络配流法成为科学评价的关键问题。

多式联运负指数配流模型。于集装箱货物多式联运选择路径,货物流向是能够选择最佳的出行路径,其中最佳路径包括时间最短,速度最快,费用最少等因素,由于多式联运路网的复杂性,以及公路铁路水运网络的组合的随机特征,货物流向在选择线路时会由于时间、速度与费用的因素影响,造成对最佳路径选择的误差,因此最佳路径的选择往往具有一定的随机因素,造成最佳路径的选择有可能并不是最佳路径。

由于因素的不同而决定不同货物流向路径的费用差,可以是时间差,但大部分是费用差。基于各条货物流向所选择的线路,基于 Logit 模型的路径选择进行建模,根据不同货物流向路径所导致的选择路径概率分布,具体计算式如下:

$$F_i = \frac{FA \cdot EXP[-P_i(C_i - C_j)/C_j]}{\sum_i EXP[-P_i(C_i - C_j/C_j)]} \quad (4-17)$$

其中:F_i——第 i 条路径的货运量;

FA——总货运量;

P_i——参数,每一条路径的相对敏感参数;

C_i——第 i 条所选择的路径的运输费用;

C_j——所有选择的路径中运输费用最小的 j 的费用。

模型机理是,在一个范围内有 N 个货运产生地与 M 个货运目的地,货运产生地与目的地之间形成了很多的起点与终点的出行需求,基于多式联运的负指数运输网络配流模型,将 N 个起点到 M 个终点的多个多式联运运输配流问题转化为 1 个点对应 M 个点的多式联运配流模型的问题。在 1 个对应 M

个点的货运流动中,跟愿意选择运输费用相对最低的多式联运的运输路径。

货物运输量在 1 对 M 的多个路径上的分配比例与运输费用基于随机的相关因素呈相关关系,运输线路的多式联运输费用越低,相对的货物运输路径的选择概率更高,也就是相对应的路径所分配的货物量越大。多式联运的负指数配流模型属于多路径的基于概率的运输网络配流模型,这个模型的最大的优点就是在多式联运的基础上,考虑到了货物流向随机选择多式联运路径的特征,比较符合港口、口岸或多式联运中心运输的实际配流特征。

功能实现。通过构建负指数配流模型对不同货物初始点和不同的港口、口岸或多式联运中心的路径和运输量进行配流模型构建,计算多点与多港口、口岸或多式联运中心之间的配流路径及各路径上运输量、费用、时间等参数,并能够实现路径方案及路径的展示输出。

多式联运路径比较。中俄贸易西通道经济走廊多式联运新模式的基础和目标就是要建立高效的综合交通运输体系,而发达的综合交通运输体系一方面为更好地开展多式联运提供了基础保证,另一方面综合交通运输体系也能通过多式联运实现自身优化,提高多式联运效率。可以通过深入研究图论、网络化模型等方法才能更好地解决多式联运网络最优化,实现多式联运全程的整体优化与各段网络节点之间的局部优化。

基于中俄贸易西通道经济走廊多式联运新模式的路网,构建其运输网络路径最优化的模型时,首先要基于现有的公路网、铁路网、水运网的实际网络,考虑在不同货运种类下不同运输环境下的费用情况,以及相应的转运费用模型。具体分析模型中的参数,设定每一种费用参数的值,根据典型特征对模型做出修正,使得最终的多式联运新模式路网模型更加符合实际情况。

4.5.3 多式联运广义费用模型

多式联运广义费用模型是指:企业因生产经营活动和其他活动而产生的全部经济利益的总流出。在多式联运的广义费用中,将各种运输费用均考虑到函数模型中,其中包括不同运输方式的运输距离费用、运输时间费用、不同运输方式的装卸货费用等。模型如下:

$$T = \sum_{i=1}^{n} \alpha_i w_i c_i$$

$$\text{S.t.} \sum_{i=1}^{n} \alpha_i = 1 \ \alpha_i \geqslant 0, w_i > 0 \tag{4-18}$$

其中：T——路径广义费用；n——考虑的方式种类；α_i——每种方式对应的权重；w_i——费用统一值；C_i——每种方式的费用值。

其中每种方式费用主要包括以下几种情况：

公路运输费用指的是基于公路运输条件下所需要的所有费用的综合，包括在额定货运量基础上基于公路路径长度的运输费用、基于公路运输场站的货运装卸货费用以及基于公路运输所对应的运输时间成本费用。

铁路运输费用指的是基于铁路运输条件下所需要的所有费用的综合，包括在额定货运量基础上基于铁路运输里程长度的运输费用、基于铁路运输货运场站的装卸货费用以及基于铁路运输时间与铁路装卸货过程等待调配时间的时间成本费用。

水运运输费用指的是基于港口水运运输条件下所需要的所有费用的综合，包括在额定货运量基础上基于水运运输里程长度的运输费用、基于港口调度与港口装卸货费用以及基于水运运输时间与港口装卸货等待调配时间成本的费用。

多式联运广义费用指的是基于所运行路径所经过的公路货运场站、公路线路、铁路站点、铁路、港口、水运线路所需的所有费用，包括运输费用、装卸货费用、等待时间广义费用和权重等。建立多式联运的广义费用路径选择比较模型可为港口货运运输、集装箱网络配流以及港口腹地范围查询等功能提供一定的基础。

4.5.4 模型软件实现

以距离最短、时间最少或费用最小为优化目标，计算两点之间多方式路网联运的最短路径，结合公路、铁路、公铁联运、公水联运、多方式联运等联运方式，分析货物种类、时间、运价系数等参数，获取多式联运可选路径，实现港口到内陆、内陆到口岸运输的路径查询，实现点到点的多式联运查询功能。显示从起点经过途中点到达终点的 N 条最短路径，运输方式以及所有路径的费用、距离和时间。

4.6 多式联运节点的运营优化

本书针对中俄贸易西通道经济走廊多式联运节点在运营上存在的问题，选取了中俄贸易西通道经济走廊上的一个国内钢铁多式联运节点为例。为解决该节点当前存在的设计、物资摆放、节点内的路线、环境等问题，首先，对该企业10个月的进出库订单数据进行了钢材分类、钢材关联度等处理；其次，建立了三个数学模型：（1）货场库位规划模型，（2）园区内运转路线规划模型，（3）园区内的碳排放量模型来对该物流园区的运营进行优化；再次用MATLAB软件进行数据仿真的方法对该模型求解；最后，通过模型优化后的数据与原数据的进行对比，对货场排放的钢材进行了重新的规划，得出车辆在园区内的运转效率提升了16.4%，相应的污染排放量也有了较大幅的下降，最后给出了多式联运节点运营的一些优化方案。

4.6.1 背景

近几年来，随着中俄关系的向好发展趋势，根据2018年的统计报告，近两年来中国与俄罗斯、哈萨克斯坦及蒙古国的贸易额逐渐扩大，贸易增长率分别为20.98%、37.00%、38.84%；进出口额虽不平衡但双向增长率均在快速提升，贸易往来频繁，贸易关系越来越紧密。中国新疆与俄罗斯、哈萨克斯坦及蒙古国的贸易总体上呈现出良好的发展态势，主要在贸易、矿产、能源、木材、毛皮、化工制品、机械产品、交通运输及地方合作论坛等方面展开合作，取得了一定的成绩，某些领域效果突出。中俄贸易西通道把中国、俄罗斯、哈萨克斯坦及蒙古国四国的生产、投资、贸易等连接在了一起。钢铁作为中俄贸易西通道上一种重要的商品，钢铁物流园区多式联运服务站的运营关系着客户满意度、客户忠诚度，良好的运营可以为多式联运新模式带来高效率的运转、高质量的服务、高度的忠诚度等。于是，对于钢铁物流园区多式联运服务站运营的优化显得尤为重要。

研究意义。该部分主要是针对中俄贸易西通道经济走廊多式联运节点的运营研究，以钢铁企业存在的一些普遍的问题为例，根据这些存在的问题结合多式联运节点具体情况，包括多式联运节点的设施规划、路线规划、物资摆放位置、物资出入库的数据进行收集、整理、分类、分析、总结、评价。

在数据的收集完成后，建立相应的数学模型，对多式联运节点货场的设施再进行规划、对货场内的路线和车辆的中转方式再进行规划、对钢材的分类之后再进行摆放，经过如此多层次的优化，以此来提高钢铁多式联运节点的运行效率，使物流企业减少资金的占用。还在优化的基础上将环境的问题纳入思考，建立多式联运节点环境优化模型，并根据此模型的模拟结果给出建设性意见。通过对钢铁多式联运节点的各种问题的分析，能够给予多式联运节点在以上问题的解决方案及解决问题的思路。希望达到以下目标：一是有效提高多式联运节点的运行效率；二是通过合理的放置物资，降低因不合理摆放物资的导致的资金占用；三是尽量地使多式联运节点污染排放有效降低；四是利用计算机的计算，有效地降低多式联运节点调度员的工作量。

4.6.2 多式联运节点存在问题

多式联运节点存在的问题往往是纷繁复杂的，其中最突出的问题如下：多式联运节点设计不合理、钢材摆放的随意性太大、钢铁多式联运节点的路线规划不合理、钢铁多式联运节点污染较大，以下针对上面提出的几个问题具体分析：

第一，多式联运节点设计不合理。首先，很多的钢铁企业的多式联运节点设计存在很多的问题，功能区的设置不合理就是很重要的一处；其次，节点内的通道、通行路线、设施布置等都可能出现不合理的地方。

第二，物资摆放不合理。物资的随意摆放的问题是很多企业的一个通病，摆放的物资大多是随意地见缝插针，随地堆场，实际上这样地随机摆放可能会起到节约空间的作用，但是实际上，这样的摆放，并不是合理的摆放方式，车辆在节点内进行运转，由于不合理的摆放，毫无疑问，重复的、迂回的运转在多式联运节点内就很普遍了，由此，使车辆在多式联运节点内的滞留时间过长，很容易造成多式联运节点内的阻塞。

第三，车辆运转路线不合理。由于多式联运节点的物资的摆放以及节点内提货的调度方案的问题，车辆在进入多式联运节点后，由于没有得到很好的提货规划，提货的顺序基本上就是按照采购的订单上的顺序来进行装车，这样做虽然使得调度员的工作量得到了减少。但是，也导致了车辆在多式联运节点内造成不必要的迂回，这就造成了车辆可能在节点内绕行数圈，浪费了时间，同时也可能造成多式联运节点内的拥堵，形成恶性循环，降低了多式联运节点的运转效率。

第四，多式联运节点污染严重。多式联运节点不可避免地会出现污染环境的问题，在多式联运节点当中，这个问题尤为明显。钢铁多式联运节点内大型的机械设备、大量流动的运载车辆等都会给造成多式联运节点内的污染，不合理的设施摆放、不合理的路线规划以及非清洁能源供能的大型设施都会在多式联运节点的运转过程中造成大量的污染。

4.6.3 某钢铁多式联运节点的数据预处理分析

钢铁多式联运节点存在的上述问题，往往是因为规划不当造成的，在不考虑重建的情况下，为了达到较为明显的优化效果，最好的方法是对钢铁多式联运节点进行再设计。从上述对问题的分析，下面将从以下几个方面来对问题予以解决：一是对多式联运节点内堆放的钢材进行分类的处理以及分类处理后的摆放优化；二是进入多式联运节点装、卸载货车辆路线的再规划；三是对多式联运节点内的环境问题进行改进。通过上述几个方面，将多式联运节点内的运营费用有效降低、多式联运节点内装卸货物的车辆滞留时间有效降低、对环境的污染也得到降低。下面以某钢铁多式联运节点为例。

某钢铁多式联运节点基本情况。该钢铁多式联运节点占地面积133亩，室外仓储堆场共6个，总面积约35000平方米，室内仓储库房共4个，总面积约13000平方米，仓储能力30万吨，常年存放钢材15万~20万吨。室外堆场拥有11台龙门吊车。目前该多式联运节点存储的钢材品种有9大类,其中适合室外存储的有螺纹钢、工业线材、盘螺、高线,螺纹钢全部堆存于1~5号货场;适合室内存储的有冷轧、酸洗、硅钢、镀锌、彩涂。钢材按一个单品,单独码放,一个仓位码放相同时间(批次)入库的单品钢材,故发货原则按照先进先出原则选择相应的仓位发货,不存在货场内倒货和本仓位上下翻货现象。图4-8是该多式联运节点的平面布局图。

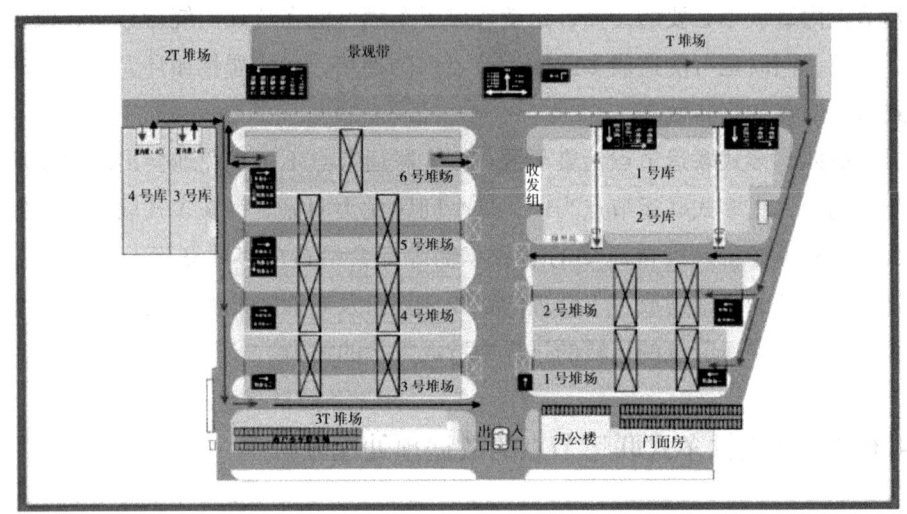

图4-8 多式联运节点的平面布局图

上图中标注该钢铁多式联运节点的六个仓位的位置、货场内的通道、货场内的运转方向等信息,为了进一步了解该物流园多式联运服务站的运转情况,于是收集了该多式联运节点的2017年10月~2018年08月螺纹钢品种出入库订单数据,有5724条入库数据,77017条出库数据,运输螺纹钢的车辆最大承重约50吨,可运输最大尺寸商品长度为12米,运输车辆为车厢13.5米,宽2.3~2.5米长的半挂车型,并且在各车道的平均行驶速度为5公里/小时,多式联运节点内车辆之间的横向车距至少1米,纵向车距至少2.5米。出库一车对应一个或多个订单。车辆入库卸货平均时间为200吨/小时,装货出库作业平均时间为100吨/小时。

数据预处理。选取该多式联运节点2017年10月至2018年8月的出库量数据进行分析。该配送中心共有68种不同的钢种。由于钢铁类消费基本没有季节性差异，因此不进行单日、月、季的分析，直接将 10 个月内所有订单汇总得到 68 种钢种在这一年间的订购频次和销售总量。将这些种类的钢种按销售量排序，可知其不同种类的钢种出库量差异非常大，很多品类的钢种在年间的销售量非常少，尤其从 65 种以后一年间销售量为 0。

为了对数据更好的分析，利用 Excel 对数据进行了一系列的预处理。首先对原始的数据进行了数字化的处理，将出入库的钢材按照钢种和规格进行了数字化的处理，使钢种及规格信息数字化成二维的数字组合，一个组合的两个数字分别代表钢种及钢材规格，使得这些非数字类型的信息变成易处理的数字化信息，方便之后的使用。按照钢种的不同进行数字化编号，各钢种对应编号见表 4 – 8：

表 4 – 8　　　　　　　　　钢材种类的电子化处理

钢种	处理后
HRB400	1
HRB400E 抗震	2
HRB500	3
HRB500E 抗震	4
HTRB600	5
HTRB600 抗震	6

以上是对钢种的数字化处理，这是钢材的第一维信息。接着将钢材按规格区分，对不同规格的钢材赋予不同的编号，以便处理，规格为钢材的二维信息。具体编号如表 4 – 9 所示。

表 4 – 9　　　　　　　　　不同规格钢种编号

规格	处理后	规格	处理后	规格	处理后
12 ×9	1.2	18 ×9	4.2	25 ×7	7.1
12 ×12	1.3	18 ×12	4.3	25 ×9	7.2
14 ×9	2.2	20 ×7	5.1	25 ×12	7.3
14 ×12	2.3	20 ×9	5.2	25 ×14	7.4
16 ×7	3.1	20 ×12	5.3	28 ×9	8.2

续表

规格	处理后	规格	处理后	规格	处理后
16×9	3.2	22×7	6.1	28×12	8.3
16×12	3.3	22×9	6.2	32×9	9.2
18×7	4.1	22×12	6.3	32×12	9.3

在对钢材的钢种及规格分别进行编号后,后将钢种、规格信息编号组合,得到了68种钢材信息。钢材规格及钢种编号组合见表4-10。

表4-10 各种钢材的对应编号

编号	钢种	规格	编号	钢种	规格	编号	钢种	规格
1	1	1.2	24	2	9.2	47	6	3.3
2	1	3.2	25	1	7.3	48	6	8.3
3	1	5.2	26	1	3.3	49	4	7.3
4	1	2.2	27	1	5.3	50	5	7.2
5	2	3.2	28	2	9.3	51	2	7.1
6	2	8.3	29	2	2.3	52	6	7.2
7	1	1.2	30	1	4.3	53	3	7.3
8	2	9.2	31	2	8.2	54	4	7.2
9	1	7.2	32	2	8.3	55	4	6.3
10	1	6.2	33	1	2.3	56	4	5.2
11	2	7.2	34	2	3.3	57	4	4.3
12	1	6.2	35	1	6.3	58	4	5.3
13	1	7.2	36	1	9.3	59	4	9.3
14	2	4.2	37	1	5.1	60	4	2.2
15	2	6.2	38	1	6.1	61	4	6.2
16	1	1.3	39	2	7.4	62	4	8.3
17	2	5.2	40	6	6.2	63	2	3.1
18	1	4.2	41	6	4.3	64	2	4.1
19	2	1.3	42	6	6.3	65	3	5.3
20	2	4.3	43	6	5.3	66	3	1.2
21	2	5.3	44	6	7.3	67	3	3.3
22	2	6.3	45	5	1.3	68	6	5.2
23	2	7.3	46	6	2.3	—	—	—

在对钢材进行了编号之后，为了更加直接地看出钢材在多式联运节点内的数量占比的情况，接着对钢铁多式联运节点内地钢材进行了按数量多少进行了排序以及累加的处理，处理的结果如下表4-11。

表4-11　　　　　　　　　　钢材累加百分比

序号	钢种	规格	出库数量	累计比例
……	……	……	……	……
36	1	9.3	4031.232	98.68%
37	1	5.1	543.65	98.80%
38	1	6.1	341.955	98.92%
39	2	7.4	341.286	99.04%
40	6	6.2	137.445	99.12%
……	……	……	……	……

在上面的表格中，省略了数量排名在1~35和40~68的钢材，但是通过观察表格会发现，前39种钢材的出库数量累计比例达到99.04%，因此将年出库数量占比不足1%的钢材剔除。[175]在后续的优化中，重点将这数量排名的前39种钢材进行合理地堆存。同时，由表格地数据，前39个品类的钢种占累计出货量比例为99.04%，剩余的29种钢种则占0.96%，则在进行货位分配时为这一部分留出相应比例的货位进行周转即可。

订单中不同规格钢材的关联度分析。通过对出库地订单进行分析发现，在所有的订单中，存在大量的多种钢材在同一张订单上出现并一起出库。根据仓储理论中的摆放原则，目前，对于钢铁多式联运节点内的钢材储存主要有三种策略：随机储存、定位储存、分类储存。

以上给出的三种策略，各有优缺点，随机储存虽然操作起来很方便，不用刻意安排堆放位置，但是很容易造成堆放的混乱、出现货物丢失、运输车辆在节点内倒运、迂回等等问题；定位储存是指将货物放在指定的位置而且长期不改变这个位置，定位储存的优势在于方便高效率的管理，如实时地追踪和控制等；分类储存是在储存地各类商品中寻找到某些商品的共性或者关联，划分货物的类别，在此基础上，指定一片区域来存放这一类的货物，但在这一片区域内，货物随机摆放。考虑到货车取货和送货的准确无误，采取第二种和第三种储存方式的结合是最佳的方案，于是先对不同钢材之间的关联度进行分析。

首先建立一个 68×68 的矩阵，再利用 MATLAB 软件对收集到的订单数据进行遍历，统计了各种规格的钢材两两之间出现在同一订单上的频数，经过统计之后得到的矩阵如下：

$$\begin{bmatrix} 35564 & 8918 & 3464 & \cdots & 0 & 0 & 0 \\ 0 & 24577 & 3582 & \cdots & 0 & 0 & 0 \\ 0 & 0 & 10096 & \cdots & 0 & 0 & 0 \\ \vdots & \vdots & \vdots & \vdots & \vdots & \vdots & \vdots \\ 0 & 0 & 0 & \cdots & 0 & 1 & 0 \\ 0 & 0 & 0 & \cdots & 0 & 33 & 0 \\ 0 & 0 & 0 & \cdots & 0 & 0 & 0 \end{bmatrix}$$

由上面的矩阵，会发现该矩阵为一个稀疏矩阵，第 n 行第 n 列的元素代表该种钢材在所有订单中出现的次数，第 n 行第 m 列（n＜m）表示第 n 种钢材和第 m 中钢材同时出现在一个订单内的频次。部分矩阵数据如下图 4-9：

钢材型号	1	2	3	4	5	6	7	8	9
1	35564	8918	3464	9089	988	1041	54	717	274
2	0	24577	3582	8323	637	656	59	777	139
3	0	0	10096	4704	375	619	42	566	119
4	0	0	0	24120	740	966	14	771	125
5	0	0	0	0	10935	5130	0	5018	11
6	0	0	0	0	0	10574	38	5239	17
7	0	0	0	0	0	0	1873	23	89
8	0	0	0	0	0	0	0	14189	41
9	0	0	0	0	0	0	0	0	2380

图 4-9 部分钢材相关联频次

通过对矩阵的观察，于是在矩阵中找出了在同一订单中出现频次超过 4000 次有如下几种类型，以下列出的是钢材的编号：1 和 2、1 和 4、2 和 4、

5 和 6、5 和 8、6 和 8、3 和 4、2 和 18、3 和 18。可以看出 1、2、4 和 5、6、8 之间具有较强的关联度,此外 2、3、18 也具有较强的关联度。根据关联度的矩阵,将剔除了 29 种钢材后的 39 种钢材分为了 10 类,由于 1、2、4 三种钢材对应的共同订单较多,于是对其进行再拆分。共分为 13 类。此时,再结合出库的频率越高越靠近节点出口的原则。对这 13 类钢材按照产品的出货量的总和大小进行排序得到表 4-12:

表 4-12　　　　　　各类钢材出库量排名累加

序号	包含钢材编号	数量	占比
1	1	56454	7.36%
2	2	41567	5.42%
3	4	28711	3.72%
4	1,2,4	152360	19.86%
5	3,13,18	156345	20.38%
6	5,6,8	138275	18.02%
7	9,11,7	89284	11.64%
8	12,15,17	96694	12.60%
9	23,25,26	36513	4.76%
10	7,16,35,36	29300	3.82%
11	24,27,30,32,33	28378	3.70%
12	10,20,21,22,34,36	27030	3.52%

钢铁多式联运节点仓储库位的分析。从图 4-8 可以看到,五个堆场货位出入库作业时间的不同,在仓库进行出入库作业时,优先考虑将货物存放在作业时间最短的区域或者将作业时间最短的区域内的货物出库,达到货物出入库最快,时间最少。

实现出入库效率提高有两个方面,分别是出入库时间短的货位的利用率高以及服务的可得性。服务的可得性主要是体现在有限资源—龙门吊架的利用上。由于每个巷道(2 排货架)共用两个龙门吊架,如果某个巷道同时出入库的货物过多可能导致龙门吊架能力不足,或者利用率过低。因此,在保证龙门吊架能力满足的前提下，按相关性分类数据以此平衡各巷道的出入库时间，提高整体出入库效率。

　　钢铁多式联运节点内车辆路线分析。由于多式联运节点存在交通拥挤的现象，这就需要对多式联运节点路径规划来规划节点车辆的出入，通过合理地路径规划来提高效率节约时间。为了使多式联运节点的运行效率达到最高，也就是要龙门吊架的利用率达到最高，前面对货场仓位进行优化分析，通过分析发现，按照货物需求比例对五个货场均等分配能够达到龙门吊架的利用率的最大化（换言之就是5个货场在满足需求的情况下采取一模一样的钢材堆放），但是由于货场长度的限制，以及出库的时候的时间浪费太多，故此方案不可行。

　　于是，这就使得传统的静态规划已经远远不能满足需求，动态路径规划变得迫切。本书通过对钢材进行相关性分析，根据相关性进行的货位优化能有效地减少同一辆货车到不同堆场拣货的情况，即有效减少了货车在多式联运节点的流转时间，同时对进入多式联运节点的车辆在进多式联运节点时根据多式联运节点内装卸货的车辆所处的货场以及装卸货的时间，而后对当前进入的车辆做多式联运节点路线的规划，选择最优路线，由于只知道前面的车在多式联运节点内的运行情况，而对后面进入多式联运节点的车辆的时间并不确定，所以能保证当前进入车辆在多式联运节点内的运行时间最短，从而实现车辆在多式联运节点内的运行效率得到显著的提高。

4.6.4　建立模型

模型的假设：

（1）车辆在园区内由一个堆场经由主干道流转到另外一个堆场时，主干道其他货车出入对其无影响；

（2）假设车辆在园区内移动的速度是恒定的；

（3）假设装卸货的速度分别为两个恒定的值；

（4）假设在模拟出入库的过程中，龙门吊没有发生故障和维修；

（5）假设园区内汽车的碳排放速度恒定；

（6）假设货场地价不变；

(7) 假设货场现有基础设施没有变动;

(8) 设定现有龙门吊架的数量不变,在相当长的一段时间内不计算其折旧。

符号说明:

符号	意义
c_{ij}	决策变量,其取值为 0 和 1
q_{ij}	第 i 种钢材在第 j 个堆场摆放的单位数
Q	一段时间内钢材物流园内摆放的钢材的数量
w_i	每一单位 i 组合的钢材的重量
y_j	第 j 堆场堆放的钢材的总量
l_i	第 i 种组合的钢材的堆放的长度
L_j	第 j 个堆场的总长度
d_i	一段时间内订单中涉及第 i 种钢材的总数量
$Tout_i$	第 i 辆车离开物流园区的时刻(分钟),以上午 8:00 为 0 点
Tin_i	第 i 辆车进入物流园区的时刻(分钟),以上午 8:00 为 0 点
Or_{ij}	第 i 辆车的订单包含了第 j 个堆场的货物
Cr_i	第 i 辆车在园区内运转所用的时间
Op_{ij}	第 i 辆车在第 j 个堆场处装卸货花费的时间
Cw_i	第 i 辆车取货过程中的
s_{ij}	第 i 辆车在第 j 个堆场的取货量
v	装卸货的速度
Cd_i	车辆在园区内预取内行驶的距离
Q_t	一个月实际出库的货物量

4.6.5 模型的建立与求解

模型一:货场库位规划模型。在前面对剔除之后的 39 种钢材进行了分类之后,其摆放的具体位置还是不能够具体地确定下来。为了具体的确定下来钢材应该放在具体在哪一个货场,于是建立了货场库位规划模型如下:

$$\text{Min } z = \sum_{k=1}^{4} p_k (d_k^- + d_k^+)$$

$$\begin{cases} \sum_{j=1}^{5} y_{ij} \leqslant Q \\ \sum_{i=1}^{39} c_{ij} w_i q_{ij} = y_{ij} \\ \sum_{i=1}^{39} l_i c_{ij} q_{ij} \leqslant L_j \\ \sum_{j=1}^{5} y_{ij} \geqslant s_i \\ y_1 - y_2 + d_1^- - d_1^+ = 0 \\ y_1 - y_3 + d_2^- - d_2^+ = 0 \\ y_1 - y_4 + d_3^- - d_3^+ = 0 \\ y_1 - y_5 + d_4^- - d_4^+ = 0 \\ c_{ij} = 1 \text{ 或 } c_{ij} = 0 \\ d_k^+, d_k^- \geqslant 0 \end{cases} \quad (4-19)$$

其中的 Q 是一段时间钢铁多式联运节点内的钢材存储数量，具体的数值需要根据仓库能堆存的容量和满足的订单量来决定，通过不断地尝试不同的数值，最终以 28 天的平均总订单量作为 Q 的取值。d_k^+、d_k^- 为偏差变量。虽然在符号意义中 L_i 代表的是货场的长度，实质上在计算的时候，考虑到在货物入库的时候，有地方作为货物倒转用地，则 L_i 是小于货场的实际长度的。

利用 lingo 软件来解决该多目标规划问题，模型中 p_k 为优先级，由于该模型为了考虑到要使得各个堆场尽可能地均匀，于是可以认为 p_k 的取值为相同的值。由于 lingo 不能够直接解决多目标规划问题，于是利用分级序列法在 lingo 上使问题得到解决。[181]

在用 lingo 求出了上述模型的解之后，由于只是知道了每一个货场应该摆放哪些钢材组合之外，对于钢材具体放在哪一个，还是无从得知，于是考虑出货量大的钢材应该靠近物流园区多式联运服务站的外侧，而出货量少的应当安排之物流园区多式联运服务站的内侧库位。根据这些原则，钢材在多式联运节点的摆放如下图4-10和图4-11：

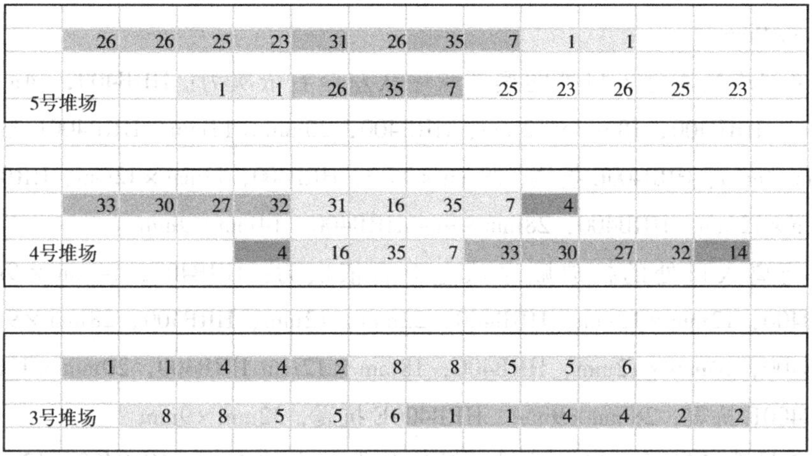

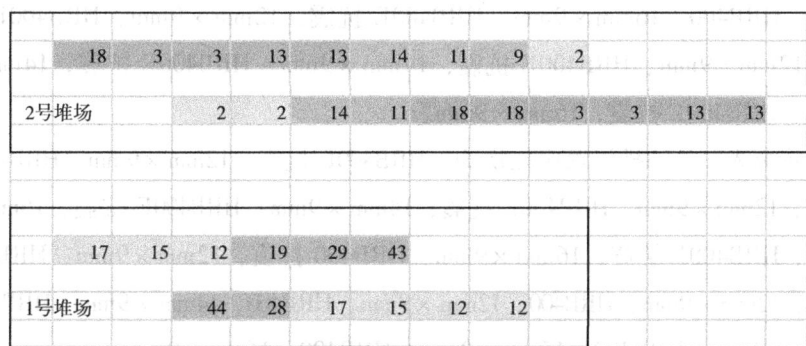

图4-10 多式联运节点内钢材的摆放

图4-11 多式联运节点内钢材的摆放

各种编号对应的具体钢材类型如下：

5号堆场靠近入口处的一排从左至右摆放：HRB400，12mm×9mm、HRB400，12mm×9mm、HRB400，16mm×12mm、HRB400，22mm×12mm、HRB400，18mm×12mm、HRB400，25mm×12mm、HRB400E抗震，25mm×12mm、HRB400，16mm×12mm、HRB400，25mm×12mm、HRB400E抗震，25mm×12mm。

远离入口的一排的摆放顺序从左至右依次为：HRB400，16mm×12mm、HRB400，16mm×12mm、HRB400，25mm×12mm、HRB400抗震，25mm×

12mm、HRB400E 抗震，28mm×9mm、HRB400，16mm×12mm、HRB400，22mm×12mm、HRB400，28mm×12mm、HRB400，12mm×9mm；、HRB400，12mm×9mm。

4号堆场靠近入口处的摆放顺序从左至右依次为：HRB400，14mm×12mm、HRB400，18mm×12mm、HRB400，20mm×12mm、HRB400E 抗震，28mm×9mm、HRB400E 抗震，28mm×9mm、HRB400，12mm×12mm、HRB400，22mm×12mm、HRB400，28mm×9mmHRB400，14mm×9mm。

远离入口处的摆放顺序从左至右依次为：HRB400，14mm×9mm、HRB400，12mm×12mm、HRB400，22mm×12mm、HRB400，28mm×9mm、HRB400，14mm×12mm、HRB400，18mm×12mmHRB400，20mm×12mm、HRB400E 抗震，28mm×9mm、HRB400E 抗震，32mm×9mm。

3号堆场靠近入口处的排放顺序从左至右依次为：HRB400，12mm×9mm、HRB400，12mm×9mm、HRB400，14mm×9mm、HRB400，14mm×9mm、HRB400，16mm×9mm、HRB400E 抗震，12mm×9mm、HRB400E 抗震，12mm×9mm、HRB400E 抗震，14mm×9mm、HRB400E 抗震，14mm×9mm、HRB400E 抗震，16mm×9mm。

远离入口处的排放顺序依次为：HRB400E 抗震，12mm×9mm、HRB400E 抗震，12mm×9mm、HRB400E 抗震，14mm×9mm、HRB400E 抗震，16mm×9mm、HRB400E 抗震，16mm×9mm、HRB400 抗震，12mm×9mm、HRB400 抗震，12mm×9mm、HRB400，12mm×9mm、HRB400，14mm×9mm、HRB400，14mm×9mm、HRB400，16mm×9mm、HRB400，16mm×9mm。

2号堆场靠近入口处的一排从左至右摆放：HRB400，18mm×9mm、HRB400，20mm×9mm、HRB400，20mm×9mm、HRB400，25mm×29mm、HRB400，25mm×29mm、HRB400E 抗震，18mm×19mm、HRB400E 抗震，25mm×9mm、HRB400，28mm×9mm、HRB400，22mm×7mm。

靠近入口处的二排从左至右摆放：HRB400，22mm×7mm、HRB400，22mm×7mm、HRB400，22mm×7mm、HRB400E 抗震，25mm×9mm、HRB400，18mm×9mm、HRB400，18mm×9mm、HRB400，20mm×9mm、HRB400，20mm×9mm、HRB400，25mm×29mm、HRB400，25mm×29mm。

1号堆场靠近入口处的一排从左至右摆放：HRB400E 抗震，20mm×

9mm、HRB400E 抗震，22mm×9mm、HRB400，22mm×9mm、HRB400E 抗震，12mm×12mm、HRB400E 抗震，14mm×12mm、HTRB600 抗震，20mm×12mm。

靠近入口处的二排从左至右摆放：HTRB600 抗震，25mm×12mm、HRB400E 抗震，32mm×12mm、HRB400E 抗震，20mm×9mm、HRB400E 抗震，22mm×9mm、HRB400，22mm×9mm、HRB400，22mm×9mm。

模型二：多式联运节点内运转路线规划模型。钢铁多式联运节点内原来的运转路线是：装卸货的车辆从大门进入货场（多式联运节点内只有一个出入口，具体见图 4-8），车辆到一个仓位取完货后必须从两侧绕行到出口处之后，再次从入口进入到仓位取货，于是，车辆在多式联运节点内造成了反复的、迂回的运转，大大造成时间的浪费，而且可能造成车辆在多式联运节点内的阻塞。考虑到出入多式联运节点内的车辆是不确定的，可以假设其来多式联运节点取货的时刻服从泊松分布，而由于进入多式联运节点内取货的过程是动态的、多阶段的过程。由于取货的先后顺序决定了车辆在节点内装卸货物所需要的时间。通过查阅文献资料，发现 Alpha Go 运用蒙特卡洛树搜索（Monte Carlo Tree Search）算法来实现对博弈树的搜索。在 Alpha Go 的设计中 MCTS 算法的原理是：先随机走子，然后再通过最终的输赢来更新原先那些走子的价值。设定随机走子的概率，与先前计算出的走子价值成正比。如此进行大量的随机模拟，让好的方案自动涌现出来。但 MCTS 理论上可以被用在以状态、行动定义和模拟进行预测输出结果的任何领域。因此 MCTS 可以用来求每一天的所有车辆在园区内滞留多式联运节点内的平均时长，以此来提高多式联运节点的运行效率，进而使多式联运节点内每天可接待的车次得以提升。

设某一个订单中包含的货物为 Or_{ij}，若订单中包含了第 j 个堆场的订单，则记 $Or_{ij}=1$，否则为 0。当车辆进入货场时，在入口处通过订单确认，在确认订单时，根据订单，电脑自动生成车辆可能要去的装卸货的仓位，不妨假设某次车辆需要到达货场的 n 个仓位，则在此基础上，根据排列组合生成 A_n^n 条路线，同时会对货场内目前的多式联运节点内的情况进行一次检视，可能某些路线由于前面进入货场的车辆在该车辆要去的仓位，则需要进行等待，在进行该条路线规划的时候需要将等待时间考虑进去。由此写出模型的目标函数为：

$$\min T = \sum_{i=1}^{n}(Tout_i - Tin_i) \tag{4-20}$$

其中的 $Tout_i$ 符合下列条件：

$$Tout_i = Tin_i + Cr_i + Cw_i + \sum_{j=1}^{5} Op_{ij}Or_{ij}$$

而$Op_{ij} = s_{ij}/v$，则

$$\sum_{j=5}^{5} Op_{ij}Or_{ij} = \left(\sum_{j=1}^{5} s_{ij}\right)/v \tag{4-21}$$

又Cr_i和Cw_i是一个变化的值，与选择的路线有关，但是由于车辆到达的时间是随机的，故求得的目标值 T 不一定是最小值，故可能求出来的值不一定是最优解。由于收集到的数据里没有涉及原来的取货方式和路线等数据，于是利用 MATLAB 软件进行数据的仿真。仿真的假设如下：

1. 设车辆到多式联运节点内的时间是服从泊松分布的；

2. 设每天到多式联运节点取货的车辆数量服从以月车辆均值为均值，以月车辆方差为方差的正态分布；

3. 忽略各种活动的衔接时浪费的少量时间；

4. Tin_i的值以计算机生成路线图后的时刻为准。

在进行了假设之后，然后对每一个货位进行编号，其中多式联运节点的入口记为0 节点，第 i 个货场对应的节点为 i，出多式联运节点的时候记为节点 6。仿真得到的时刻表如图 4－12。

出发时刻	道路节点	到达时刻	装卸货物	道路节点	到达时间	装卸货物	道路节点	到达时间	装卸货物	道路节点	到达时间	装卸货物	道路节点	到达时间	装卸货物的种类和数		出库时间
0	5	8时16分	1	5	8时30分	0	5	8时44分	0	3	8时59分	12	3	0时0分	12	0	8时59分
0	0	0时0分	0	0	8时16分	0	2	8时39分	418	2	9时2分	0	2	9时26分	0	0	14时58分
0	0	0时0分	0	0	8时24分	0	2	8时47分	318	2	9时10分	0	2	9时33分	0	0	13时18分
0	5	8时19分	1	5	8时33分	0	5	8时47分	0	5	9时2分	0	5	0时0分	0	0	9时2分
0	5	8时20分	1	5	8时34分	0	5	8时48分	0	5	9时3分	0	5	0时0分	0	0	9时3分
0	0	0时0分	0	0	8时16分	0	2	8时31分	3	2	8时47分	0	2	9时2分	0	0	9时2分
0	0	0时0分	0	0	8时16分	0	0	8时31分	0	3	8时48分	12	3	0时0分	12	0	8时49分
0	0	0时0分	0	4	8时16分	4	4	8时30分	0	4	8时46分	0	4	9时1分	0	0	9时1分
0	5	8时42分	1	5	8时56分	0	5	9时10分	0	5	9时25分	0	5	0时0分	0	0	9时25分
0	5	8时57分	1	5	9时11分	0	5	9时25分	0	5	9时40分	0	5	0时0分	0	0	9时40分
0	5	9时5分	1	5	9时19分	0	5	9时33分	0	5	9时48分	0	5	0时0分	0	0	9时48分
0	0	0时0分	0	0	8时16分	0	0	8时31分	0	0	8时48分	0	0	9时5分	0	0	9时5分
0	5	9时19分	1	5	9时33分	0	5	9时47分	0	5	10时2分	0	5	0时0分	0	0	10时2分
0	5	9时28分	1	5	9时42分	0	2	9时56分	18	3	10时12分	17	3	0时0分	17	0	10时12分
0	0	0时0分	0	0	8时16分	0	2	8时31分	13	2	8时47分	0	2	9时2分	0	0	9时2分
0	5	9时39分	1	4	9时53分	4	2	10时16分	318	2	10时39分	0	2	11时2分	0	0	13时18分
0	5	9时42分	1	4	9时56分	4	4	10时11分	0	4	10时26分	0	4	10时41分	0	0	10时42分
0	0	0时0分	0	0	8时16分	0	0	8时31分	0	3	8时48分	12	3	0时0分	12	0	8时49分
0	0	0时0分	0	0	8时16分	0	0	8时31分	0	0	8时48分	0	0	9时5分	0	0	9时5分
0	5	10时15分	7	4	10时29分	7	4	10时44分	0	4	10时59分	0	4	11时14分	0	0	11时15分
0	0	0时0分	0	0	8时16分	0	2	8时39分	313	2	9时2分	0	2	9时26分	0	0	13时13分
0	5	10时49分	1	5	11时3分	0	2	11时17分	3	2	11时33分	0	2	11时48分	0	0	11时48分

图 4－12　仿真得到的车辆在多式联运节点内的活动时刻

通过仿真得到了以上数据，其中在表格中也体现了订单中的信息，为了体现该模型是否对节点的效率得到了提升，于是计算出了原来方式下$T_原$和该模型下的T，通过比较效率提升了 16.4%。说明该模型对于路线的规划较原来更加合理，优化是有效的。

模型三：多式联运节点碳排放量排放模型。多式联运节点输出工作成果的优劣从根本上限制了货物流通速度。如果能有效地提升多式联运节点的存取利用效率，可以大幅提高堆场的输入输出量和反应能力。对货位分配问题进行优化过程中，在提高堆场的作业效率方面起到了有效的作用：优化时为了对货品的整理、补给和捡取更为方便，将货品按照相关性进行分类，将相关性高的货品摆放相近，这样就能够快速准确地锁定想要转载的货物，提高速度和精准度。同时，根据相关性进行的货位优化能有效地减少同一辆货车到不同堆场拣货的情况，即有效减少了货车在多式联运节点的流转。

通过分析可知，钢铁多式联运节点内的污染主要来自多式联运节点内流通的车辆和装卸的机械。于是不妨假设多式联运节点内的车辆的排放是无差别的，与所行的距离成正比。而机械设备的排放的污染物与其工作的时长成正比，由于货物的装卸速度是不变的，换言之其排放的污染物的量就是与订单货物总量成正比。于是得到：

$$P = k_1 C d_i + k_2 Q_t + b \tag{4-22}$$

其中，Cd_i 与选择的路线有关，需要与第二个模型结合起来；b 是涉及能源和其他变量的偏差，但由于没有收集到具体的污染排放量的数值，不能拟合或者预测出这个 b 的准确值；由于 Q_t 是每月的实际出库的钢材量，不能反映钢材节点的实际污染量，于是想到用单位钢材出库量产生的排放量来表示衡量多式联运节点内的排放。则有：

$$P = \frac{k_1 C d_i + k_2 Q_t + b}{Q_T} \tag{4-23}$$

由于在第一个、第二个模型中，仓位设置和路线选择的优化提升，毋庸置疑，多式联运节点的污染物排放量会相应地降低。

优化建议：

（1）针对模型一：可以发现，根据出入库的订单相关度来进行钢材的分类堆放，可以使得去节点内装卸钢材的车辆在节点有效避免了反复的、迂回的运转,使滞留时间得到明显地降低,也减少了节点内车辆的拥堵情况,进而提高了节点内的工作效率,使得节点可以接受更多的订单。

(2)针对模型二:基于蒙特卡罗搜索(MTCS)算法建立的节点内的路线规划模型,在不考虑未来车辆的情况下,利用计算机强大的计算能力,穷举出当前车辆在节点内的所有装卸货的情况,并计算出所有情况在节点内需要的时间,比较之后选出最佳的方案。此策略虽然求出的解不是最优解,但是可有有效地提升节点的运转效率。

(3)针对模型三:可以看出前面的优化有助于节点内的污染物的减少,但是可以看出,这些污染物排放的减少依赖于节点内的规划,但我们看到该模型中还有一个 b 值,这个 b 值包含的因素较多,其中也包括清洁能源的使用,因此,使用清洁能源也能有效地降低节点内的污染排放。

模型的优缺点:

(1)模型的优点。根据出入库钢材订单的情况,进行关联度的分析,将同等需求的客户归为到了一类。这里的同等需求,指的是对产品种类的需求相同。基于这一分析,确定合适的产品摆放组合、不同组合内部的产品堆数。在不超过堆场长度的范围内进行组合间的摆放。这种划分组合的方法,可以在很大程度上使某一种需求的客户在小的移动范围内满足采购需求,可以实现超过 75% 的客户可以在一个对场内完成装卸工作,也使产品入库变得简单。

在一个堆场内部,确定了若干的产品组合,为了充分利用两台龙门吊架,采用了同一组合交叉摆放的方式。这使当两个同等需求的客户装载产品时,可以两台龙门吊架可以在两端同时作业,提高了作业效率,减少了等待时间。在组合内的若干产品的摆放中,按照粗细长度的装载要求,进行了有序排列,减少了龙门吊的移动时间。

设置若干的组合后,仍有一些客户的需求并为列在这些产品组合之中。但是由于以上的组合放置留足了其他需求较少的产品的摆放空间,可以采用先预定在入库的方式或者在剩余的空间内放置这些极低需求的产品。

提高龙门吊架的利用率以及节点运行效率为目的采用蒙特卡洛搜索算法对节点路线进行动态调整,对进入节点的车辆在进节点时根据节点内装卸货的车辆所处的货场以及装卸货的时间,而后对当前进入的车辆做节点路线的规划，选择最优路线，减少后进入车辆的等待时间，从而实现车辆在节点的最大效率。

（2）模型的缺点。由于收集到的钢材入库的数据未给定车辆进入节点的时间，故在模型中钢材入库车辆对模型的影响未能体现出来。由于节点的初始化状态未给出，在进行优化的时候，不能得到量准确的对比结果。由于未能收集到该钢铁多式联运节点的污染物排放量的数据，导致第三个模型的 b 值无法准确求出。

4.6.6 主要原因

（1）园区装卸设备没有得到充分利用，原有的仓位排放顺序无法最大化利用有限的装卸设备，车辆在等候前车装卸货时耗费一定时间。

（2）仓位布局不合理，多辆车不能同时装卸货，导致效率低。

（3）园区流转路线设计不当，车辆在园区中流转耗时长。为了解决这个问题，在本书选取了一个特定的钢铁物流园作为例子，收集了其数月的钢材进出库数据，在进行完数据的预处理后建立了三个数学模型，分别对上述问题进行优化。

4.6.7 优化建议

（1）对物流园多式联运服务站内存放的钢材进行合理分类，来提高物流园的运转效率和储存的准确性。

（2）利用蒙特卡洛搜索算法的动态调整车辆路线对于减少车辆在物流园多式联运服务站内的滞留时间作用较为明显。

（3）物流园多式联运服务站内的污染物排放与车辆在多式联运服务站内流转的路程是有关系的，减少车辆在园区内的流转时间和使用清洁能源对于污染物排放降低具有很大的作用。

虽然本模型是以该特定的钢铁物流园多式联运服务站内所建立，但是本书中的模型具有较好的普适性，不同的物流园多式联运服务站只是园区的布置、规模大小、科技化程度等数据的不同，但是模型和优化的思路依然适用，希望本书能够对于中俄西通道经济走廊上的物流园多式联运服务站的物流企业提供一些帮助和优化的策略。

4.7 本章小结

中俄贸易西通道经济走廊多式联运新模式，是对运输组织模式的创新，是对多式联运的新实践。建立打破传统运输瓶颈，延伸货运服务链条到"门到门"服务，实现了货运由运输提供商向物流服务提供商转变。拓展新的运输市场，更好地服务市场需求。随着中俄贸易西通道经济走廊克拉玛依多式联运新模式网络的铺开，以点穿线，连线成网，将大大提升多式联运在该系统中的主导地位。提高区域经济发展水平，进一步完善我国综合交通运输服务体系。构建了综合考虑运输成本、运输时间、环保和安全的经济走廊运输路径优化模型。提出了模型的算法，完成所构建多目标模型的求解．求解结果表明，所建模型能够满足多式联运新模式参与者的差异化需求，为中俄贸易西通道经济走廊提供较优的运输方式选择方案。

基于 GIS 全国公路网、铁路网、水运网络的多式联运综合系统平台，建立基于 Trans CAD 的多式联运运输优化辅助系统。系统根据交通管理部门对于运输系统辅助优化的管理措施，建立了集装箱网络配流功能、多式联运路径比较功能和经济腹地范围分析功能，可以有效地根据业务实现多式联运运输系统的优化问题，解决了优化模型的系统建模和功能应用，为科学决策和科学管理提供了有力的支持。研究了中俄贸易西通道经济走廊承载城市多式联运节点的选址，研究表明，克拉玛依市是中俄贸易西通道经济走廊核心承载城市，并对克拉玛依市的多式联运节点给出功能区建设建议方案。

第二篇　案例应用

第 5 章
克拉玛依市多式联运新模式规划研究

5.1 项目背景

2013年9月和10月,习近平主席在出访中亚和东南亚国家期间,先后提出共建"丝绸之路经济带"和"21世纪海上丝绸之路"("一带一路")的倡议,得到国际社会高度关注。十八届三中全会审议通过的《中共中央关于全面深化改革若干重大问题的决定》中提出要"扩大内陆沿边开放,支持内陆城市增开国际客货运航线,发展多式联运,形成横贯东中西、联结南北方对外经济走廊"。为服务"一带一路"倡议等国家发展部署,加快推进物流大通道建设,不断完善综合交通运输体系,交通运输部、国家发展改革委决定开展多式联运示范工程,并于2016年公布了第一批多式联运示范工程项目的名单(16个)。2017年4月出台了《交通运输部国家发展改革委关于开展第二批多式联运示范工程的通知》,示范工程实施期限为3年。2020年6月17日,交通运输部批复了新疆在"交通运输高水平对外开放、跨区域综合运输大通道建设、综合交通枢纽一体化发展、交通与旅游等产业融合发展等方面开展试点"的交通强省规划。

2020年5月19日,中共中央国务院《关于新时代推进西部大开发形成新格局的指导意见》强调:充分发挥西部地区比较优势,推动具备条件的产业集群化发展,在培育新动能和传统动能改造升级上迈出更大步伐,促进信息技术在传统产业广泛应用并与之深度融合,构建富有竞争力的现代化产业体系。推动农村一二三产业深度融合,促进农牧业全产业链、价值链转型升级。加快推进高标准农田、现代化生态牧场、粮食生产功能区和棉油糖等重要农产品生产保护区建设,支持发展生态集约高效、用地规范的设施农业。加快高端、特色农机装备生产研发和推广应用。推动发展现代制造业和战略性新兴产业。积极发展大数据、人工智能和"智能+"产业,大力发展工业互联网。推动"互联网+教育""互联网+医疗""互联网+旅游"等新业态发展,推进网络提速降费,加快发展跨境电子商务。支持西部地区发挥生态、民族民俗、边境风光等优势,深化旅游资源开放、信息共享、行业监管、公共服务、旅游安全、标准化服务等方面国际合作,提升旅游服务水平。依托风景名胜区、边境旅游试验区等,大力发展旅游休闲、健康养生等服务业,打造区域重要支柱产业。加快发展现代服务业特别是专业服务业,加强现代物流服务体系建设。加快北煤南运通道和大型煤炭储备基地建设,继续加强油气支线、终端管网建设。构建多层次天然气储备体系,在符合条件的地区加快建立地下储气库。因地制宜优化城镇化布局与形态,提升并发挥国家和区域中心城市功能作用,推动城市群高质量发展和大中小城市网络化建设,培育发展一批特色小城镇。加大对西部地区资源枯竭等特殊类型地区振兴发展的支持力度。加强综合客运枢纽、货运枢纽(物流园区)建设。完善国家物流枢纽布局,提高物流运行效率。加强航空口岸和枢纽建设,扩大枢纽机场航权,积极发展通用航空。支持新疆加快丝绸之路经济带核心区建设,形成西向交通枢纽和商贸物流、文化科教、医疗服务中心。提高昆明、南宁、乌鲁木齐、兰州、呼和浩特等省会城市面向毗邻国家的次区域合作支撑能力。支持西部地区自由贸易试验区在投资贸易领域依法依规开展先行先试,探索建设适应高水平开放的行政管理体制。加快内陆开放型经济试验区建设,研究在内陆地区增设国家一类口岸。研究按程序设立成都国际铁路港经济开发区。有序推进国家级新区等功能平台建设。

第三次中央新疆工作座谈会于2020年9月25~26日在北京召开。习近平总书记指出,发展是新疆长治久安的重要基础。要发挥新疆区位优势,以推进丝绸之路经济带核心区建设为驱动,把新疆自身的区域性开放战略纳入国家向西开放的总体布局中,丰富对外开放载体,提升对外开放层次,创新开放型经济体制，打造内陆开放和沿边开放的高地。要推动工业强基增效和转型升级，培育壮大新疆特色优势产业，带动当地群众增收致富。要科学规划建设，全面提升城镇化质量。要坚持绿水青山就是金山银山的理念，坚决守住生态保护红线，统筹开展治沙治水和森林草原保护工作，让大美新疆天更蓝、山更绿、水更清。习近平总书记强调，要统筹疫情防控和经济社会发展，做好"六稳"工作、落实"六保"任务，持之以恒抓好脱贫攻坚和促进就业两件大事。要健全完善防止返贫监测和帮扶制度机制，接续推进全面脱贫与乡村振兴有机衔接，着重增强内生发展动力和发展活力，确保脱贫后能发展、可持续。要加大政策支持力度，创新体制机制，坚持就近就地就业和有序转移输出就业有机结合。要大力推动南疆经济社会发展和民生改善。要多层次、全方位、立体式讲好新疆故事，理直气壮宣传新疆社会稳定的大好局势、人民安居乐业的幸福生活。

新疆自古以来都是丝绸之路的贸易枢纽，是我国向西开放的重要窗口，《推动共建丝绸之路经济带和 21 世纪海上丝绸之路的愿景与行动》明确提出，新疆要通过深化与中亚、南亚、西亚等国家交流合作，打造丝绸之路经济带核心区。克拉玛依市是丝绸之路经济带核心区中北通道上的次区域核心城市，是国家能源运输枢纽，是天山北坡经济带中仅次于乌鲁木齐的第二经济发展中心，与毗邻的塔城、博州、阿尔泰及兵团五个师形成的"四市五师"区域，被誉为新疆经济发展的"北疆高地"。

发挥新疆区位优势，以推进丝绸之路经济带核心区建设为驱动，提升新疆对外开放层次，打造内陆开放和沿边开放的高地的机遇和环境。在分析建设中俄贸易西通道经济走廊目的和意义的基础上，通过循环实验分析法、贸易引力模型、可持续发展和地缘政治经济理论等应用于该走廊的研究，确定中国新疆克拉玛依市为中俄贸易西通道经济走廊中国境内的主要承载城市，新西伯利亚市为中俄贸易西通道经济走廊俄罗斯境内的主要承载城市。中俄贸易西通道经济走廊构建出"东西南北"国际大通道的交汇，向南方向连接中巴经济走廊、向北方向中俄贸易西通道经济走廊的起点，向东方向连接我国三大经济区、向西方向连接欧洲经济圈（中欧班列经济走廊）的新疆北疆区域中心城市、国际商贸物流综合服务中心、新疆北疆区域经济圈国际商贸物流发展高地、国际能源城人才集聚高地。

克拉玛依市与中石油集团公司推动新疆油气业务大发展、实施5000万吨油气当量上产工程，陆港型国家级物流枢纽建设，中欧班列新疆集拼中心克拉玛依集疏中心建设布局，紧抓开放型经济和对口援疆工作等历史机遇，助推丝绸之路经济带核心区克拉玛依国际陆路港综合体及国际商贸物流园区建设，以克拉玛依国际陆路港综合体和国际商贸物流园区建设为突破口及抓手，激活克拉玛依市资源型城市结构转型，破解克拉玛依市"孤网"态势，寻找经济发展新动能，促进产业升级和高质量发展，将克拉玛依市打造成"一带一路"上的世界能源城、中俄贸易西通道经济走廊国际商贸物流起点城市，高质量国际陆路港综合体物流服务区，使之成为世界知名、全国一流的"互联网+、金融+、大数据+、智慧+、文化旅游+"国际商贸物流协同发展示范之城，向南方向连接中巴经济走廊、向北方向中俄贸易西通道经济走廊的起点，向东方向连接我国三大经济区、向西方向连接欧洲经济圈（中欧班列经济走廊）的新疆北疆区域中心城市、国际商贸物流综合服务中心、新疆北疆区域经济圈国际商贸物流发展高地、国际能源城人才集聚高地。

克拉玛依市作为中俄贸易西通道经济走廊的战略重要承载城市，具有"东联西出，西引东进"连接南北疆、欧亚大陆的战略交通枢纽，有明显的区位优势、交通优势、商贸物流优势、产业优势，公路、铁路、地下管道、空港及额尔齐斯河国际水运等丝绸之路综合立体交通枢纽正在逐渐形成。依托其区位和资源优势，不断加强战略合作，形成业务协同，积极实践以多式联运为核心的现代物流业务发展，逐步形成了具有双向开放、多点连通的联运服务体系，进一步推动了各种交通要素的资源整合和高效运转，一批具有多式联运组织和服务功能的枢纽基地相继投入使用，公铁联运、公空联运、水公铁联运及管公铁联运等多式联运的新模式逐步推广。克拉玛依与周边国家具有千万吨级的粮食，百万吨级农副产品、农用物资，亿万吨级的煤炭、石油石化等资源，年综合运输量已达到百万吨级。拥有如此得天独厚的政策优势、资源优势和基础设施优势，克拉玛依能够充分利用独特的区位优势深化与俄罗斯新西伯利亚地区、中西亚、欧洲各国的交流合作，形成丝绸之路经济带上重要的交通枢纽和商贸物流中心，有能力、也有决心能够胜任此次多式联运新模式示范工程的实施工作，打造"一带一路"核心地带的上海合作组织区域协同发展的多式联运示范典型。

用物流系统网络理论和成本—利润原理研究中俄贸易西通道经济走廊，初步提出实验和示范中俄贸易西通道经济走廊多式联运的四种新模式，分析出克拉玛依市有"东联西出，西引东进"连接南北疆、欧亚大陆的战略交通枢纽，有明显的区位优势、交通优势、商贸物流优势、产业优势，有公路、铁路、管道、航空及额尔齐斯河国际水运等丝绸之路综合立体交通枢纽的基础设施条件。依托其区位和资源优势，不断加强战略合作，形成业务协同，积极实践以多式联运为核心的现代物流业务发展，逐步形成了具有双向开放、多点连通的多式联运产业供应链的"双循环"服务体系，进一步推动了各种交通要素的资源整合和高效运转，一批具有多式联运组织和服务功能的枢纽基地相继投入使用，公铁联运、公空联运、水公铁联运及管公铁联运等多式联运网络的新模式逐步推广。

中俄贸易西通道经济走廊多式联运新模式的研究项目，为克拉玛依与千万吨级农副产品及粮食富裕、百万吨级食品与农用物资、亿万吨级石油与石化产品、百万吨级电子机械产品、高速迭代发展的高科技创新创业知识库等资源互联互通提供理论与实践的支撑。

目前，已完成中俄贸易西通道经济走廊克拉玛依多式联运中心工程示范方案的设计，2019年项目示范实施后总运输量已达到百万吨级，克拉玛依与俄罗斯及哈萨克斯坦国之间新增物流量15365吨，其中哈萨克斯坦牛羊肉2360吨、俄罗斯新西伯利亚冰淇淋19吨、精粉269吨、库车小白杏600吨、新西伯利亚地区木材35万立方米；2020年因受疫情影响新增物流量2721吨，木材2500立方米。约完成项目承诺任务的85%左右。在上海第二届、第三届进口博览会上的项目报告，促使克拉玛依市与新西伯利亚市、鄂木斯克市、托木斯克市、哈萨克斯坦东哈萨克斯坦州友好城市协议的签订，也延伸和衍生出许多优质项目。

通过中俄贸易西通道经济走廊多式联运新模式示范工程的实施，促进中国克拉玛依充分利用独特的区位优势，深化与俄罗斯新西伯利亚地区、中西亚、欧洲各国的交流合作，形成丝绸之路经济带上重要的交通枢纽和商贸物流中心，打造上海合作组织区域协同发展的多式联运示范典型。

5.2 项目简介

5.2.1 项目名称

中俄贸易西通道经济走廊——克拉玛依市多式联运示范工程

5.2.2 实施主体

克拉玛依航空机场（简称：空或临空）
克拉玛依海关监管仓（简称：保税物流园或综保区）
克拉玛依铁路货运站物流园（简称：铁路货运或火车站）
克拉玛依景明对外贸易有限公司（简称：景明）
克拉玛依易路商贸有限公司（简称：易路）
新疆石油管理局物资供应公司（简称：石油物资）

克拉玛依景明对外贸易有限公司为本多式联运新模式的应用示范项目牵头单位，负责项目的总体统筹示范联运通道、示范线路组织推进、主体站场建设、多式联运数据数字平台搭建以及设备更新购置等。

克拉玛依航空机场、克拉玛依海关监管仓（拟建保税物流园或综保区）、克拉玛依铁路货运站物流园、克拉玛依易路商贸有限公司、新疆石油管理局物资供应公司作为重要的联盟参与单位，主要负责公铁水空管等运输组织、场站操作及货源支持、数字信息平台建设及综合服务网络建设等。

5.2.3 依托通道

本项目主要依托"两主两拓展X形"通道，其中，"两主"分别是指：一是"西北进"将克拉玛依—阿拉山口岸（霍尔果斯）—俄罗斯为主攻方向；二是"东南联"将克拉玛依—中欧班列线路作为主攻方向。"两拓展"分别是指：一是将克拉玛依—吉木乃口岸—哈萨克斯坦、蒙古国及中亚国家或地区作为拓展方向；二是"东联"将西北能源物资向农副产品、机械电子、文化旅游及技术创新等协同发展作为拓展方向。依托通道的核心支撑城市为克拉玛依市。

5.3　项目核心优势

区位交通优势。克拉玛依市是新亚欧大陆桥从中国西部入境的第一个编组站所在地，被称为"欧亚通衢第一埠"，扇形辐射阿拉山口、霍尔果斯、巴克图、吉木乃等新疆西北部所有边境口岸，是连接中亚各国，通达西亚、欧洲的便捷要道。地处天山北坡经济带城市群，是新疆经济发展的北疆区域中心城市，与博乐、阿勒泰、塔城、伊犁、昌吉等地理中心等位，形成了以西以北30万平方公里的经济辐射区。同时，克拉玛依是新疆重要的综合交通枢纽，克拉玛依市具有新疆进出疆北线"东联西出，西引东进"和连接南北疆的突出地缘优势。

资源优势。克拉玛依的独山子区所在的奎—独—乌"金三角"地区是新疆一、二、三产业比较发达和集中的区域，拥有优越的自然条件以及丰富的农业、矿产资源。该地区不仅是新疆主要农牧区和粮油棉基地，盛产小麦、玉米、优质棉花等农副产品，还跨重要的西天山成矿区，具有较为丰富的矿产资源和较突出的资源开发优势。奎屯市作为"金三角"区域中心、商贸物流和金融服务业中心，为石化加工基地——独山子和农副产品生产加工基地——乌苏提供高端公共服务，为独山子—奎屯经济技术开发区发展开辟了广阔的前景。同时，克拉玛依市充分发挥辐射新疆北部边境口岸对外开放桥头堡的作用，与毗邻的独山子、乌苏资源互动，生产要素聚集，产业发展互为补充。

基础设施及联运设备优势。克拉玛依市物流基础设施优势显著，物流园区多式联运作业场站区域完整、设施完备，联运中心各个作业场站之间已形成成熟道路运输网络相连接，促进各作业场站资源共享。其中，本项目打造联运中心铁路专用线共计6条，有效长度均为850米，可满足火车整列进入、整列牵出的装卸和调车作业需求。此外，联运中心的各个作业场站拥有散料集装箱翻箱提升机、全自动散料传送系统、双车翻车机、皮带输送机等快速装卸设备,以及龙门吊、正面吊、叉车、托盘等各类转运设备。丰富的铁路专用线和联运场站设施设备资源为本项目的开展节约了物流成本,提升了运作效率。

国际合作优势。为进一步巩固并发展对外双边关系,克拉玛依市已与俄罗斯的鄂木斯克市、托木斯克市和新西伯利亚市建立友好城市,与阿尔泰边疆共和国和哈萨克斯坦东哈萨克斯坦州及地区共建友好关系,进一步促进克拉玛依市与俄罗斯及中西亚国家人民之间的经济贸易往来,不断深化交流合作。

5.4　项目必要性、创新性及示范性

5.4.1　必要性

发挥克拉玛依区位和交通优势,更好的服务"一带一路"倡议。克拉玛依市是新疆综合经济开发带上重点发展城市和对外开放城市,是新亚欧大陆桥主通道中国段最西端的城市,建有中亚进入我国的第一个铁路编组站,具有"东联西出,西引东进"的突出地缘优势。本示范工程的实施将有助于克拉玛依积极主动实行开放战略,全面提升开放型经济水平,发挥克拉玛依独特的区位优势和向西开放桥头堡作用,打通向西便捷通道,深化与中亚、西亚、欧洲等国家交流合作,形成丝绸之路经济带上重要的交通枢纽及商贸物流中心,更好地服务"一带一路"倡议,助推全疆对外开放。

推动疆内区域经济协调发展,加强与内陆地区跨区域协同联动。克拉玛依市是新疆西部大开发"一主两翼三带"战略重点发展的北疆区域性中心城市。作为新疆重要经济核心区之一,克拉玛依市将建设成为仅次于乌鲁木齐的北疆区域中心城市。克拉玛依市是新疆主要的能源和石油石化基地,奎独乌"金三角"区域是新疆重要的石化基地和北疆重要的交通枢纽。克拉玛依市重点发展多式联运,将打破过度依赖公路运输壁垒,通过打造高效多式联运系统,促进疆内及新疆与内陆地区经贸往来,特别是统筹与沿海地区业务

联动，对于推动疆内区域经济协调发展，与内陆地区跨区域协同联动具有不可或缺的作用。

加快商贸物流产业布局调整，推动供给侧结构性改革。克拉玛依市已经成为天山北坡经济带上拥有国家高新技术经济开发区、国家创新试验区、碳汇生态环境示范城市等荣誉称号的城市，克拉玛依市已经形成了物流、石油化工、石油石化设备制造、机械制造、光伏、农副产品及食品六大主导产业。作为国家重要的能源基地以及商贸物流中心，本示范工程的实施将加快克拉玛依公铁联运中心及综保区的建设进度，作为天山北坡经济带的重要增长极，克拉玛依市应以打造高效联运平台及现代物流服务体系为抓手，大力发展现代物流业，为进出口、进出疆货物提供高效优质的运输服务，构建新的产业格局，加快产业结构调整，促进供给侧结构性改革。

5.4.2 创新性

本项目的创新性体现在合作机制创新和资源整合及功能集成创新两方面。

合作机制创新。本项目具有对外多边、对内多元的合作机制创新。对外合作方面，克拉玛依市已与俄罗斯的鄂木斯克市、托木斯克市、新西伯利亚市和阿尔泰边疆共和国建立友好城市及地区、与哈萨克斯坦东哈萨克斯坦州共建友好关系，进一步促进克拉玛依市与俄罗斯及中西亚国家人民之间的经济贸易往来，并通过以上方式进一步促进与各国经贸往来，开通克拉玛依至哈萨克斯坦、乌兹别克斯坦、塔吉克斯坦、吉尔吉斯斯坦、土库曼斯坦、格鲁吉亚、俄罗斯、阿富汗等中西亚、欧洲国家，有力推动了中国产品走出去、国外产品走进来的多边交流窗口建设工作。对内合作方面，克拉玛依市人民政府分别与上海市人民政府、上海港集团有限公司签订合作框架协议，克拉玛依保税物流仓与东保税物流中心签订战略合作框架协议，充分发挥亚欧陆路交通枢纽重要节点优势，加强与内地城市及企业贸易合作，与其他保税物流仓深化快捷转关、通关便利方面合作，加深东中西部地区相互融合，进一步拓展双方在货源市场开发方面的深入合作，实现互联互通，积极将克拉玛依打造成为"丝绸之路核心区"的前沿陆路港。

资源整合及功能集成创新。本项目以克拉玛依机场、克拉玛依铁路货运站、克拉玛依海关监管仓（锦泰）物流园、新疆石油管理局物资供应公司物流园、纳赤物流园以及景明和易路公司为拟建的多式联运中心合作，打造了非集中式的联运作业平台。其中，中俄国际货运班列以保税物流仓为主要公铁联运作业基地，各联运作业场站作为集货平台以及货物集散作业场站，通过公路运输将货物集结至保税物流仓，待海关报关、检验检疫等流程完成后，由铁路专用线运至编组站，进行编组操作，最终由阿拉山口（霍尔果斯、吉木乃）口岸出境；而进出疆货运班列则以新疆石油管理局物资供应公司物流园、纳赤物流园以及景明和易路公司基地为主要作业场站，这些场站既是公铁联运的主要作业场站，又是进出疆货物集散、分拨基地。目前，联运作业场站之间的道路已联通形成闭环，并将各场站连接至克阿高速、G217线等主要公路。

本项目建设的非集中式联运作业平台通过物理及业务逻辑将联运作业场站连接，整合货物、运输等各类资源。各个联运场站任务分工明确，且各有侧重，最终形成了多点作业、高效协同的公铁联运中心。

5.4.3 示范性

本项目具有领先的国际合作和先进的组织管理模式，对内路开放高地和沿边开放高地的城市开展国际合作具有典型示范性。

国际合作示范。亚欧大陆东面是活跃的东亚经济圈，西面是发达的欧洲经济圈，中间广大腹地具有巨大的经济发展潜力，特别是"一带一路"沿线国家资源丰富，经济互补，合作空间广阔。克拉玛依市以文化交流为切入点，与中西亚国家城市建立友好关系，在巩固双边关系的同时，促进双方经贸往来，以中欧班列为抓手，深化我国与"一带一路"沿线国家经贸合作，并在此基础上，构建高效的中俄贸易西通道经济走廊的国际多式联运新体系。

本项目与"一带一路"沿线国家城市开展结对子工程是具有战略性的多元化合作模式，为搭建多式联运网络打下了坚实的合作基础。为了支撑克拉玛依保税物流仓向综合保税区转型升级，下一步，克拉玛依将着力构建海关检疫、商贸融合，拓展海外市场，在俄罗斯、中西亚、欧洲国家投资产业基地、海外仓。

组织管理模式示范。克拉玛依市政府为加快建设多式联运体系，在税收、用地、投融资方面给予大力支持，并委托景明、易路等公司作为常设机构负责多式联运示范工程实施方案的具体落实工作，以建立非集中式的多式联运平台为抓手，联合等当地大型物流商贸企业和平台企业为实施主体，目前形成了多方协同的格局，通过市场化运作，整合优化克拉玛依当地物流资源，有效提升多式联运组织效率。

本项目以"政府推动，政策引领，多方协调，市场化运作"为组织管理模式，能够有效地推动中俄贸易西通道国际班列及进出疆班列的资源聚集，显著提高了多式联运组织效率，具有较好的示范效应。

5.5 项目总体思路及发展目标

5.5.1 总体思路

本项目总体思路是打造以克拉玛依为窗口和开放服务基地的双向开放、沿边和内陆协同的"中俄贸易西通道经济走廊"高效多式联运服务网络，不断提高多式联运新模式的供给效率和质量，促进产业结构调整升级，更好的服务和支撑国家"一带一路"倡议实施。构成了"两主两拓展 N 节点"的空间结构，其中，"两主"分别是指："西北进"将克拉玛依—阿拉山口岸（霍尔果斯）—俄罗斯为主攻方向；"东南联"将克拉玛依—中欧班列线路作为主攻方向。"两拓展"分别是指："西进"将克拉玛依—吉木乃口岸—哈萨克斯坦、蒙古国及中亚国家或地区作为拓展方向；"东联"将西北能源物资同农副产品、机械电子、文化旅游及技术创新等协同发展作为拓展方向。

5.5.2 发展目标

至项目启动三年行动计划末期，在自治区商务厅和克拉玛依市政府的关怀指导下，在参与示范工程建设的实施主体企业的共同努力下，基本建成"衔接顺畅、资源集约、组织高效、运行常态"的公铁联运体系，基本形成部门协同、上下联动的多式联运运行管理机制，公铁联运跨境班列和内陆特色物资的货物集聚和辐射效应得以充分发挥，公铁联运通道物流效率明显提升、成本显著下降，克拉玛依市和新疆维族自治区支撑国家"一带一路"倡议实施的能力大幅增强。

贯通东联西出的多式联运物流大通道。紧紧围绕"一带一路"倡议、"西部大开发"战略，以中国—俄罗斯—中西亚经济走廊和新亚欧大陆桥经济走廊建设为契机，发挥克拉玛依市正在形成的交通和区位优势，以保税物流仓为龙头，以信息互联为依托，加强组织创新和模式创新，强化克拉玛依与俄罗斯、中西亚和内陆地区国际物流节点合作，贯通东联西出的多式联运物流大通道。

示范工程带来运量增长、效益提升。2020 年，克拉玛依公铁联运量预计达到 10 万 TEU，铁路集装箱占比达到 20% 左右。示范线路的运输效率明显提升，降本增效效果明显。采用公铁联运模式比传统公路运输模式将减少 15%~20% 的费用，从而有效降低物流运输成本；采用自动化装卸转运设备的应用，总体实现综合成本能够有效降低 50% 左右。示范线路上集装箱运输的安全性、便捷性、精细化水平显著提高，形成品牌化的多式联运示范线路。

5.6　项目框架

依托克拉玛依的交通和区位优势，以中国—中亚—西亚经济走廊和新亚欧大陆桥经济走廊建设为契机，构筑"一带一路"向西开放桥头堡，打造我国西行国际班列集结整合中心和出疆特色物资多式联运转运中心。结合当前的市场特点和克拉玛依自身优势，示范期内，项目将形成"1+2+4+N"多式联运整体组织方案。"1+2+4+N"即"一平台、两产品、四场站、N 个支撑点"。

"一平台"是指打造一个综合服务基地－集保税物流、国际贸易、物流交易、联运组织、中转分拨、仓储集货、区域配送、信息服务、金融配套为一体的现代化、综合性多式联运服务平台。

"两产品"分别是指：一是以中亚五国为重点，向西延伸至俄罗斯、德国等亚欧区域的高效便捷国际联运服务体系，示范期内重点推进与中亚五国中心城市的跨境联运服务；二是推动新疆与陇海和北部出海通道沿线枢纽城市的联运发展，示范期内重点推进与郑州、武汉和徐州、天津四个枢纽城市间的联运合作，以公铁联运为主体，提升新疆沿边地区和天山北坡经济带与我国内陆发达地区的便捷联通，改变既有以公路运输为主、物流成本居高不下的疆地物流格局。

"四场站"是指实施四点联动集成，充分利用好保税物流仓、机场、铁路货运站、供应物流园区站场设施资源和集货配送服务功能，加强设施联通和业务协同，统一服务标准和品牌建设，优化作业流程，提升资源整合和中转作业效率。

"N支点"是指推动多点合作协同，创新合作模式，不断深化与俄罗斯新西伯利亚地区、中亚五国中心城市和我国内地中心城市的联动发展，以联盟城市、帮扶城市、友好城市等方式，推动克拉玛依与一带一路沿线、沿海港口城市的联盟合作。示范期内将以保税物流仓为依托，在既有合作基础上实施"保税物流＋多式联运"模式，加快克拉玛依与上海、西安、成都、青岛、广州和天津港联运班列开行，打造联运精品线路。

5.7 项目运输网络结构

依托克拉玛依中国石油集团物资供应公司的公铁管多式联运集结中心（铁路货运站），打造中俄贸易西通道国际货运班列（中欧班列）多式联运新模式：建设中俄贸易西通道经济走廊多式联运新模式运行平台，由景明、易路等公司联合各园区企业组织货源，公路集散至锦泰、物资供应公司、铁路货运站及机场等联运作业场站，再由公路运输至拟建综合保税物流园区和公铁空水管多式联运中心，最终通过铁路、航空等运输至克拉玛依站进行编组，并发运至俄罗斯（新西伯利亚、鄂木斯克）、中西亚、欧洲地区、国内各省市及东南亚各国。多式联运综合交通运输网络结构示意图如图 5-1 所示。

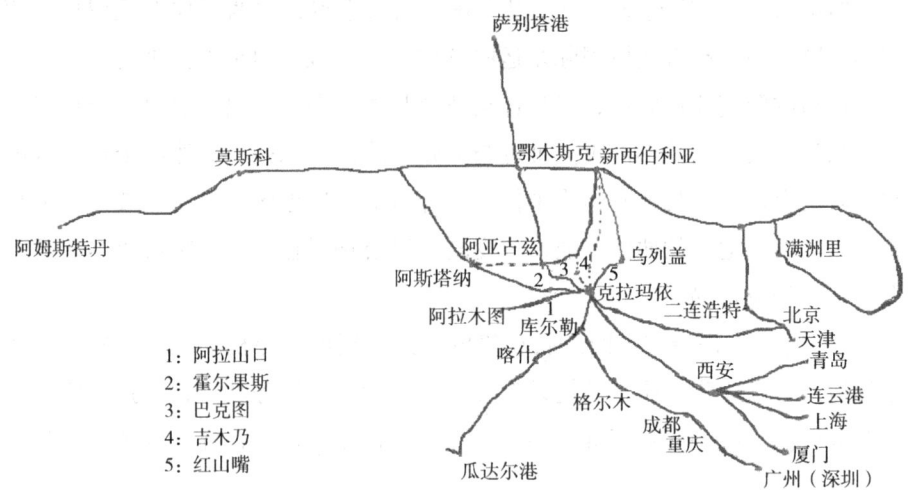

图 5-1 多式联运综合交通运输网络结构示意图

依托联运集结集散中心，打造国际国内"双循环"特色物资国际公铁水空管的 5 种联运新模式：

1. 水公铁新模式，萨别塔港（俄罗斯）—鄂木斯克（俄罗斯）—斋桑泊（哈萨克斯坦）—吉木乃口岸（中国）—克拉玛依（中国）—乌鲁木齐（中国）—西安（中国）—上海（广州）；

2. 公空公新模式，新西伯利亚市周边（俄罗斯）—新西伯利亚机场（鄂木斯克或托木斯克）—克拉玛依机场（中国）—克拉玛依周边（中国）；

3. 铁公铁新模式，新亚欧大陆桥（中国）—乌鲁木齐（中国）—克拉玛依（中国）—吉木乃（阿拉山口或霍尔果斯）（中国）—阿亚古兹（哈萨克斯坦）—阿斯塔纳（哈萨克斯坦）—新西伯利亚大陆桥（俄罗斯）；

4. 管公铁新模式，哈萨克斯坦（或土库曼斯坦）—阿拉山口（霍尔果斯）—克拉玛依—乌鲁木齐；

5. 铁公空新模式，新西伯利亚—鄂木斯克—阿亚古兹—吉木乃—克拉玛依—乌鲁木齐—库尔勒—格尔木—成都—重庆。由景明、易路、物资供应作为货源组织方，将俄罗斯、哈萨克斯坦、蒙古国等国家的农副产品、木材、化工产品及矿产品等集结到克拉玛依多式联运中心,克拉玛依周边区域的棉粮油等特色物资公路集结至联运作业场站,通过铁路运输至克拉玛依站进行集拼集散,并发运至西安、上海、广州、北京及成都等内陆地区。如图 5-1 所示。

5.8 项目基础条件

5.8.1 交通条件

克拉玛依是新疆西北疆重要的综合性交通枢纽,交通运输网络横贯东西,通南达北。铁路方面,北疆铁路、准格尔铁路环线及北线铁路可出入境,克拉玛依铁路与北疆铁路的克塔、克阿、克准等在此交汇,是中俄、中欧及中亚国际物流大通道上的重要节点,年货物吞吐量 1000 万吨左右。公路方面,连霍高速贯穿克拉玛依独山子通达东西,乌奎克高速公路衔接南北,国道 217 和独库公路穿越天山,是连接南北疆的主要交通要道,使克拉玛依成为东至乌鲁木齐,南至库车、阿克苏,西至伊犁、博乐,北至阿勒泰及塔城的交通枢纽中心。航空方面,克拉玛依—新西伯利亚航空线开行、跨境电商货运口岸建成,克拉玛依临空经济区及物流枢纽建成后,交通枢纽地位将得到进一步巩固和提升。管道方面,中国油气进口管线均与克拉玛依斯两大炼化产业园区相通,形成有效的管道网络,并与国内的网络畅通连接,可直达国内的各大城市。近水方面,中俄贸易西通道经济走廊多式联运的新模式是水公铁空联运,额尔齐斯河的水运和公路运输与铁路运输接驳,形成中国新疆与俄罗斯、哈萨克斯坦的国际多式联运物流通道,富有极强的物流低成本竞争力和地缘产业融合优势。克拉玛依市坐拥"三高""三铁""三管"和"双国道",初步形成了铁路、公路、航空、管道和近水联运在内的四通八达的立体综合交通运输体系。克拉玛依的中欧货运交通结构以及其与周边的交通结构示意如图 5-2、图 5-3 所示。

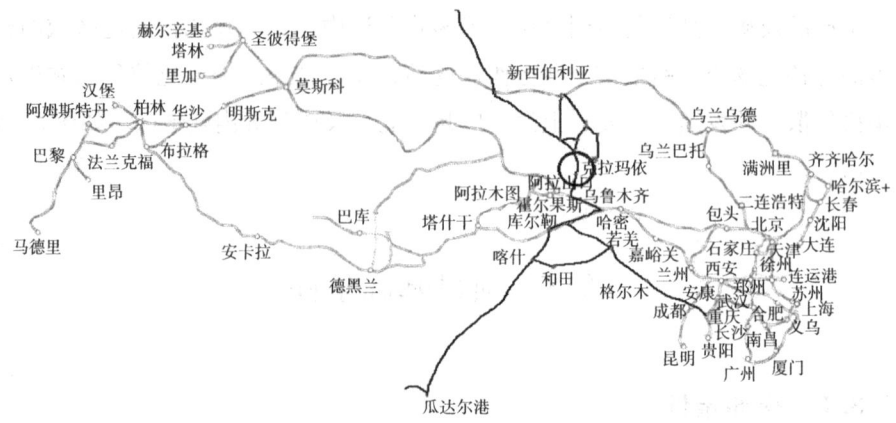

图 5-2 克拉玛依的中欧货运交通结构示意图

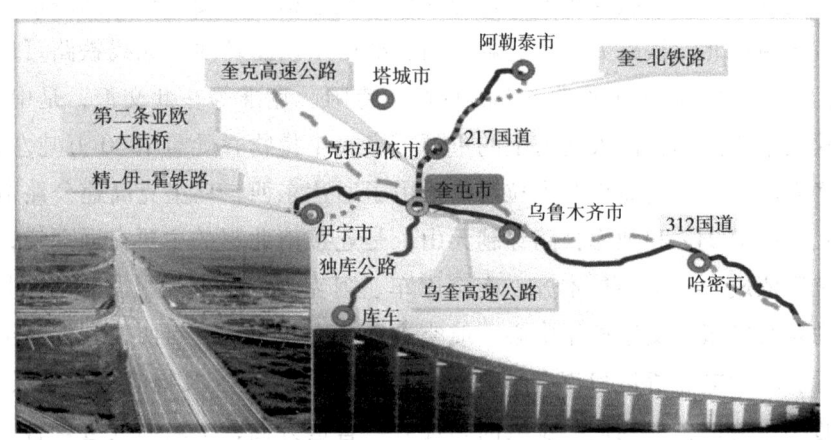

图 5-3 克拉玛依与周边交通示意图

5.8.2 对外合作基础

世界经济一体化与逆全球化摩擦叠加,新冠肺炎疫情下中国"双循环"发展及"六稳""六保"政策使中国经济行稳致远,从世界历史的经验看开放程度在一定意义上决定着国家经济发展的程度。中国是世界第二大经济体,中国市场规模居全球第二,外汇储备居全球第一,有很多具备技术优势的产业,基础设施建设经验丰富,中国完全有能力为包括中亚五国在内的丝绸之路沿线国家创造新的发展机遇。

从经济合作上看,中国与俄罗斯、中亚等国家有着共同的利益。双方在资源构成、产业结构和工农业产品及市场供给等方面互补性很强,活跃的商品交易和服务贸易将使双方贸易规模持续扩大,利于实现两国领导达成的中俄贸易额 2000 亿美元的目标;从而带动各国产品生产和服务的发展,提高就业水平。例如,俄罗斯、中亚及蒙古国家具有丰富的农副产品、木材、油气、矿产等资源和廉价的劳动力,而中国是最理想的市场,双方土地接壤也为产品运输提供了便利条件。自习近平主席提出"丝绸之路经济带"倡议后,俄罗斯、中亚及蒙古国不仅变成连接亚太和欧洲地区的便捷通道,还为拓展与外界的联系、扩大国际合作带来可能。2019 年,新疆外贸出口 1144.7 亿元人民币,同比增长 24%;进口 347 亿元,同比增长 62%。主要出口机电产品、服装及衣着附件、鞋类等商品,进口天然气、农产品、机电产品等。从贸易伙伴看,贸易对象呈现出多元化发展势头。新疆与中亚五国外贸进出口总额如下图所示,其中,哈萨克斯坦仍然稳居中国新疆第一大贸易伙伴地位,新疆对哈萨克斯坦进出口 676.4 亿元,增长 31.2%,占新疆进出口总值的 45.3%。吉尔吉斯斯坦和俄罗斯分别以 218.2 亿元、89.7 亿元位列二、三位。对美国进出口增长迅速,同比增长 38.1%,增幅显著。

目前,中国已成为俄罗斯、哈萨克斯坦、土库曼斯坦的第一大贸易伙伴,乌兹别克斯坦、吉尔吉斯斯坦的第二大贸易伙伴。中国与中亚密切的经济联系为中亚参与实施"一带一路"提供了现实支撑。随着国家"一带一路"倡议的实施,我国与沿线国家的贸易活动持续增长,与沿线国家贸易往来进一步深化,将对新疆地区甚至我国开放型经济发展起到积极的推动作用。

克拉玛依市地处"中俄贸易西通道经济走廊"和"新亚欧大陆桥经济走廊"的交汇区,有向北连通中俄贸易西通道经济走廊与向南畅通中巴经济走廊的便捷性交通区位优势。目前,克拉玛依对外合作情况如图 5-4 所示。《克拉玛依国际物流业发展战略规划》显示,2019 年,克拉玛依市外贸进出口总额可达 7029.1 万美元,其中,出口 4855.2 万美元;进口 2173.9 万美元。

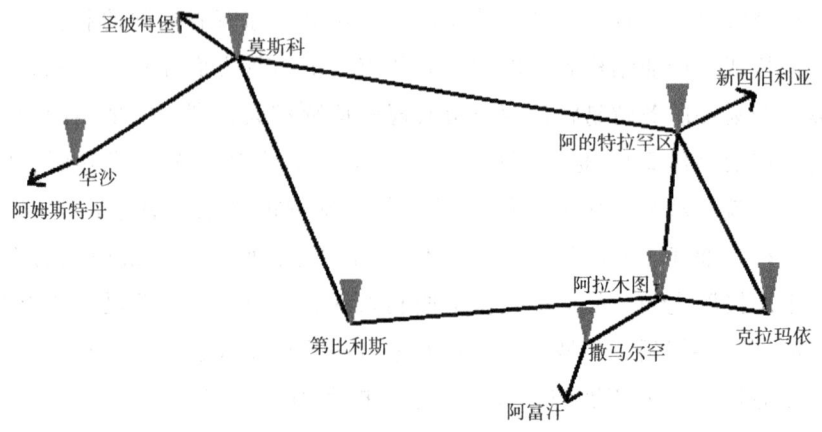

图 5-4 克拉玛依对外合作图

2019年中俄贸易西通道经济走廊多式联运新模式的示范，克拉玛依市主要进出口产品更加多样化，进口产品主要为食品、木材、石油天然气、精矿粉、肉类、成套设备，出口产品主要为润滑油、钢材、百货、农机电子机械、石化产品及机械、鞋帽等，全年新增大宗货物量5965吨，木材15万立方米，肉类1.5万吨，冰激淋19吨等；克拉玛依—新西伯利亚跨境航线开通，实现了中俄贸易西通道经济走廊跨境电商文旅物流航空多式联运新模式的突破，跨境人员增12600人次，航空货运增673吨。

5.8.3 货源基础

克拉玛依市是自治区北疆区域商贸物流中心城市、国家航空口岸和全国能源储备、生产与物流大通道、数字油田建设示范基地，拥有海关进出口监管库，已形成番茄酱、蜂蜜、油葵仁、肉类等产品进出口加工基地。目前克拉玛依市已形成五个物流聚集圈，进驻各类物流企业184家，形成服装、家电、家具、建材、农资、农副产品、汽车、机电、通信器材、成品油、煤炭、工程机械、药品等各类专业市场16个，其中北疆最大的大型批发市场5个，年商品销售总额达11亿多元，初步形成现代物流业的市场体系框架。

根据《克拉玛依国际物流业发展战略规划》内容，克拉玛依市将重点建设农产品进出口加工集散地、交易集散中心以及纺织品出口集散地等。农产品进出口加工集散地以蜂蜜、葵仁、番茄酱三大特色农产品出口加工基地为依托，充分发挥克拉玛依市地理区位及商贸物流优势，聚集周边地区优质果蔬、干鲜水果、制糖、乳制品等，通过进口周边国家绿色食品，发展特色农业加工，建立农产品加工基地、构筑产业发展集群，努力把克拉玛依打造成区域性农产品进出口加工集散地。交易集散中心依托商贸物流优势及电子商务平台，发展以能源、矿产、农副产品、食品等为主的原材料交易集散中心。交易集散中心以克拉玛依高新经济技术开发区为载体，引进周边国家油气资源，重点打造以能源化工为主的原材料交易中心，发展石油化工、精细化工等产业，建立异丁烯、聚氨酯、橡胶等新材料出口基地；以克拉玛依多式联运中心为载体，整合周边国家和地区优质物资资源，重点打造北疆优质农副产品交易中心，发展电子期货交易与仓储交割为一体的交割中心；加快建设能源石化物流港、能源石化设备仓储物流配送基地的建设，重点打造以新型能源石化、能源石化大数据中心等为主的交易中心，鼓励与周边国家市场展开区域合作。能源石化品出口集散地依托能源石化园区、仓储、交易等优势，培育国际龙头企业，打造全疆石油机械电子产品出口集散地。农副产品出口集散地承接内陆农副产品产业转移，引进并培育行业龙头企业，优先支持其发展，并引领中小企业差异化发展；以周边国家市场需求为导向，与当地农行科技园开展合作，发展个性化、创意化、规模化农副产品冷链物流供应链产业，打造农副产品品牌，树立品牌形象，提升产品质量，建设农副产品出口集散地，带动兴起农副产品加工产业集群的新模式。

克拉玛依作为丝绸之路经济带核心区上将新形成的重要能源矿产、农副产品冷链物流综合交通物流枢纽节点，具有承东启西、南北协同互补的重要作用，主要为东（我国中西部地区及东南沿海地区）西（俄罗斯、中西亚及欧洲地区）方之间的商贸物流服务。因此，克拉玛依担任进出口的重要节点，货源稳定而充足。

5.9 多式联运节点

多式联运节点工程主要为承接的千亿元产业集群分别是环烷基原油生产

炼油特色产品及碳基新材料产业集群、油气业务及高端装备智能制造产业集群、以中北亚生物质资源为基础的生物基化工产业集群服务。一是围绕"环烷基原油生产炼油特色产品及碳基新材料产业集群",我们以克石化为龙头,延伸石油石化下游产业链,深化高端润滑油、碳基材料、重质油制烯烃产业链研究,为特色产业发展打牢基础。二是围绕"油气业务及高端装备智能制造产业集群",我们以新疆油田分公司为核心,大力开展油气技术服务和高端装备智能制造产业,引导企业重点发展提高钻井速度、增加采收率相关技术装备,拟打造立足克拉玛依,辐射中北亚的应用型开发机构——高端能源装备卓越中心。三是围绕"以中北亚生物质资源为基础的生物基化工产业集群",我们将大力推进综合保税物流园区的落地,确保白碱滩区(克拉玛依高新区)生物基化工产业集群原料进口得到保障,并计划发展以生物质资源为原料,生产乙醇、戊二胺、长链二元酸等产品。

5.9.1 多式联运业务的有益探索

签订与俄罗斯、中亚国家合作协议,深度融入"一带一路"倡议。目前开通了新西伯利亚航班、鄂木斯克木材班列、托木斯克农副产品多式联运货运专列,办理了哈萨克斯坦原油进口业务和2.5万吨牛羊肉进口合同,以及与哈萨克斯坦达成了进口50万吨精矿粉的合作协议,景明和易路进出口贸易公司多次从格鲁吉亚进口红酒,计100万瓶等。通过这一系列合作,为克拉玛依市开展跨境西行班列运输工作、开展进出口贸易营造了良好的政策环境和市场环境。

依托保税物流中心,多个跨境西行国际货运班列运行。克拉玛依火车站是第二条亚欧大陆桥从俄罗斯、哈萨克斯坦等国货物入境中国西部的第一个编组站,也是出境的最后一个编组站,有着得天独厚的区位优势。为打开通往俄罗斯、哈萨克斯坦等中亚及欧洲各国的货运通道,克拉玛依开通了开往俄罗斯新西伯利亚、鄂木斯克、托木斯克等城市的中俄贸易西通道经济走廊多式联运的国际货运班列。已基本形成铁路部门、地方政府、海关和检验检疫部门密切合作,实行"属地申报、口岸验放"模式,进出口货物在克拉玛依海关监管库(锦泰)中心实现"一次申报、一次查验、一次放行",通过阿拉山口（霍尔果斯）口岸换轮后直达目的地。沿途国家的铁路、关务部门都非常配合，高效通关、快速开行。中俄贸易西通道多式联运国际货运班列的开通，为国内企业打开一条运输时间短、经营成本低、市场竞争力强的面向俄罗斯及中亚的贸易新通道。搭建了中国东联西出、西引东进的重要新平台，对新疆乃至全国向西开放起到重要战略支撑作用。

实现国内多项战略合作，进一步开展多式联运。目前，克拉玛依海关监管库（锦泰）已分别与上海港集团、乌鲁木齐国际陆路港、阿拉山口综合保税物流园区、霍尔果斯保税物流中心、新疆中欧班列集结中心等签订了战略合作框架协议。此外，上海港集团在克拉玛依设立了"国际货物克拉玛依中转分拨基地"。

5.9.2 进出口及进出疆多式联运业务模式

目前的实际业务中已经在探索和应用多式联运的新模式开展运输组织，主要包括进出口业务及进出疆业务。

进出口业务。根据克拉玛依商务局统计，2019年，克拉玛依到俄罗斯发运货物可达32689吨，主要发运货物为农机设备、化工设备、服装、建材、小家电等；克拉玛依到哈萨克斯坦班列发运货物可达117850吨，主要货类为石油机械、配件及添加剂等；克拉玛依到塔吉克斯坦班列发运货物可达3224吨，主要货类为油井设备、钢铁结构和采油机械；克拉玛依到乌兹别克斯坦货物约353吨，主要货类为工业零配件；克拉玛依到土库曼斯坦班列发运货物约26吨，主要货类为真空制砖机。根据以上货运情况，加上零担运输的货运量，2019年从克拉玛依进出口的货运量可达15万吨（比2018年大宗货运量净增6231吨、木材5万立方米、冰激凌19吨），货值达7029.1万美元。这些进出口货物部分是由内陆地区铁路运输至克拉玛依，部分是疆内地区公路集散至克拉玛依，在克拉玛依集结后，发运铁路班列至俄罗斯、中亚及欧洲地区。

进出疆业务。本项目在石油石化产品、农副产品及粮油等新疆特色大宗商品出疆和石油石化设备、机械电子、建材、化肥、调节剂等大类产品进疆等多式联运业务方面具有一定业务基础，主要体现在：一是石油石化产品多式联运。石油石化类货物由疆内主产区公路运至克拉玛依，在克拉玛依集结后通过铁路、管道发往上海、广州、成都、青岛、西安等地，属于公铁联运业务或公管公联运业务。二是农副产品多式联运。特色农副产品由俄罗斯或中亚各国及新疆区内主产区加工后公路运至克拉玛依，在克拉玛依集结后通过铁路发往全国各地。三是机械电子建材等多式联运。日韩及东南亚的机械电子、建材及服饰等产品海运至上海港、青岛港、连云港等集结，在港集散，通过中欧班列运至俄罗斯、中亚至欧洲国家，累计出口 2 万余吨，属于公铁海联运业务。四是粮食多式联运。粮食类货物，如玉米、小麦等，由疆内粮食作物主产区公路运至克拉玛依，在克拉玛依集结后通过铁路运输至成都、重庆等地，属于公铁联运业务。

5.9.3 通道情况

本项目主要依托"两主两拓展 X 形"通道，其中两条主通道分别是中国—俄罗斯贸易西通道经济走廊和陆桥物流大通道，两条拓展通道分别是中巴经济走廊、新亚欧大陆桥经济走廊及西北能源外运及出海物流大通道，两主两拓展——四条通道在地图上呈现 X 形，交叉点即为克拉玛依市。

中国—俄罗斯贸易西通道经济走廊（北向主通道）。从新疆克拉玛依出发，抵达俄罗斯的萨别塔港、莫斯科及新西伯利亚地区，主要中国通关口岸为阿拉山口（霍尔果斯、吉木乃、巴克图、红山嘴），涉及的国家包括中国、哈萨克斯坦、蒙古国等国家。

中国—中亚—西亚经济走廊（西向主通道）。从新疆克拉玛依出发，抵达波斯湾、地中海沿岸和阿拉伯半岛，主要涉及中亚五国、伊朗、土耳其等国。本项目在中国—中亚—西亚经济走廊上的主要支撑点包括哈萨克斯坦、吉尔吉斯斯坦、塔吉克斯坦、乌兹别克斯坦、土库曼斯坦、格鲁吉亚、阿富汗等国家。

新亚欧大陆桥经济走廊（西向拓展通道）。从新疆克拉玛依出发，到中哈边界的阿拉山口（霍尔果斯、吉木乃）口岸出国境，可经 3 条线路抵达荷兰的鹿特丹港，其中，中线与俄罗斯铁路友谊站接轨，进入俄罗斯铁路网，途经斯摩棱斯克、布列斯特、华沙、柏林至荷兰的鹿特丹港，全长 10900 公里，辐射世界 30 多个国家和地区。本项目在该通道上主要支撑点为德国、俄罗斯等国家城市。

陆桥物流大通道（东向主通道）。陆桥物流大通道东起连云港，西至新疆口岸（阿拉山口、霍尔果斯等），主要依托陆桥综合运输通道的公铁线路，强化我国陇海—兰新一线的跨地区货物交流，并承担"一带一路"陆桥国际运输保障功能。

西北能源外运及出海物流大通道（东向拓展通道）。西北能源外运及出海物流大通道东起天津，西至乌鲁木齐，沟通新疆沿边各口岸，主要依托西北北部综合运输通道及荣乌高速、朔黄铁路等线路，强化三西（陕西、山西、蒙西）、两东（宁东、陇东）地区资源能源外运和沿线地区间的货运联系。

5.9.4 场站设施条件

本示范项目所依托的站场设施主要包括克拉玛依机场、克拉玛依铁路货运站、克拉玛依海关监管仓（锦泰）、克拉玛依纳赤物流园、克拉玛依石油石化工业园区物流基地以及克拉玛依云游物流园。其中，目前，中俄贸易西通道多式联运中心的国际货运班列以克拉玛依海关监管仓（锦泰）为主要作业基地，充分发挥保税物流海关监管仓的保税功能和便捷化通关的优势。克拉玛依机场、克拉玛依铁路货运站、克拉玛依纳赤物流园、克拉玛依石油石化工业园区物流基地则作为多式联运货物的集结点和分拨中心，进行公铁空联运、公铁联运、铁公管联运、铁公转运作业。依托克拉玛依站编组功能进行内外贸联运业务的铁路编组作业。

在"引进来"的同时，克拉玛依市支持工程技术服务、石油化工等优势行业企业开拓海外市场"走出去"发展。市商务局、白碱滩区（克拉玛依高新区）商务局联合景明公司，在现有锦泰物流园保税仓和出口监管仓的基础上，安排专员赴俄罗斯、哈萨克斯坦等国进行城市推介，寻找进出口目标商品，与当地企业探讨合作模式。

克拉玛依机场。2019 年 1 月 9 日，由中国南方航空公司首执飞 CZ8176

航班载着105位乘客,从克拉玛依起飞,直达俄罗斯新西伯利亚市,标志着克拉玛依临空口岸的突破性发展,也将一座石油城与俄罗斯著名的工业、科学、文化中心新西伯利亚紧紧相连,一条空中俄经济走廊由此开启。

克拉玛依机场(Karamay Airport,IATA:KRY,ICAO:ZWKM),位于中国新疆维吾尔自治区克拉玛依市克拉玛依区白云四路55号,西北距克拉玛依市中心15千米,为中国国内4D级支线机场,国家对外开放的临时航空口岸。2006年4月10日,克拉玛依机场正式通航。

2020年1月9日,克拉玛依机场临时航空口岸正式启用。截至2019年9月,克拉玛依机场航站楼面积4849平方米,设2座登机廊桥;站坪设10个机位,其中2个C类机位,8个D类机位;有1条长2600米,宽45米的沥青跑道,可全重起降B757-200及以下机型。

2019年,克拉玛依机场共完成旅客吞吐量868285人次,同比增长47.0%,全国排名第115位;货邮吞吐量700.4吨,同比增长66.8%,全国排名第140位;飞机起降21473架次见表5-1。

克拉玛依机场航空口岸临时对外开放,是克拉玛依市贯彻落实自治区丝绸之路经济带核心区建设,服务国家总体外交、周边外交的具体举措和重要标志,对克拉玛依市建设北疆区域现代物流中心、北疆西部区域中心城市、新疆重要的航空枢纽城市、新疆商务旅游区、具有国际影响力的石油城市具有重要作用(《克拉玛依日报》评)。依据国际民航组织(ICAO)292号通告研究结果换算得出(旅客吞吐量按1:10的比例换算货邮吞吐量),2019年克拉玛依机场共推动中国经济增长约17.0亿元人民币,直接带动当地就业约3284人。

2018年11月3日,克拉玛依机场年旅客吞吐量首次突破50万人次,正式迈入中型机场行列。

表5-1　　　　克拉玛依机场年旅客吞吐量及货邮吞吐量

年份	旅客吞吐量(人次)	增速(%)	货邮吞吐量(吨)	增速(%)	飞机起降(架次)	增速(%)
2019	868285	47.0	700.4	66.8	21473	-28.0
2018	590497	51.5	419.9	49.2	29832	-30.8
2017	389677	43.0	281.4	33.4	43089	3.6

续表

年份	旅客吞吐量（人次）	增速（%）	货邮吞吐量（吨）	增速（%）	飞机起降（架次）	增速（%）
2016	272585	85.9	210.9	-19.5	41598	17.3
2015	146617	61.3	262.0	131.7	35454	13.6
2014	90880		113.0		31204	

克拉玛依景明对外贸易有限公司。克拉玛依景明对外贸易有限公司成立于2018年10月17日。克拉玛依白碱滩区政府依托景明公司在俄罗斯新西伯利亚、哈萨克斯坦阿拉木图两地搭建网状结构的信息中心，进出口石油石化产品。白碱滩区（克拉玛依高新区）还建立了中亚稳定的销售渠道和货源地，为克拉玛依外向型企业"走出去"提供外贸综合信息服务。我们以俄罗斯商品展销中心、哈国商品展示中心、公铁联运枢纽、石油装备再制造等洽谈项目为重点，提供项目落地的各种支持，同时鼓励园区现有工贸一体化企业产销分离，以服务贸易带动货物贸易。由于2020年突如其来的新冠肺炎疫情的影响，不可避免地影响了经济社会发展步伐。景明公司发挥国际供应能力的优势帮助克拉玛依做好复工复产工作。积极为企业寻找稳定的供货渠道，一是摸排辖区生产防疫物资的企业信息，在确保价格不上涨的前提下为辖区有需求的企业提供部分防疫物资；二是发挥白碱滩区（克拉玛依高新区）国企资源优势，通过各种渠道采购30万个医用口罩以及大量84消毒液等防疫物资，并迅速组织力量提供给辖区企业，解决防疫物资短缺问题。共计56吨。

克拉玛依景明对外贸易有限公司克拉玛依市白碱滩区财政局认缴金额：3000万（元）100%。景明公司控股着克拉玛依景明对外贸易有限公司西安克拉罗斯商贸合伙企业（有限合伙）及西安克拉罗斯商贸有限公司。景明公司联合多家公司拟规划建设"中俄贸易西通道经济走廊克拉玛依多式联运中心工程"

克拉玛依铁路货运站。克拉玛依北站位于新疆维吾尔自治区克拉玛依市克拉玛依区平南八路，为奎阿铁路上的一个铁路车站，离奎屯站158公里，始建于2007年，隶属中国铁路乌鲁木齐局集团有限公司管辖，现为四等站。克北站是新疆奎北铁路（奎屯—北屯）最大的货运编组站，是克石化公司铁路专用线的国铁接轨站。该工程2006年开始建设，2010年年初完成建设工作，是新疆2009年新建铁路中最长的一条铁路。克北站的正式投运结束了克拉玛依油田 1955 年开发建设以来 55 年没有铁路货运的历史,将降低克石化公司的运输成本,提高产品竞争力。承揽国内:零散、整车、零快、接取送达等物资配送服务。快运:国内 3~7 天到达。支持:粮食、石油、酒、工业机械、日用品、饮食品等 23 个品类提供配套物流服务,如图 5-5 所示。

该站是第二条亚欧大陆桥从中俄贸易西通道入境的第一个站,同时,也是奎北铁路与兰新铁路的接轨站。克拉玛依火车站共有 6 股道,年货物吞吐量 500 万吨,年编货能力 1200 万吨,日装车能力 100 辆,是北疆能源铁路货物运输中心站。具备规范的仓储设施,静态存储货物 70 万吨;建设有 2000 平方米封闭式库房 9 座,露天货场 100 余万平方米;仓库库容整齐,管理规范,消防、视频监控等设施齐全,有优越的铁路运输条件,建有 6 条电气化铁路专用线、单条专用线有效长度 850 米,可满足铁路"整列进入、整列牵出"的装卸和调车需要,专用线两侧建设有装卸站台 3 座,铁路专用线是乌鲁木齐铁路局指定的战略装车点。货位 500 余个,各类装卸设备 45 台,日接卸车皮 10 列,年货物吞吐量 500 万吨以上,一次性静态储存货物 50 万吨。

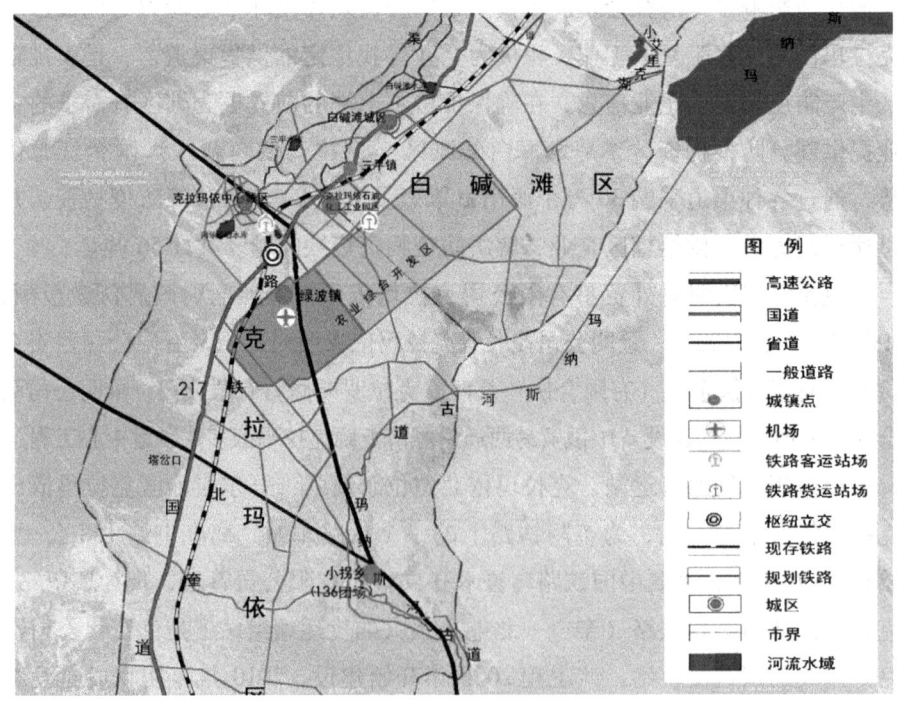

图 5-5　克拉玛依白碱滩火车站位置

克拉玛依海关监管仓（锦泰物流园）。克拉玛依保税物流中心是全国第25家、新疆唯一一家封关运营的B型保税物流中心。2013年8月8日由国家海关总署、财政部、税务总局、外汇管理局等四部委批准设立，2014年9月23日正式封关运营，具有保税仓储、出口退税、转口贸易、全球采购和国际分拨配送、流通性简单加工和增值服务等功能。中心总投资3.5亿元，占地面积1009亩，其中，海关特殊监管区占地面积509亩，包括封闭式保税仓库1.2万平方米，露天堆场27万平方米，配套的基础和监管设施等；配套服务区占地面积500亩，建有办公区、报关大厅等综合服务设施10000平方米。

克拉玛依锦泰国际物流股份有限公司于2012年9月26日在克拉玛依市工商局注册成立，注册资本为10000万元，公司始终为客户提供好的产品和技术支持、健全的售后服务，主要经营仓储、货物装卸、物流技术开发、技术及信息咨询服务、停车场服务；货物与技术的进出口业务；库房及场地租赁；道路货物运输；农副产品、石油制品、化工产品、化肥、建材、机械设备、五金交电、电子产品、钢材、粮油销售；交通管理金属标志及设施制造与销售；物业管理。克拉玛依保税物流仓由海关、国检等分支机构监管，并可供多家物流企业同时入驻。中心内架设电子监控摄像头、卡口设备、图像存储设备及电子围栏等信息化辅助管理设备，是海关实施监管的重要辅助手段。

克拉玛依易路商贸有限公司。克拉玛依易路商贸有限公司成立于2018年5月22日，注册地位于新疆克拉玛依市白碱滩区跨贸工厂18号楼三单元1号，法定代表人为张醉儒。经营范围包括农、林、牧产品、食品、饮料及烟草制品、纺织、服装及家庭用品、文化用品、体育用品及器材、矿产品、建材及化工产品、机械设备、五金产品及电子产品销售；机械设备租赁、文化及日用品出租；其他仓储业；会议及展览服务、科技中介服务。（依法须经批准的项目，经相关部门批准后方可开展经营活动）

新疆石油管理局有限公司物资供应公司。新疆石油管理局有限公司物资供应公司成立于1990年6月4日，注册地位于新疆克拉玛依市昆仑路41号，法定代表人为潘忠。经营范围包括道路普通货物运输、大型物件运输、铁路货物运输；装卸搬运；金属材料、金属制品、石油制品、化工产品（含复合肥等化肥）、五金产品、电子产品、建材、劳动防护用品、机械设备、农林牧产品（含玉米小麦、稻谷杂粮等粮食）、食品及饮料、纺织、服装及家庭用品、文化体育用品及器材、矿产品销售；烟草制品零售；进出口业务；贸易代理、招标代理；物资防腐；技术培训；废旧、再生物资收购及销售；木材加工、机械零配件加工；家具、金属制品、输配电及控制设备、阀门、高低压预装式变电站、减速器、门窗制造；技术检测；仓储业、租赁业；油田技术、软件和信息技术服务；电子秤过磅。(依法须经批准的项目，经相关部门批准后方可开展经营活动)

5.9.5 多式联运各节点建设

随着中俄贸易额 1000 亿美元目标的实现与 2000 亿美元贸易额的基本确定，中俄贸易通道的研究成为热点。中俄贸易三通道中西通道具有距离短、产业互补、运输通道互联互通等优势，但在中俄贸易额 1000 亿美元中占比很低。为此，需要深入研究其原因，通过中俄贸易西通道经济走廊新疆多式联运中心选址的研究，降低中俄贸易西通道的物流成本，提升中俄贸易西通道的贸易额，推动次区域经济合作发展。本书采用因次分析法进行多式联运中心选址，首先进行选位——核心城市，其次采用交叉中值法和精确重心法定位一城市的具体地址，最后根据物流总成本最小原则，对多式联运中心进行功能区划分，并给出多式联运中心布局建议方案。研究表明，克拉玛依市是核心城市节点的最优选择，以克拉玛依市为中心，依托公铁联运系统，解决贸易额占比问题。

2018 年中俄贸易额突破 1000 亿美元以及 2000 亿美元贸易额目标基本确定，中国与俄罗斯在经济方面一直有着很好的合作，贸易关系也在不断深入，为了更好地促进双方的经贸合作，减少贸易壁垒，中俄两国在经济领域内做出了良好的贸易政策，如"一带一路"倡议、2019 年 6 月签署的《中华人民共和国和俄罗斯联邦关于新时代全面战略协作伙伴关系的联合声明》。如今是中俄关系历史上最好阶段，两国应控制好这一阶段，以全方位互信为基础、"一带一盟"对接为依托、区域同步振兴为抓手的"次区域经济一体化"的地缘关系提质升级。

中俄贸易之间的交通运输通道可分为东、中、西三通道：东通道是指我国东北地区满洲里海关通往俄的通道；中通道是指我国内蒙古国二连浩特海关经蒙古国往俄的通道；西通道是指我国新疆地区所连接的中俄运输通道。现研究建设中俄贸易西通道经济走廊，推动次区域经济一体化合作发展，其核心区分东、中、西三线跨境物流通道。目前西线是连通的，可以进行贸易，路线为巴克图口岸（吉木乃口岸）—阿亚古兹（哈萨克斯坦）—巴尔瑙尔—新西伯利亚。本书以新疆同俄罗斯形成的西通道经济走廊为背景，研究新疆多式联运中心选址问题，推进西通道快速完备建设。

根据第4章的内容，克拉玛依市多式联运节点的最优位置坐标点大约在克拉玛依区平南五路与金龙大街东南方向附近。周围区域有石化工业园区、生产制造物流园、物资中心、配送中心等园区或工业企业，金龙大街和平南五路均为主干道公路，靠近铁路货运站，开展多式联运作业非常便利。

综合保税物流园。建议规划综合保税物流园总占地面积为1493亩，总建筑面积约100419平方米，主要功能区域划分为数据中心数字化系统平台、车辆服务区、零担配载区、综合办公区（海关检验区）、生活配套区、堆场服务区、普通仓储区、国际集装箱仓储区、国内集装箱作业区和公铁联运区九大功能区，全面完工后的设计生产能力为年作业量370万吨，总平面布置如图5-6所示。累计投资10亿元，目前已完成6条全长850米整列货车进出的铁路线规划设计，3条1050米电气化铁路专用线建设方案，满足电气化铁路设计技术和国家铁道部规定的唯一实现整装整卸大列要求的运输专用线。

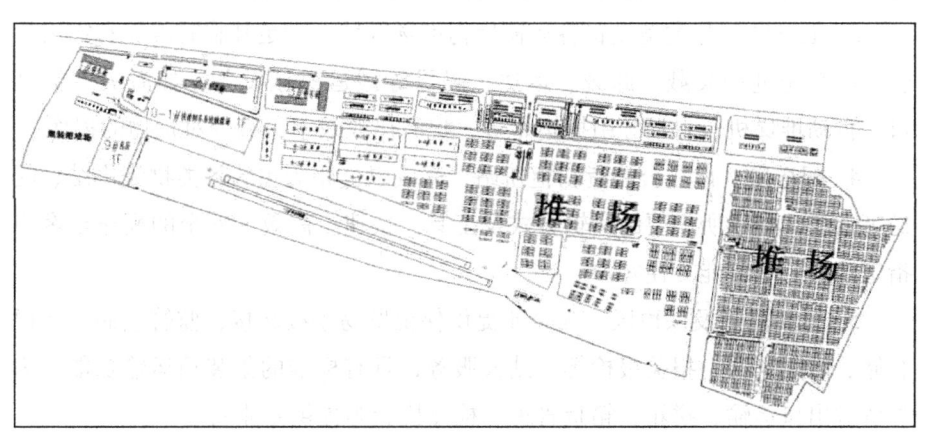

图5-6　综合保税物流园总平面布置图

5.9.6　多式联运节点的功能区布局建议

多式联运中心。多式联运中心是一个具有组织转运、调节和管理货物流通的场所，是跨地区、跨部门、跨行业、集货物储存、联运、加工、配送、信息为一体化的现代物流中心节点。多式联运中心选址在克拉玛依市，定位为第三方联运物流枢纽节点，主要提供公铁联运一体化服务，带动地区多式联运发展，促进中俄贸易西通道经济走廊建设，以推动次区域经贸合作发展，来大大提升中俄贸易量占比增长。

功能区划分。根据国内常规的多式联运中心功能区划分，并以刘姣姣（2019）的功能区划分为参考，克拉玛依多式联运中心的功能区可分为8个区域：多式联运区、仓储区、堆场区、配送区、海关监管及保税区、保税加工区、停车区、综合配套服务区。各区域主要功能描述如下：

1. 多式联运区。负责公路与铁路运输的衔接，对公路转铁路、铁路转公路实施精确连接转换，也供不同运输工具在此区域内经停修整，以达成多式联运的有效性，即贸易货物在这里完成不同运输方式的转换。

2. 仓储区。配有专业化先进化的装卸搬运机械，满足各个企业对货物的仓储、保管、整理等要求，与货物的多式联运、配送、保税加工等物流需求；设有普通仓储区和保税仓储区，分类型进行标准化自动化存储，既确保普通货物的安全储存，也保证过关货物的规整和快捷，减少作业对货物的损伤。

3. 堆场区。分类型设置各运输货物堆场区域，满足其临时堆放和露天保管，配有先进的装载、卸载、运送、码垛等搬运机械设备，如海关智能闸口、自动堆垛机、自动导引搬运车等，提高作业效率，减少对货物的损伤。

4. 配送区。设立公路货物枢纽站，完成以公路为主的各类物流集结、配送等活动，提供所需要的运输方式及工具，快速、高效、安全的配送至客户指定地点，尽可能方便客户。

5. 海关监管及保税区。为企业提供保税贸易手续转接，监管仓储、保税仓储、国际采购、报关报检等一站式服务，具有标准的集装箱运输功能，为外贸进出口运输、拼箱、箱货管理、检疫检验等提供专业服务。

6. 保税加工区。提供一些满足保税货物的基本物流服务，还设置有专门区域为保税货物提供简单加工、组合等增值服务。

7. 车辆服务区。分为两部分：一是货车停车区，供进出车辆停放、维修和保养，为入驻物流企业等提供综合的停车服务；二是私家车停车区，供进出园区的一切私人小轿车停放。

8. 综合配套服务区。提供办公和住宿以及一系列的财务、商务、清关、税务、保险等为入驻企业服务；建立有物流信息系统和电子商务平台，从物流运作的各个方面进行信息采集、分析、传递，确保物流状态可查询、物流过程可跟踪，提供物流客户关系管理、物流决策支持等资讯信息，发布运量运力供求、价格走势、贸易商情等信息，以方便开展在线交易。

布局规划是解决功能区之间相对位置关系的问题，即在已定的范围内合理地确定各功能区的相对位置。遵循以下原则：第一，一般性原则。包括距离最小、系统优化和统筹兼顾原则，一般可使用物流从至表、系统布置设计SLP、关系表法等具体布局方法实现。第二，个性化原则。统一规划，全面实施；使区域内建设既独立又有联系，符合国家安全、绿色、环保、消防等有关规定。联运配套，优先考虑；将多式联运区建在靠近铁路一侧方便连接上铁路货运干线，综合配套服务区布局在便捷的重心位置，提高整体服务效率。

5.10 市场需求分析及多式联运运量预测

5.10.1 市场需求分析

景明、易路、云游以及供应公司，整合国际、国内众多铁路、公路及港口资源，并已经开展了国内外的公铁联运业务。同时在政府层面，一方面与俄罗斯、中亚五国、格鲁吉亚、德国、瑞士等国进行贸易对接；另一方面在政策方面积极引导，鼓励联合申报主体在多式联运业务方面深入开展合作，为未来通道多式联运的发展提供了广阔的空间。

货源基础良好。通过本示范工程多式联运示范线路，在服务范围上对外主要辐射中亚五国、德国、俄罗斯地区，对内主要辐射内陆地区。

依据本示范工程示范线路的"东联西出"双向走向，本项目的货源由出疆和出境两部分构成。出疆的货源主要以疆内自产物资为主，主要来自克拉玛依及周边地区，如独山子、乌苏、石河子、沙湾、伊犁、博乐、塔城及阿尔泰等北疆地区；出境的货源主要来源于疆内和内陆发达省份等地。货物类型主要涵盖粮食、棉花、农副产品、农资、日用品、番茄酱、棉纱、石化、钢材、油品、汽车及配件等。在运输组织上，北行俄罗斯、西行中亚、中欧班列以及出疆特色物资班列均以公铁联运为主。

项目示范期内，货源结构类型主要包括进出境货物和进出疆（内贸）货物。其中，进出境的货源结构类型分别为：出境货物主要是来自新疆本地以及长三角、珠三角、京津冀等发达地区的钢材、日用百货、电子产品、化工、粮食、番茄酱、建材、机电、汽车及配件、石油炼化产品等；进境货物主要包括来自德国的机械设备，俄罗斯及中西亚的农副产品、粮食、木材、金属矿石、钢材及化工制品，格鲁吉亚的葡萄酒等；进出疆（内贸）货源结构类型分别为：出疆货源结构主要来自克拉玛依及周边县市，如独山子、乌苏、石河子、沙湾、伊犁、博乐等地的粮食、棉花、棉纱、番茄酱、化工、石油、农副产品等；进疆物资主要来源于内陆发达省份的农资、日用品、家具家电、汽车及配件、电子产品等。本示范通道的货类结构详见表5-3、表5-4所示。

表5-2　　　　项目示范线路进出口主要集装箱货类结构

	主要出境货物	主要进境货物
货类	农机、日用百货、电子产品、化工、粮食、番茄酱、建材、机电、汽车及配件、石油炼化产品等	金属矿石、原油/重油、木材、机械设备、红酒、钢材及化工等

表5-3　　　　项目示范线路进出疆（内贸）主要货类结构

	主要出疆货物	主要进疆货物
货类	粮食、农副产品、纤维、番茄酱、化工、石油、食品等	农资、日用品、家具家电、汽车及配件、电子产品等

潜在市场需求巨大。随着"一带一路"倡议的深入实施，我国与俄罗斯、中西亚、欧洲等国家的经贸、产业、能源合作逐步走向深入，将在我国与中亚、西亚、欧洲等国家地区间形成旺盛的货运需求，新疆克拉玛依作为丝绸之路经济带的重要交通枢纽中心，示范线路的潜在市场需求巨大。本项目在已有成熟市场的基础上，潜在市场主要体现在以下几个方面：

第一，国际合作加深带来巨大的潜在市场需求。2016年6月，中国国家主席习近平对俄罗斯进行了国事访问，中国的"一带一路"与"欧亚联盟"对接，并分别会见了乌兹别克斯坦、哈萨克斯坦、塔吉克斯坦、吉尔吉斯斯坦和土库曼斯坦总统。中亚五国元首纷纷赞同与中方共同参与"一带一路"建设，哈萨克斯坦制定了"光明之路"新经济政策与"一带一路"对接。经过会谈，中方与中亚五国之间达成多项战略合作协议，包括汽车、化工、经贸、能源、交通、物流、通信、高技术、人文领域和国际事务等领域。

近年来，中国与俄罗斯及中亚五国的关系发展顺利。中国同俄罗斯及中亚五国在"一带一路"倡议支持下，共同发展，努力实现互利互赢。尤其是在上海进口博览会上的合作更是夺目。

此外，为吸引外资并帮助企业"走出去"，新疆维吾尔自治区政府多次举办俄罗斯新疆经贸文化促进联合会、新疆亚欧博览会等活动。克拉玛依抓住这些机遇，与俄罗斯新西伯利亚科学院和高校的科技创新合作，与经济部、交通运输部等政府机构达成协同发展的共识，与国际知名企业初步达成合作意向。随着中国与俄罗斯、中亚五国、欧洲等国家和地区战略合作的加深，克拉玛依货源腹地将会向更广阔的区域延伸，从而吸引大量的货源在克拉玛依集结，回程货类也将会逐渐增多。

第二，环境改善带来的潜在市场需求。机场、铁路货运站及供应公司物流园区等相关配套设施完善，园区的装卸作业、集疏运作业能力提升，信息化服务能力和水平也得到大力提升。在此基础上，对外通过景明公司与俄罗斯、中亚五国、欧洲等其他国家和地区建立贸易往来，增进丝绸之路沿线国家和地区间的协作。对内重视市场组织和延伸服务，构建以路桥物流通道沿线枢纽城市为主要节点的内陆物流网络体系，服务于市场开发与班列运输组织工作。

景明加强与机场、铁路货运站及供应公司物流园区等合作，构建多式联运链条各主体信息共享平台，同时在通关环境、基础设施、口岸建设、运输条件等方面进行改善，可以有效提高通道能力和效率，降低通道成本，将为通道带来更多流量，通道市场不断增加。

第三，自身业务能力提升带来的潜在市场需求。新疆克拉玛依拥有独特的区位优势、稳定的货源以及多重战略叠加带来的政策红利，使得克拉玛依在开展多式联运业务时，运输效率、运输价格及运输服务质量等方面得到进一步提升。通过自身业务能力得到提升：首先，可以充分发挥克拉玛依第一个入境和最后一个出境铁路编组站的天然的区位优势，提升克拉玛依的多式联运业务量；其次，畅通克拉玛依出疆内贸通道，促进新疆与内陆省份的贸易往来，加强新疆与内地的联系；最后，高效、便捷、经济的联运业务，会吸引其他通道内的大宗物资公路货运、商品车等通过本示范线路集散和中转。

5.10.2 多式联运运量预测

通过对克拉玛依既有市场和潜在市场分析，通过科学统计分析方法，基于历史数据，对未来示范线路内业务量得出较为乐观的预期。

克拉玛依外贸量将突破 8000TEU，示范通道外贸量将突破 550TEU。基于历史数据采用科学的统计方法，基于克拉玛依外贸历史数据及开行西行国际货运班列的基础数据，利用 SPSS 统计软件进行预测，到 2020 年，克拉玛依外贸额将突破 2 亿美元，外贸量将超过 8000TEU，年均增速 25%，示范通道外贸额突破 1.5 亿美元，多式联运量将超过 550TEU，占克拉玛依市对外贸易总额比例由 2016 年的 58% 提升至 68%。克拉玛依市及示范通道未来几年的外贸量预测情况见表 5-4 和 5-5。

表5-4	克拉玛依市外贸量预测统计			单位：亿美元/TEU
年度	2017	2018	2019	2020
克拉玛依市外贸额预测	1.1	1.4	1.8	1.2
集装箱运量预测	4082	5195	6680	6164

表5-5	示范通道外贸量分年度预测			单位：亿美元/TEU
年度	2017	2018	2019	2020
示范通道贸易额预测	0.7	0.9	1.2	0.78
集装箱运量预测	2598	3340	4453	4566

示范线路内贸多式联运量突破 120 万吨，铁路集装箱多式联运量突破 10 万 TEU。在市场环境向好，市场显现及市场充分竞争的条件下，基于历史数据通过科学预测方法，预测到 2020 年克拉玛依市内贸运输总量将突破 900 万吨，示范工程公铁联运量将突破 120 万吨，集装箱多式联运量突破 10 万 TEU，铁路集装箱运输占比达到 20% 左右。2017~2020 年，示范工程既有量分年度预测数据见表 5-6。

表 5-6　　　示范通道内贸多式联运运量分年度预测　　　单位：万吨/万 TEU

年度	2017	2018	2019	2020
示范工程多式联运量预测	1320	1584	1901	2281
示范工程集装箱运输量预测	7	10	14	15

5.11　项目建设方案

5.11.1　多式联运组织方案

依托多式联运集结中心，打造公铁水中欧国际货运班列联运新模式。构筑中欧国际货运集装箱或整车班列，是依托集结中心庞大的货运仓储集散能力，通过资源有效整合共享，实现西行跨境出口班列的有益尝试，能够有效满足克拉玛依及辐射区域外贸企业进出口报关报检的需求，提供了新的集疏运手段。

1. 组织流程。该联运模式的主要特点是公铁集结、班列发运，即以联运集结中心的保税物流仓为核心，通过公路、铁路两种方式集结疆内乃至全国各地零散出口货物，由铁路编组成快速集装箱班列或整车直达班列，发往俄罗斯、中亚、西亚以及欧洲各国。公铁路联运运输货源组织主要由克拉玛依景明对外贸易有限公司负责。结构示意如图 5-7 所示。

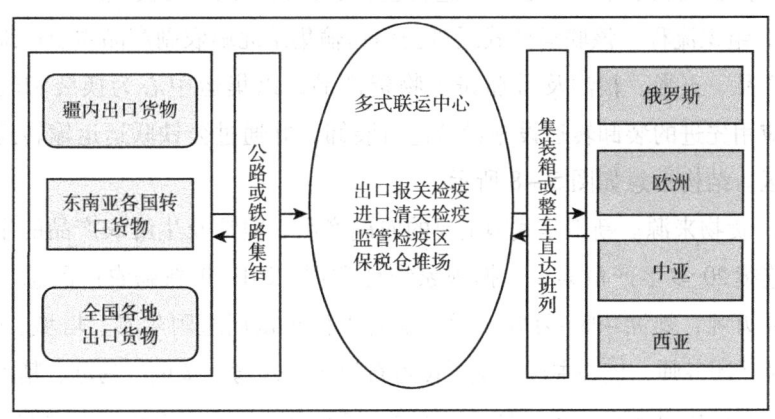

图 5-7　中欧国际货运班列组织流程示意图

2. 货物来源。出口产品主要源于东南亚各国转口货物、全国各地出口货物及疆内出口货物的生产、商贸基地以及内陆转运过来的产品，主要包括石油产品、五金机电、建材家居、汽车配件，番茄酱、果蔬、肉制品等特色农产品，以及其他百货物资。

3. 转运节点。保税物流仓和纳赤物流园是该联运模式转换运输方式的主要转运节点，目前保税物流仓海关监管区、保税库、堆场、综合办公楼、配套服务设施等均已建成，设立了海关、国检等分支机构并可提供多家物流企业入驻。通过保税物流仓可以提前办理海关国检手续，将通关功能向保税物流仓延伸，实现内地报关沿边放行模式，并采用多式联运手段，可以极大地提高保税物流仓周边辐射区域进出口企业的货物进出口效率，减少货物的运输环节，节约了运输成本。

4. 发送方向。货物出口方向覆盖俄罗斯、中亚、西亚、欧洲多个国家。自2019年1月克拉玛依—格鲁吉亚西行国际货运班列首发，截至2019年6月，克拉玛依成功发运中欧货运班列50余列共计约19万吨，货值1.43亿美元。今后通过对集结中心内部出口资源的不断整合优化，将其打造成为五金机电、建材家居、汽车配件及农资、农副产品等货物出口集散直拼中心和番茄酱、果蔬、肉制品等特色农产品出口交易集散中心，把克拉玛依建设成为真正意义上的内陆"无水港"雏形、"一带一路"建设核心区的北疆区域中心区和新疆向西开放的重要节点城市。

依托多式联运集结中心，打造特色物资出疆公铁联运模式。

1. 组织流程。该联运模式通过公路运输集结北疆农副产品主要产地的生鲜农产品、玉米、粮油及番茄酱等物资产品，以集运中心为换装和转运节点，应用先进的装卸转运设施设备进行装卸，并通过公铁联运运输转运至内陆地区。结构示意如图5-8所示。

2. 货物来源。新疆是我国重要的农副产品、粮油及生鲜农产品的生产基地，连续20多年产量第一。据国家统计数据，2019年新疆农产品总产量达5359.4万吨、粮油4985万吨。货源辐射克拉玛依周边阿尔泰、塔城、伊犁、博州及兵团各师，核心主产区主要覆盖石河子、沙湾、奎屯、乌苏、精河、博乐、伊犁及兵团第四、五、七、八师等。同时克拉玛依周边还有大量的粮食产品，以玉米为代表的粮食产品每年向四川、贵州、河南等方向运输近百万吨。

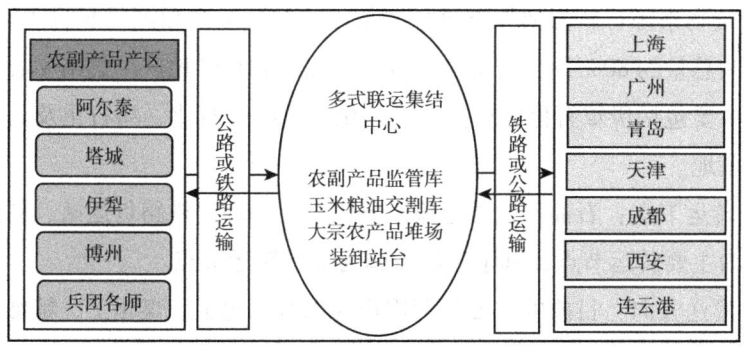

图 5-8　特色物资公铁联运模式组织流程示意图

3. 转运节点。农副产品等物资产品运输以克拉玛依农业科技园区冷库为主要转运节点，多式联运中心物流园为辅助转运节点，采用集装箱翻转机等先进设备进行换装。

4. 发送方向。发送方向主要通过兰新铁路辐射全国各省。2019 年各节点入库量超过 100 万吨，合计流转量超过 200 万吨。

依托联运集结中心，打造石油石化物资疆内公铁联合快速转运模式。

1. 组织流程：该管公铁联运模式通过管公铁联运运输对接疆内主要北疆地区石油石化生产基地，集结石油石化的大宗物资产品，以集结集散中心为换装和转运节点，应用小蜜蜂、龙门吊和皮带传送等先进的装卸设备进行装卸，通过管公路运输转运至克拉玛依周边、乌鲁木齐地区、国家 ABC 线油气管道末端、管道沿线地区市、日韩及东南亚国家有需求的相关企业和单位。结构示意如图 5-9 所示。

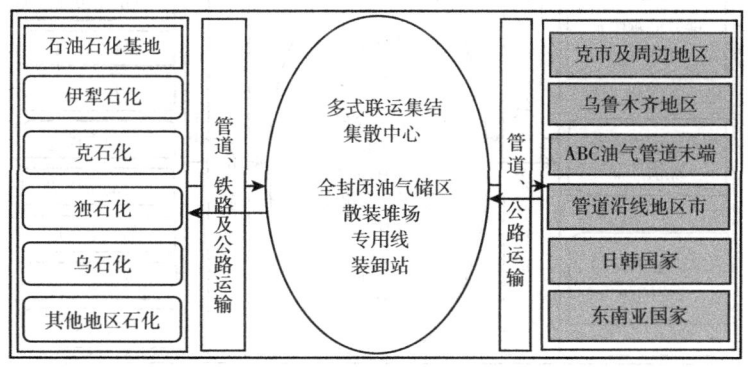

图 5-9　疆内石油石化类物资管公铁联运模式组织流程示意图

2. 货物来源：新疆油气资源总体条件较好，全疆预测量超过 100 亿吨，约占预测总量的 80% 油气资源主要分布在北疆和东疆地区。集结中心所覆盖的产地主要包括伊犁石化、克拉玛依石化、独山子石化、乌石化及其他地区石化等基地。

3. 转运节点：石油石化类运输以新疆石油管理局铁路货运站、易路公司物流园为主要转运节点，其余的物流园为辅助转运节点。

4. 发送方向：目前的主要中间用户为以石油化工、煤化工、精细化工和橡塑产品等产业为主奎屯—独山子经济技术开发区，五五工业园区以特色农牧产品精深加工、新能源、新材料及新型建材、油气化工和现代物流业为主。2019 年主要物流运量为 2100 万吨。

依托多式联运集结中心，打造公空公中俄、中亚及欧洲国际快递货运新模式。

本模式构筑的中俄、中亚、中欧国际快递货运集装器或整机直达，是依托集结中心庞大的站场货运仓储中转集散能力，通过资源有效整合共享，实现跨境进出口公空公联运的有益尝试，能够有效满足克拉玛依航空口岸及辐射区域外贸企业进出口高附件产品的报关报检的需求，提供了新的集疏运手段。

1. 组织流程。去程该联运模式的主要特点是公空集结、整机发运，即以公空公联运集结中心的航空保税物流区为核心，通过公路、航空两种方式集结疆内乃至全国各地零散高附加值进出口货物，由公路集结组成快速集装器或整机直达，发往俄罗斯、中亚、西亚以及欧洲各国。公空联运运输货源组织主要由克拉玛依景明对外贸易有限公司负责。结构示意如图 5–10 所示。

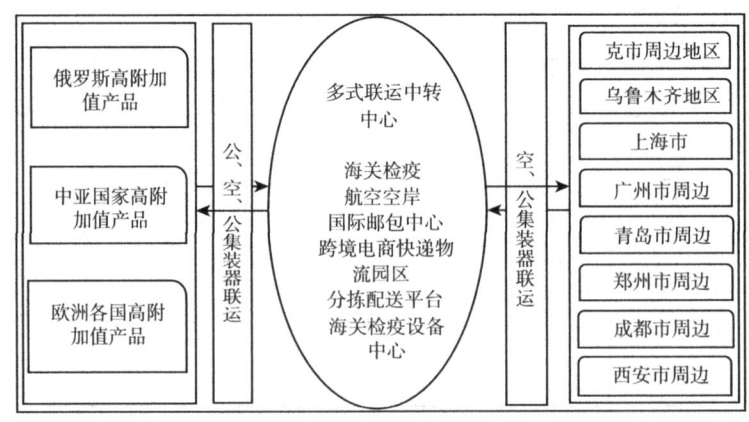

图 5–10　高附加值货物国际公空公联运模式组织流程示意图

返程该联运模式的主要特点是公空公集结、整机发运，即以公空公联运集结中心的航空保税物流区为核心，通过公路集结至机场集拼两种方式集结俄罗斯高附加值产品、中亚各国高附加值产品及欧洲各国高附加值产品乃至全球各国的零散高附加值出口货物，由公路集结组成快速集装器或整机直达，发往中国中东部各主要需求市场。公空公联运运输货源组织主要由克拉玛依景明对外贸易有限公司及易路商贸公司的国外合作者负责。

2. 货物来源。产品主要源于俄罗斯、中亚、西亚以及欧洲各国出口货物、全国各地出口货物及疆内出口货物的生产、商贸基地以及内陆转运过来的产品，主要包括石油调节品、电子、装饰件、汽车配件、食品、化妆品、肉制品等特色农产品等。

3. 转运节点。航空口岸、保税物流仓和多式联运保税区是该联运模式转换运输方式的主要转运节点，目前航空口岸、保税物流仓海关监管区、保税库、堆场、综合服务区、配套服务设施等均已建成，设立了海关、国检等分支机构并可提供多家物流企业入驻。通过航空口岸及保税物流仓可以提前办理海关国检手续，将通关功能向保税物流仓延伸，实现内地报关沿边放行模式，并采用多式联运手段，可以极大地提高保税物流仓周边辐射区域进出口企业的货物进出口效率，减少货物的运输环节，节约了运输成本。

4. 发送方向。货物进出口方向覆盖俄罗斯、中亚、西亚、欧洲多个国家及中国东中部地区。自2020年1月克拉玛依—新西伯利亚国际公空公客货联合运输首发，截至2020年3月，克拉玛依成功发运中俄跨境高附加值货运班机31架次共计约135吨，货值0.23亿美元。今后通过对联运中转中心内部进出口资源的不断整合优化，将其打造成为高端机电、装饰、汽车配件及食品、日化与农副产品等货物出口集散直拼中心和番茄酱、果蔬、肉制品等特色农产品出口交易集散中心，把克拉玛依建设成为真正意义上的内陆"航空港""一带一路"建设核心区的北疆区域中心区和新疆向西开放的重要节点城市。

5.11.2　多式联运节点枢纽建设

根据发运国际货运班列联运需要，将保税物流仓进行改造，拟建设国际中转区、国际配送区、国际采购区、件杂货仓储区和货品查验区等功能区域（综合保税物流园区的雏形）。

1. 国际中转区域

国际中转区域实现进出口货物的中转集运，多国多地区货物的快速集拼和国际快运业务。为进口石化、矿石、食品及肉类等产品以及出口农副产品、纺织产品、家具、钢材、汽车配件等产品提供分拆、集拼、转运等相关服务。建筑面积14.5万平方米，主要建设集装箱堆场、散货露天堆场、简单加工车间、货物调度中心等设施。

2. 国际配送区域

国际配送区域主要对进口物品进行简单的增值性加工、仓储、包装、配送服务。开展对进口货品进行分拣、分配、分销、分送等分拨业务。建筑面积13.5万平方米，主要建设石化产品库房、矿石产品库房、棉花库房、其他产品库房、物品分拣分配、分销分送、简单加工车间和货物调度中心等设施。

3. 国际采购区域

国际采购区域主要对采购进区的国际货物和进口保税货物进行出口集运和增值加工后向国内外分销。建筑面积8.5万平方米。主要建设标准库房、简单加工车间、货物调度中心等设施。

4. 机电杂货仓储区域

机电杂货仓储区主要对进入海关监管区内的散货、杂货、件货进行仓储、分拣、分配、分销、分送。建筑面积12.5万平方米，主要建设件杂仓储库房、分拣分配、分销分送、简单加工车间和调度中心等设施。

5. 货品查验区域

货品查验区为进出海关监管区的货物进行查验。建筑面积2万平方米，分别在保税物流仓主卡口和副卡口建设4座物品查验工作间，配备H986大型组合移动式集装箱检查系统。

6. 加工区

加工区主要开展出口加工业务。出口加工企业在加工区内生产的最终产品直接出口；加工区企业包括出口加工企业、专为出口加工企业生产提供服务的仓储企业以及经海关核准专门从事加工区内货物进、出的运输企业。加工区建设面积23.2万平方米。拟建设轻纺产品区、机械产品区、电子信息产品区、化工产品区、建材和仓储物流产业区等。

公司装卸场站仓储区域已形成一定格局，为推进公司由传统贸易向具有公、铁、空货运集散分拨中心改造升级，根据"中欧国际班列"运输组织形式，计划建设集装箱中心场站。将现有场地改建为6个区域：空箱堆存区、重箱中转区（铁路）、重箱中转区（公路）、货物查验区、重箱装车区（铁路）和重箱装车区（公路）。

根据各区域装卸要求，在空箱堆存区配置10台大吨位集装箱叉车，便于空箱堆码及转运；重箱中转区配置5台集装箱正面吊，利用正面吊机动性好，操作方便，场地利用率高的特点，能根据集装箱货物流向快速高效的完成配车出库；货物查验区域配置集装箱叉车和标准托盘，根据海关商检及铁路有关部门的要求，可随时进行集装箱内货物的搬倒、装卸；由于公司铁路专用线按照电气化标准设计建设，在目前现有铁路架设集装箱龙门吊可操作性不强，且安全系数降低，而公司现有的集装箱铁路装卸区域已全部硬化完毕，根据目前场地硬化标准和铁路专用线长度（850M），配置6~8台集装箱正面吊，在班列货物集中到达发运时，可按区域规划同时群机作业，减少集装箱班列停留时间，实现龙门吊工艺系统无法达到的快速装卸车速度。在各区域内配置集装箱场内牵引车，实现集装箱场内移动的高效化，在克拉玛依空港、大型物流园区间配置集装箱场外牵引车，利用集装箱牵引车实现铁路驼背运输。

大数据中心数字信息系统建设。示范期内，拟在多式联运中心内建设联运信息平台和公共服务信息平台。

1. 联运信息平台。主要包括海关信息系统模块（包括集装箱站场管理系统）、货代业务管理系统和EDI接口管理等模块（可与中—乌跨境电子商务平台对接模块）。园区内实行电子单证、无纸化管理，结算系统、单证管理系统将与海关等部门联网；对进出口集装箱的运输实行全程监控、电子追踪、实时下达指令；对集装箱拆装、堆存实行计算机堆场系统管理；对仓储物品的进货、存储、分拣、配货、出货等全过程实行信息化管理；对运输配送车辆的调度、路线的选择实行计算机运输系统管理；对客户实行分级授权在线查询、信息发送等服务；具体功能模块包括：①货源信息管理系统；②仓储管理系统；③运输管理系统；④配送管理系统；⑤物流决策支持系统；⑥在线信息查询系统；⑦费用结算管理系统等。

2. 公共服务信息平台。为充分发挥多式联运核心枢纽作用，整合物流信息资源，便于高效、便捷、快速组货运输，衔接政府、客商和各物流企业，形成集物流信息发布、在线交易、数据交换、跟踪追溯、智能分析等功能为一体的信息服务平台，推动多式联运一单制数字化服务顺利发展。

场站建设。示范期内，景明公司场站主要是在项目已建成或在建的基础上完善服务功能。以改造建设公铁联运作业区、完善快速卸车系统工程等为主要内容。具体建设项目包括：维修车间 3936.55 平方米，新建部分仓库 6.3 万平方米，建设风雨棚 7293 平方米，建设辅助配套用房 1000 平方米，部分停车场和堆场 50 万平方米，改扩建道路及广场 40 万平方米，加油站 596.32 平方米，项目建成后可实现年运量 300 万吨以上。同时，参与搭建综合信息平台，形成物流、信息流、资金流，实现公铁联运、高效装卸、降低物流成本，为企业利润增长再上一个新的台阶。

5.11.3 组织实施方案

建立工作组织保障。充分统一思想、明确认识，并由克拉玛依市政府发文，成立"中俄贸易西通道经济走廊克拉玛依多式联运新模式示范工程建设"工作领导小组，加强组织领导、明确分工、各司其职、共同做好克拉玛依多式联运示范工程建设工作。领导小组组长由市政府主要领导担任，副组长由分管副市长担任，成员包括建设委员会、市交通局、市发改委、开发区、货运站、机场、景明、易路、物资供应公司等。下可设综合协调组、规划编制组、设施建设组、标准编制组、资金保障组、新闻宣传组。领导小组下设办公室，设在景明公司。

建立协同政策保障机制。充分发挥领导小组作用，建立示范工程实施主体企业的定期联系制度和多种运输方式信息共享机制。统筹和协调各部门任务推进，加强与实施主体企业、市属各部门、供应站、自治区交通运输厅、经信委及发改委、交通运输部及国家发改委的工作沟通，形成工作合力。进一步明确总体目标，抓好任务分解，充分调动行业主管部门、企业，以及从业人员的积极性和主动性。

外部协调机制。按照具体分工，把目标任务及试点任务按年度细化，责任落实到各部门。按照可定义、可量化、可操作、可考核、可追究的标准，科学划分建设阶段，合理安排建设周期。明确职责与目标考核，强化计划执行管控、定期审视、绩效评估与考核落实。建立"事前有计划、事中有管控、事后有评估"的项目式管理机制。各工作组责任单位和相关部门负责制定牵头项目的年度实施计划，并提请领导小组进行汇总、研究和讨论。

重视对接国际联运规则。为打造中欧国际货运精品线路，构建以俄罗斯为重点，向西延伸至中亚五国、德国等亚欧区域的高效便捷国际联运服务体系，示范期内重点推进与俄罗斯、中亚五国中心城市的跨境联运服务完善法律法规，重视对接国际联运规则，加强国际联运标准化建设。

重视货源培育机制。充分认识货源是多式联运组织顺畅运转的基础。发挥各成员企业的货源基础优势，依靠基础设施衔接、资源整合共享与政策鼓励优势，稳定货源基础；对接培育潜在多式联运用户，积极完善提升多式联运经营人的服务标准与服务水平。政府应持续完善通关环境、加速集结中心周边集疏运道路规划建设，承担大力发展多式联运的宣传责任，积极回应制造企业、物流企业及各种运输方式承运企业的诉求，构建和谐高效的发展环境。

5.11.4 分工安排

本项目以景明为多式联运示范工程的牵头单位，与易路、机场和锦泰物流园等单位联合实施。申报各单位沟通、交流紧密，具有良好的合作基础。在本项目中，申报主体发挥各单位优势力量，通过合理分工、相互协作，共同推动多式联运示范工程建设，着力打造中俄贸易西通道经济走廊和新疆特色物资出疆公铁联运物流大通道，携手服务和助推"一带一路"倡议实施。申报各单位的主要职责分工如下：

1. 铁路货运站任务分工。主要负责制定满足克拉玛依公铁联运中长期发展需求的相关规划，统筹本项目实施，建设符合公铁联运发展要求的装卸搬运设施；积极争取海关、国检及相关政府部门对公铁联运工作的支持，促进多式联运监管中心、国检试验区落地。积极落实综合交通枢纽和物流中心城市建设，打造"一带一路"重要的中俄贸易西通道经济走廊物流枢纽的战略布局。

2. 景明任务分工。主要负责进出疆货源组织、铁路运输组织、场站操作建设。联运大数据中心数字信息平台建设。做好多式联运中心场站基础设施建设，确保配套基础设备设施、运载工具的完备，强化公路、铁路基础设施衔接，提高场站转运作业能力和水平。

3. 易路任务分工。主要负责出疆货源组织、铁路运输组织、场站操作及联运信息平台建设。做好铁路场站建设，确保配套基础设备设施、运载工具的完备，强化公路、铁路基础设施衔接，提高场站转运作业能力和水平。

4. 物流园区分工。综合保税物流园区的申报和建设。

5. 新疆石油管理局物资供应公司任务分工。负责中欧国际货运班列货源组织和运输组织；完善和提高联运信息平台能力。

5.12 项目投资及资金筹措

5.12.1 投资估算及进度安排

本项目总投资估计为142050万元，建设内容主要为景明多式联运中心及锦泰综合保税物流园区和新疆石油管理局物资供应公司物流园区改扩建，主要内容包括基础设施建设、装备购置、信息系统及综合服务网络建设。投资明细见表5-7。

1. 景明多式联运场站建设项目（含保税物流中心）。景明建设项目合计投资81650万元，建设内容主要是园区改扩建，包括堆场硬化、延伸铁路专用线、新建库房、购买装卸设备、信息平台建设等，主要明细及进度安排见表5-8。

表 5-7　　　　　　　　　投资估算汇总表

建设项目	投资额（万元）
多式联运中心基础设施建设	93050
多式联运中心综合服务网络建设	24000
大数据中心数字系统建设	25000
总计	142050

表 5-8　　　　　景明多式联运场站建设项目投资建设及进度安排

投资项目	建设内容	投资（万元）	进度安排
基础设施建设	自动化装卸矿产品站台、堆场及铁路专用线 850 米	15000	2021~2023 年
	自动化翻转装卸设施	11000	2021~2023 年
	硬化矿产品堆场	6000	2021~2022 年
	危化品专业库房	16000	2022~2024 年
	多式联运衔接道路	1150	2021~2022 年
服务网络建设	大吨位集装箱叉车	1500	2020~2021 年
	集装箱正面吊	5000	2020~2021 年
	甩箱运输设备	12500	2020~2021 年
数字系统建设	物流信息平台和公共服务信息平台	15000	2021~2024 年
合计		81650	

2. 铁路货运站建设项目。主要是既有基础设施基础上的改扩建项目，合计投资 20000 万元，建设内容主要是基础设施及配套设施的改扩建，包括站台、维修车间、园区道路改造、堆场改扩建等，主要明细及进度安排见表 5-9。

表 5-9　　　　　　　铁路货运站投资建设及进度安排

投资项目	建设内容	投资（万元）	进度安排
基础设施建设	维修车间、站台和风雨棚和配套用房的建设等	9000	2019~2020 年
	加油站、停车场、堆场及道路	6000	2019~2020 年
	改造道路、堆场及广场	5000	2020~2021 年
合计		20000	

3. 物流园区建设项目（综合保税物流园区的申报和建设）。主要是既有保税物流仓基础设施基础上的综合保税物流园区的申报和建设，合计投资30000万元，建设内容主要是基础设施及配套设施的改扩建，包括综合保税物流园区、海关检疫中心及设备、大数据数字网络建设等，主要明细及进度安排见表5－10。

表5－10　　　　　　物流园区投资建设及进度安排

投资项目	建设内容	投资（万元）	进度安排
基础设施建设	综合保税物流园区	19000	2021~2023年
	海关检疫中心及设备	6000	2020~2022年
	大数据数字网络建设	5000	2021~2022年
	合计	30000	

4. 新疆石油管理局物资供应公司建设项目。主要是既有仓储物流基础设施基础上完善和提高联运信息平台能力，合计投资10400万元，建设内容主要是基础设施及配套设施的改扩建，包括综合保税物流园区、海关检疫中心及设备、大数据数字网络建设等，主要明细及进度安排见表5－11。

表5－11　　　　新疆石油管理局物资供应公司投资建设及进度安排

投资项目	建设内容	投资（万元）	进度安排
基础设施建设	仓储物流园区	400	2021~2023年
	大数据数字中心及设备	6000	2020~2022年
	大数据数字网络建设	4000	2021~2022年
	合计	10400	

5.12.2　资金筹措

本项目总投资为142050万元，根据本示范工程建设需要，资本金30%，约为42615万元，由各参建企业自筹；剩余建设资金通过银行贷款和财政补贴补充：项目拟申请国家财政补贴30%，约为42615万元，拟申请地方政府补贴99435万元，其他通过银行贷款筹备。资金筹措情况见表5－12。

表 5–12　　　　　　　　　资金来源计划表

资金来源	项目建设期	
	资金（万元）	比例（%）
企业自筹资金	42615	30
银行贷款资金	17188.05	12.1
国家财政补贴	42615.00	30
地方财政补贴	39631.95	27.9
总资金需求	142050	100

5.12.3　资金应急预案

为提高示范工程项目资金的管理能力，加强示范工程项目应对资金管理风险的能力，保证本项目在资金管理遇到风险时，能够有序、有效、有力的控制风险，保证本项目建设不受到影响，最大限度地降低项目的风险和损失，申报单位各方联合成立了克拉玛依市交通投资公司，解决项目建设中的投融资方面的问题并设立资金应急预案。

在制定资金应急解决预案方面，主要考虑间接融资方式和直接融资方式。间接融资即通过银行贷款，包括：一是长期贷款，期限在 1 年以上，主要用于建设项目，购买固定资产；二是短期贷款，期限短于 1 年，主要缓解短期资金流动紧；三是直接融资，通过申报单位及其母公司的平台发行债券融资，包括短融、中期票据、企业债、公司债等形式，解决短时资金短缺。

5.13　预期效益与考核指标

通过构建中俄贸易西通道、欧洲（中亚）国际货运班列联运新模式、农副产品及粮等特色物资出疆公铁联合快速转运模式、石油石化等大宗物资疆内公铁联合快速转运模式，经过一定的培育期后，将会有效提升克拉玛依多式联运组织效率,降低多式联运整体运输成本,使得克拉玛依多式联运运输通道得以通畅便捷,同时取得较好的社会效益,促进克拉玛依市的多式联运工作顺利实施。预期将产生的综合效益如图5-11所示。

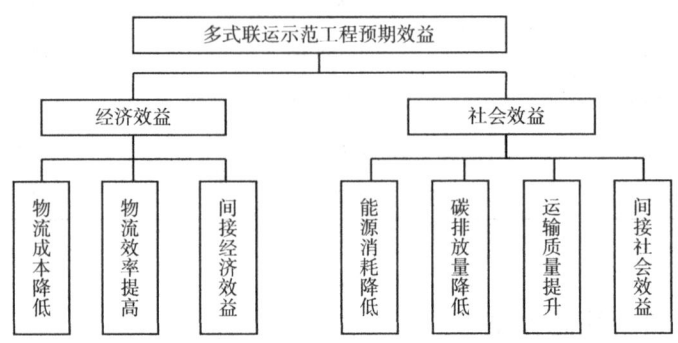

图5-11 多式联运示范工程预期效益

5.13.1 经济效益

本示范工程多式联运方式主要为公铁联运模式,示范路线中采用公铁联运较传统公路运输方式有成本优势;通过完善信息化建设和随着克拉玛依保税物流仓向综合保税物流园区升级后的运营趋于成熟,将有效提高国际班列通关效率;采用甩挂运输模式和自动化装卸设备将提高转运效率降低转运成本,示范工程的运行将给本项目带来较好的经济效益。

直接经济效益

1. 物流成本降低。示范线路将采取"两头公路接驳,干线铁路运输"的公铁联运模式,基于西北能源外运及出海物流大通道等物流大通道将原有公路干线运输的货物转移到铁路干线运输上来,充分利用不同运输方式成本的比较优势,降低物流运输成本。

根据前述市场分析,示范工程运行到2020年,铁路集装箱运输占比达到20%左右,克拉玛依多式联运集装箱运量将达到10万TEU,采用多式联运集装箱运输相较传统的公路运输模式更有经济性。示范路线中以克拉玛依运往上海港的集装箱货物为例,该路线依托陆桥物流大通道,若该业务依靠传统纯公路运输运费约为16500元/TEU,通过公铁联运模式铁路干线运费约为11500元/TEU，考虑公铁联运过程中转运等费用，经测算，采用公铁联运模式比传统公路运输模式将减少15%~20%的费用，从而有效降低物流运输成本。

2. 物流效率提高。克拉玛依保税物流仓优化通关流程，提高通关效率。克拉玛依保税物流仓正式运营以来，不断优化服务能力，提升贸易便利化水平，为周边地区外贸进出口企业提供物流服务。进出口货物在克拉玛依保税物流仓实现快捷高效的通关、报检服务，进出口货物平均通关时间将大幅缩短，将为企业节约大量时间成本。同时，通过示范项目的建设，资源的不断优化利用，国际货运规模逐步扩大并实现稳定增长，班列将从原来的不定期班列发送逐步发展为定点班列运输。初步估计到2022年，跨境中俄贸易西通道国际货运班列达到年度发送50列。大幅提升进出口通关效率，降低企业运输成本，真正提升多式联运组织模式的吸引力。

利用自动化装卸转运设备，提高装卸转运效率。传统的大宗散货物资装卸和换装主要依靠人力或半自动化机械，人力成本高，物资损耗大。利用自动化装卸设施设备进行大宗物资转运换装，不仅能够大幅提高工作效率，更能够有效减少装卸环节成本。例如项目建设中的石油石化及其衍生产品快速卸车系统能够利用双车翻车机自动翻转双节车皮，通过皮带输送机直接传送入库或装车运发，综合卸车能力每小时可达40节车皮，每个工作日可达200节车皮约1万吨以上。充分利用集装箱翻转设备，推进粮食、化肥等散货大宗物资集装箱运输，有效降低物资损耗、提升转运效率、降低转运环节成本。同时，利用甩箱运输方式实现公路运输接泊作业，提升转运效率、降低公路运输成本。据初步测算，通过类似自动化装卸转运设备的应用，综合成本能够有效降低超过50%。

间接经济效益

克拉玛依市独特的地理区位使其发展物流业具有天然的优势，克拉玛依市一直将物流业作为城市发展的重点产业，同时积极推动多式联运发展，把多式联运新模式与创新作为加速推动区域产业结构调整升级的重要抓手。近年来，克拉玛依市政府致力于区域物流资源整合优化，不断营造良好的协同发展环境，以本次示范工程为契机，进一步深化企业强强合作，强化公铁联运对外辐射和服务区域的能力，支撑区域产业结构的调整和升级，能够不断促进现代服务业发展和高端制造等新型产业的引进,对地方经济社会发展的意义十分重大。

5.13.2 社会效益

根据《2016年交通运输行业发展统计公报》,我国的铁路单位运输工作量综合单位能耗47.1千克标准煤/万吨公里;公路专业货运企业单耗180千克标准煤/万吨公里。与干线运输所产生的能效相比,枢纽节点作业产生的能耗低,且铁路和公路两种运输方式在枢纽节点的作业能耗差异不大,因此在计算示范线路能耗降低时,枢纽节点作业能耗降低可不计入。

能源消耗降低

本项目开展的多式联运示范工程采用"铁路干线+公路接驳"的公铁联运运输模式,将原有公路干线运输的货物转移到公铁联运线路上来,利用铁路干线运输在大规模、远距离运输中的节能优势,降低示范路线运行过程中的整体能源消耗。以克拉玛依运往上海港的集装箱货物为例,克拉玛依到上海港沿西北物流大通道干线运输距离约为4090公里,假设以2020年克拉玛依多式联运10万TEU集装箱运量为预测运量,结合上述各运输方式单位运输能耗系数,经测算,示范工程运行后,到2020年将每年可节约20万吨标准煤,结合公铁联运中公路接驳的能耗,开展公铁联运示范线路将降低50%以上的运输能耗,能耗节约效果显著。

碳排放量降低

根据《综合能耗计算通则(GB/T2589 – 2008)》,引入原煤进行能源转换,则铁路运输单位运距的碳排放为45.87千克原煤/万吨公里,公路运输单位运距的碳排放为671.98千克原煤/万吨公里,按原煤二氧化碳排放系数为2.69千克CO_2/千克原煤,则铁路单位运输的碳排放系数为123.39千克/万吨公里,公路单位运输的碳排放系数为1807.63千克/万吨公里。与干线运输所产生的碳排放相比,枢纽节点作业产生的碳排放相对较低,对于主要比较铁路和公路两种运输方式碳排放降低情况来说,枢纽节点作业碳排放可不计入。

本项目开展的多式联运示范工程采用"铁路干线+公路接驳"的公铁联

运运输模式，将原有公路干线运输的货物转移到公铁联运线路上来，利用铁路运输在大规模、远距离运输中碳排放较低的优势，达到减排的目的。以克拉玛依通过多式联运运往连云港的集装箱业务为例，根据上述各种运输方式的单位运输碳排放系数以及 2020 年集装箱货运量和克拉玛依至上海港的运距，可测算出经公铁联运示范路线每年可减少约 184973 万吨碳排放，结合公路接驳的碳排放，公铁联运示范路线能比传统公路运输路线碳排放减少 80% 以上。

运输质量提升

公铁联运模式中，铁路干线分铁路集装箱班列和铁路整车班列。开行铁路集装箱班列，把各地的集装箱货物通过成组、技术直达列车向克拉玛依集结，然后货物装箱、重新编组成点对点整列直达班列；整车班列主要针对钢结构制品、大宗货物如农副产品等不适合或不能装箱的货物。不同类型的货物以其相适应的承载方式运输，提高了公铁联运模式的运输质量。

本示范项目的运行将支撑克拉玛依跨境电商物流运输发展，巩固"一带一路"西部边疆核心地位。中俄贸易西通道经济走廊承载城市，克拉玛依市在我国铁路运输通道跨境北行重要节点位置，对进出口贸易物资的集散中转作用十分突出，对周边、新疆乃至全国都具有较强的辐射力。通过中俄贸易西通道经济走廊多式联运示范工程建设，克拉玛依将更好地巩固"一带一路"西部边疆核心地位，服务于全国实现全面高质量发展社会目标，加快建设外向开放型的国家联运枢纽节点城市。克拉玛依依托中俄贸易西通道经济走廊国际货运班列新模式的探索，将不断完善进出口贸易的货运通道，奠定自身作为西部地区面向俄罗斯、中亚、欧洲开放新走廊的重要城市，带动北疆乃至全疆的经济发展，为对接"一带一路"等国家倡议提供强有力的发展支撑。

5.13.3 关键考核指标

提出建成后的评估考核关键指标，如工程完成情况、运量年度增加情况、成本节约、节能减排以及标准化建设情况见表 5-13。

表 5-13　示范工程主要考核指标

指标		计划达到目标	
设施设备建设情况	多式联运基础设施	投资完成比例（%）	100
	多式联运设备购置、使用情况	投资完成比例（%）	100
	信息系统建设情况	投资完成比例（%）	100
运营效果情况	多式联运货运量	联运量总量（万TEU）	10
	物流成本降低情况	物流运输成本节约（%）	10~15
	节能减排情况（与传统公路相比）	减少标准煤（%）	50
		降低CO_2排放（%）	80
个性化考核指标	外贸合作	与外贸业务的国家签署战略协议	3家
	保税中心合作	与内陆保税中心签订战略协议	2家

5.14　保障措施与政策建议

5.14.1　组织保障

统一组织机构及责任。在项目内组建由景明、易路、机场、铁路货运站、海关监管仓（锦泰）及新疆石油管理局物资供应公司联合共同组成的多式联运运营机构，明确各自职责和分工，并签订战略合作协议，建立统一高效的多式联运组织管理体系，从而起到提高多式联运作业效率、提高信息可达性和沟通效率，促进多式联运作业的无缝衔接，对多式联运相关工作进行更好地管控和绩效考核。

建立社会监督机制，完善考核办法。引入技术专家与第三方咨询机制。由克拉玛依市景明公司牵头，政府相关部门、高等院校、科研院所和企业相关业务技术专家，共同组成"多式联运示范工程"技术专家库，引入示范工程建设专家咨询机制。在克拉玛依多式联运示范工作方案和相关规划、政策的论证，招投标评审，研究开发项目的立项审批、指导试点示范工作开展等，解决工作过程中的复杂核心技术问题。

建立工作推进与目标任务考核机制。按季度核查目标任务推进或完成进度，及时发现、汇总和解决问题，对项目建设情况进行定期监测评估，并及时发布评估结果。对于目标任务及建设项目的前期、建设及完工各环节的技术审查，委托第三方机构进行技术把关和质量监督。

5.14.2 资金保障

积极获取资金支持。积极响应交通运输部办公厅、国家发展改革委办公厅《关于组织开展第四批多式联运示范工程申报工作的通知》，争取申报成功，并根据"多式联运示范工程"工作的资金投入状况，向交通运输部、国家发改委、自治区交通运输厅和发改委申请，给予一定的资金补助。同时，积极争取交通运输部和国家发改委对具有多式联运功能的物流园区、甩挂运输、多式联运干支结合末端配送、多式联运节能减排、多式联运技术、信息标准对接研究、多式联运装备标准衔接、多式联运信息平台及设备购置等项目的支持。

以政府资金引导、带动企业和社会投入。按照"以政府资金引导、带动企业和社会投入"的基本原则，加大多式联运发展经费保障力度。建立符合市场机制、多元化、多渠道和可持续发展的投融资渠道。政府财政资金主要用于对重点应用示范项目的扶持、多式联运信息资源的公益性开发和利用、多式联运关键技术和重大政策的研究。

创造良好的体制环境。需建立稳定有效的"国家投资、地方筹资、社会融资"的多元化、多渠道的交通运输发展投融资机制新平台。建立政府基础设施风险补偿机制，为社会资本和民间资本投向多式联运交通基础设施建设创造良好的体制环境。

5.14.3 服务保障

完善信息系统。要实现服务保障，建立完备的信息体系必不可少。建立完备的信息系统，便于进一步的整合资源与信息，提高克拉玛依多式联运项目的高效稳定运行，为克拉玛依市多式联运的发展提供持续性动力。完善信息系统便于搭建市场电子交易平台，能够降低社会物流总成本，促进物流行业集约化运营以及良性发展，提高物流行业服务水平，为政府充分的市场监管和服务职能提供有力的技术保障，节能减排，减少环境污染。完善信息系统保证了工程数据一致性，保障了基础数据的准确和有效传递，可实现优化调度控制，统筹规划场站、机械配比、作业计划、作业时间等因素，对影响作业持续性、协调性和均衡性的冲突进行预警，并加以干预，达到最优调度控制的目的。完善信息系统可促进多式联运一票制的发展，在物流平台建设上，实现信息资源实施共享，运输信息、货主信息的一票制。

物流设施设备先进，提高物流效率。机场、铁路货运站、海关监管仓（锦泰）及新疆石油管理局物资供应公司等企业具有雄厚的物流设施设备基础和先进的交通运输技术，包括拟在库区建设自动化装卸矿产品站台及堆场，集装箱叉车、集装箱正面吊、集装箱场内牵引车、铁路驼背运输等，高效完成集装箱堆码及转运，可按区域规划同时群机作业，减少集装箱班列停留时间，能根据集装箱货物流向快速高效的完成配车出库，不断推进道路货运业的集约化经营，实现高效运输，实现从发货单位到收货单位的"门到门"直接运输，减少了运输过程中的货损和差错，加强多式联运的高效衔接。

与诸多企业开展战略合作。景明、易路、机场、铁路货运站、海关监管仓（锦泰）及新疆石油管理局物资供应公司联合签署合作协议，实现战略性合作，发挥各方优势保障物流服务，进一步促进中俄贸易西通道经济走廊多式联运新模式的发展。

5.14.4 政策建议

积极争取各级政府政策支持，增强保障能力。一是申请国家支持克拉玛依市将保税物流仓升级为政策最优惠、功能最全、层次最高的国家级综合保税区，努力把克拉玛依建设成为新疆内陆型经济开发开放的战略高地、重要国际区域经济合作中心。二是积极争取国家和自治区推进新疆丝绸之路经济带核心区建设的优惠政策，尤其是自治区赋予克拉玛依市的战略任务——丝绸之路经济带交通枢纽中心、丝绸之路经济带商贸物流中心等方面的优惠政策和措施，支持克拉玛依市建设天山北坡经济带开放型城市自贸园区，将其作为上海自贸区的延伸，将上海自贸区可复制可推广政策充分在克拉玛依自贸园区推广和实施。三是积极争取优惠政策，发挥区域优势和交通优势，打造中俄贸易西通道经济走廊的国际货运班列新疆集结中心。

出台地方配套扶持政策，推进工作效率。吸引企业入驻，才能保障中俄贸易西通道经济走廊多式联运示范工程的高效运行，进一步贯彻落实国家"一带一路"发展倡议。同时，抓住国家实施促进物流大通道等战略机遇，带动克拉玛依市物流业的快速发展。

积极打造现代化国际内陆港，完善发展环境。力争克拉玛依保税物流仓升格为国家级综合保税区。克拉玛依市将紧紧围绕该中心，以物流国际化为目标，逐步打造以进口农副产品、重油、精粉、球团矿及铝锭等稀缺资源为主的综合集散中心，以出口家居、建材、汽车汽配及农资农副产品等特色商品为主的直拼中心，以亚欧红酒及食品交易为主的现代展示中心，形成"港口内设、就地办单、陆铁联运、无缝对接"的国际内陆港模式，力争"十四五"期间将克拉玛依保税物流仓升格为政策最优惠、功能最全、层次最高的国家级综合保税区，努力把克拉玛依建设成为新疆内陆型经济开发开放的战略高地、重要国际区域经济合作中心。

全面建设特色农产品出口加工示范基地，牢固发展基础。克拉玛依市特色农产品主要产品以蜂蜜、葵仁、番茄酱、乳制品、肉类等为主，现已建成以蜂蜜、葵仁、食品为主的三大特色农产品进出口加工基地。克拉玛依市将以三大特色农产品出口加工基地为依托，充分发挥区位优势和周边地区农产品特点，加快发展优质蔬菜、干鲜水果、乳制品等特色农产品加工业，建立相关产业基地和产业集群，努力把克拉玛依打造成北疆地区农产品出口加工集散地和转运中心。

加快多式联运人才培养和引进。现代物流人才是多式联运项目建设的重要基础，必是具备商贸、金融、运输、系统工程、信息技术与手段等复合型知识和才能。而目前多式联运业务人员素质和培训仍较为欠缺，很多网络化物流系统的功能无法灵活运用，在大政策面前，多式联运需要经营管理的现代化和规范化，从长远看，多式联运在硬件投资和信息投资的同时，也要注重多式联运软件的建设，采取多种形式加强培养，完善物流学科体系和专业人才培养体系，以提高实践能力为重点，探索形成在校培训、在岗培训、社会培训等培养物流人才的模式。

| 第 6 章 |

克拉玛依市多式联运新模式建设规划

6.1 规划背景

为贯彻落实国家"一带一路"倡议，中蒙俄经济走廊规划，中俄贸易西通道经济走廊，丝绸之路经济带核心区建设，新疆社会稳定和长治久安，自治区党委"1+3+3+改革开放"决策部署，中石油集团公司推动新疆油气业务大发展、实施 5000 万吨油气当量上产工程，陆港型国家级物流枢纽建设，中欧班列新疆集拼中心克拉玛依集疏中心建设布局，紧抓开放型经济和对口援疆工作等历史机遇，助推丝绸之路经济带核心区克拉玛依国际陆路港综合体及国际商贸物流园区建设，以克拉玛依国际陆路港综合体和国际商贸物流园区建设为突破口及抓手，激活克拉玛依市资源型城市结构转型，破解克拉玛依市"孤网"态势，寻找经济发展新动能，促进产业升级和高质量发展，将克拉玛依市打造成"一带一路"上的世界能源城、中俄贸易西通道经济走廊国际商贸物流起点城市，高质量国际陆路港综合体物流服务区，使之成为世界知名、全国一流的"互联网+、金融+、大数据+、智慧+、文化旅游+"国际商贸物流协同发展示范之城，向南方向连接中巴经济走廊、向北方向中俄贸易西通道经济走廊的起点，向东方向连接我国三大经济区、向西方向连接欧洲经济圈（中欧班列经济走廊）的新疆北疆区域中心城市、国际商贸物流综合服务中心、新疆北疆区域经济圈国际商贸物流发展高地、国际能源城人才集聚高地,特编制本规划方案。

6.2 规划范围

规划范围为克拉玛依市行政管辖区域,包括克拉玛依区、独山子区、白碱滩区、乌尔禾区,2个乡:乌尔禾乡、小拐乡,6个街道办事处(天山路、胜利路、金龙镇、五五新镇、三平镇、百口泉),包括克拉玛依市国家级高新技术经济开发区、奎屯—独山子经济开发区,涉及塔城地区乌苏市及相邻兵团部分区域,总面积约7733平方公里,总人口约45万人。

6.3 规划对象

规划对象主要为国际商贸物流业。内容包括:国际商贸物流、区域商贸物流、国内商贸物流、城市商贸物流及城镇商贸物流。分为:生产性国际商贸物流服务业与生活性(服务性)国际商贸物流服务业。统计范畴主要包括国际贸易、国内批发和零售业、住宿和餐饮业、交通运输、仓储和邮政业。

6.4 规划期限

基准年为2018年,规划期限为2019~2025年,其中近期至2020年,远期至2025年。

6.5 发展基础

6.5.1 经济基本情况

经济规模持续扩大,增速日益趋稳。2017年,全市地区生产总值722.4

亿元，较上年增长 7.5%。

（1）农业全年全市农林牧渔业增加值 5.4 亿元，比上年增长 4.8%。

（2）工业全年全市规模以上工业企业实现工业增加值 546.4 亿元，较上年增长 8.5%，油气产量有微降趋势，石油加工品有增长趋势。全市规模以上工业企业实现主营业务收入 1380.8 亿元，增长 23.2%；实现利税总额 295.4 亿元，增长 62.0%，其中，税金 230.3 亿元，增长 5.2%；利润总额 65.1 亿元。

（3）全年全社会固定资产完成投资 264.0 亿元，比上年增长 40.5%。其中，中央项目投资 158.0 亿元，增长 25.1%；地方项目投资 106.0 亿元，增长 72.2%。按三次产业划分，第一产业投资 2.6 亿元，增长 4269.3%；第二产业投资 176.4 亿元，增长 25.9%，第三产业投资 85.0 亿元，增长 78.2%。

（4）邮政行业业务总量完成 9644.11 万元，比上年增长 12.17%；全市备案登记快递企业 65 家，比上年减少 19.8%。全年快递服务企业业务量完成 219.0 万件，增长 13.9%；快递业务投递量 1047.0 万件，增长 20.5%；全年快递业务收入 5687.7 万元，增长 11.3%。

（5）全年铁路旅客周转量 111.0 万人次，较上年增长 27.1%；民航旅客周转量 39.1 万人次，增长 44.0%；公路旅客周转量 75.6 万人次，下降 18.7%。

（6）全年旅游业总收入 44.5 亿元，增长 26.4%。全年接待游客 520.1 万人次，增长 27.8%。入境旅游人数 15226 人次。

（7）全年社会消费品零售总额 66.1 亿元，比上年增长 5.5%。批发和零售业零售额 57.9 亿元，增长 5.2%；住宿和餐饮业零售额 8.2 亿元，增长 7.6%。通信器材类增长 0.6%，粮油、食品、饮料、烟酒类零售额增长 1.4%，书报杂志类增长 2.4%，石油及制品类比上年增长 4.1%，文化办公用品类增长 19.0%，中西药品类增 22.4%，金银珠宝类增长 44.4%，家用电器和音像器材类下降 3.1%，服装、鞋帽、针纺织品类下降 3.7%，汽车类下降 5.3%，日用品类下降 10.1%。

（8）全年一般货物进出口额 9151.3 万美元，比上年下 30.6%，其中，出口 6975.2 万美元，增长 10.2%；进口 2176.1 万美元，下降 68.2%。

（9）全年全市全口径财政收入 270.0 亿元，比上年下降 0.8%。全年地方财政收入91.2亿元，比上年增长8.8%。公共财政预算收入87.4亿元，增长10.6%。其中，税收收入74.2亿元，增长10.4%。在税收收入中，增值税增长28.7%，企业所得税增长7.5%，个人所得税增长17.6%，资源税增长52.5%。

（10）全市金融机构各项人民币贷款余额532.8亿元，比年初减少61.7亿元，下降10.4%。境内存款余额1147.4亿元，增长15.4%；境外存款余额111.6亿元，增长30.5%。在境内存款中，住户存款余额314.8亿元，增长6.3%；非金融企业存款余额593.2亿元，增长10.3%。

（11）新疆医科大学克拉玛依学院，中国石油大学（北京）克拉玛依校区稳步扩大招生规模。2017年录取学生790人，2017年9月招收首批留学生。目前，校区在校学生1186人，在校留学生14人。全年全市有8家企业申报高新技术企业，3家高新技术企业复审，目前，全市共有高新技术企业45家。全年申请专利835件，其中，发明专利188件；授权专利411件，其中，发明专利76件。

（12）全市总人口（不含辖区内兵团人口）为442769人，其中户籍人口30740人，暂住人口为135363人。全年全市城镇居民人均可支配收入39000元；农牧民人均纯收入22695元。2018年，全市地区生产总值898.1亿元，较上年增长6.7%，分三次产业看，第一产业增加值5.6亿元，增长2.6%；第二产业增加值701.5亿元，较上年增长5.2%。工业产品销售率为99.5%。其中，地方工业企业实现工业增加值62.3亿元，增长20.0%，工业产品销售率为100%；全市规模以上工业企业实现主营业务收入1632.7亿元，增长16.0%。第三产业增加值238.4亿元，增长23.1%。三次产业结构比例为0.56∶72.90∶26.54。

结构调整步伐加快，服务经济发展特征突显。近年，克拉玛依市在稳定石油勘采的基础上，延伸石油炼化、油气化工、油气技术服务、石油石化机械制造、综合服务、商贸物流及战略性新兴产业的发展。加速推动产业转型升级，大力发展现代服务业，加大大数据、商贸、物流、商务、金融、信息、旅游等服务业基础设施建设力度，加快服务模式创新步伐，商贸物流业活力明显增强，旅游配套设施不断完善，金融服务环境优化，为石油石化能源业服务的国际化商贸物流服务发展壮大，现代服务体系初步形成，第三产业占地区总产值的比重提升。2018年三次产业看，第一产业增加值5.6亿元，增长2.6%；第二产业增加值701.5亿元，增长5.2%；第三产业增加值238.4亿元，增长23.1%。三次产业结构比例为：0.56∶72.90∶26.54。

对外开放步伐加快，国际商贸基础加强。随着"一带一路"建设推进，进出口需求加速释放，对外合作进一步深化。2018年，在全疆外贸整体下滑的背景下，全年全市外贸进出口额13319.3万美元，比上年增长45.6%，其中，出口10075.1万美元，增长44.5%；进口3244.2万美元，增长49.1%。

积极谋划境外商品从疆内口岸通关路径。2018年7月份俄罗斯冰淇淋第一次从巴克图口岸清关销往国内，标志着"中俄贸易西通道经济走廊"正式打通。新引进外贸企业与哈萨克斯坦库布列公司成功签订了2万吨价值8亿元的牛羊肉进口意向协议。计划将锦泰公司商贸物流园区及海关监管仓资产整合。支持有实力的企业与俄罗斯、哈萨克斯坦、乌兹别克斯坦、巴基斯坦、乌克兰等国企业开展油气勘探开发、工程技术服务、渔业、电力、国际贸易等投资合作。促成深圳海华电子、威海纳川管材等5家企业与本地企业建立合作关系，引进凯赛中亚生物、安吉物流、鸿芸臻万泡沫玻璃等多个项目。支持贝肯、正通、科力、宝鸡钢管等企业海外项目建设。构建具有保税特色的循环经济产业链，培育新的增长点，力促国际陆路港（综保区）成为克拉玛依市石油化工业、装备制造业、工程技术服务业、商贸物流业、战略新兴产业及综合服务业等发展的加速器，争取获批"工业加工型国家级物流枢纽"，使之成为克拉玛依市名副其实的新的经济增长极。为景昇能源、阿列克、博俊3家公司搭建跨境交流平台。依托克拉玛依景明对外贸易有限公司，着力打造商贸物流平台。

克拉玛依市积极举办和参与国际化论坛活动。建立城市友好合作关系，加大推介宣传力度，为进一步开展文化交流、经贸合作奠定了基础，国际商贸物流发展能力不断增强。

体制改革不断深化，政府服务效能提升。克拉玛依市积极推进"放管服"改革，转变政府职能，弱化计划控制职能，强化协调促进服务职能，政务服务体系不断完善，近年取消、调整、合并审批事项近200项，商务服务环境明显优化。加快推进行政服务体制改革，着力建设法治化国际营商环境。电子政务建设稳步推进,服务效能显著提高,社会管理能力和公共服务水平整体提升。

总之,克拉玛依市的石油石化产业经济总体上出现增量不足,服务业各项指标增长速度加快,国际商贸物流发展动能发力明显,亟须通过国际陆路港综合体(综合保税区)的建设培育扶持这一新的经济增长极。

6.5.2 国际商贸物流基础

国际商贸物流增速明显。近几年,凭借交通便利条件改善、石油石化能源市场需求波动向好、高质量产品消费需求剧增等优势,克拉玛依市国际商贸物流业发展迅速,初步形成对石油石化产品类(核心产品为原油、石油焦、多烃等)等生产性国际商贸物流服务业的积极探索,积极推进物流配送、住宿餐饮、商务、旅游、金融、信息等生活性物流服务业多元化发展格局,国内、区内等知名商贸物流企业相继落户克拉玛依市,国际商贸物流业水平和辐射力得到提升,国际商贸物流活动更加活跃。国际商贸物流供应链组织集聚显著。

国际化加速。克拉玛依市以石油石化产业链延伸、供应链服务能力提升的国际商贸物流业基础设施建设为主要抓手,利用海关监管仓条件加快推进国际商贸流通体系,着力扩大"一带一路"沿线国家或地区的国际商贸物流一体化发展,尤其是与俄罗斯、哈萨克斯坦、乌兹别克斯坦、蒙古国及欧洲各国的贸易交流合作。2018 年外贸进出口额 13319.3 万美元,比上年增长 45.6%,其中,出口 10075.1 万美元,增长 44.5%;进口 3244.2 万美元,增长 49.1%。

创新发展能力较强。近期,克拉玛依市主动与援助城市上海市、杭州跨境电商公司及成都中欧班列运营公司开展对接与合作,持续支持克拉玛依市企业与俄罗斯的额木舒克州、新西伯利亚市企业,与哈萨克斯坦的东哈萨克斯坦州企业的能源、多烃,与乌兹别克斯坦的石油勘探开采企业看展石油石化装备及消费品贸易企业的日用消费品等产品的国际公铁水联运项目研究和实施。

国际商贸物流现代化水平与能力不断提升。积极探索新业态、新模式。

用"大数据中心+智慧城市、智慧油田"建设契机与传统商贸物流互联网化、物联网化融合发展，呈现多样化发展态势。此外，积极推动"国家级高新区""综合保税物流园区"、中俄贸易西通道国际陆路港及多式联运中心示范工程申报工作，九公里铁路物流园区、航空临港产业物流园、能源矿产物流园、小商品综合市场、电商文旅商贸物流园、冷链物流园等物流网络日益健全，与周边高速公路、国道、省道形成综合交通运输网。

区域性商贸物流集聚特征雏形明显。在市域内有80多家物流企业，20多家有规模市场，400多家商业网点及克拉玛依保税直购中心。扶持国际商贸物流中小微企业发展，打造"实体店+社区电商+O2O+社区社群"全渠道零售网络模式，与第三方及第四方物流企业合作，开展城市共同配送等增值服务。2018年，克拉玛依市商贸物流业增加值约121亿元，比上年增长47.9%。

集聚发展趋势明显。在"十三五"期间，充分利用两个市场、两种资源，克拉玛依市着力建设6大综合性物流集聚区，石油石化能源类供应链创新型企业主营业务突出，发展方式各具特色，且已初具规模，根据合作协议计算年总吞吐量约300万吨。高新区（白碱滩区）国际商贸物流集聚区现已入驻71家企业，年吞吐量200万吨；克拉玛依区综合商贸物流集聚区以城市生活商品配送为主，已建和正在建设的冷链物流企业年吞吐量20万吨，火车站周边区域已经形成集仓储、包装、配送等功能于一体物流基地，入驻多家大宗物资企业，年货物吞吐量10万~15万吨，航空货运已有零的突破；独山子区国际商贸物流集聚区交易平台和商贸物流的七大功能区框架基本形成，现有16余家企业入驻园区，货运承载量达160万吨，辐射整个北疆地区；乌尔禾文化旅游与商贸物流服务园区初步形成，年吞吐量4万吨。已形成以九公里铁路物流园区、国际航空物流港、锦泰海关监管仓——仓储物流园、奎屯—独山子经济技术开发区物流园区、乌尔禾文化旅游与商贸物流服务园区等六大物流园区为引领，年物流量预计约700万吨，集聚发展趋势明显。

中俄贸易西通道经济走廊的国际商贸物流起点城市。从物品角度看国际商贸物流服务分布为：基于能源、石化、农副产品、冷链等产品供应链国际商贸物流产业优势，集聚效应明显。其中，石化类国际商贸物流综合服务能力大幅提升，已发展成为集聚"一带一路"沿线国家和地区、辐射世界的新疆油气交易和物流中心，国际多式联运物流企业、检验检测、仓储运输等设施不断完善，服务水平不断提升。

成为国际商贸物流业重要平台之一。克拉玛依海关监管仓对国际商贸物流促进作用日益凸显，但因功能单一影响克拉玛依市国际商贸物流企业的引进和培育、约束国际商贸物流综合服务功能的提升。亟须要具有保税仓储、出口退税、国际贸易和转口贸易、全球采购和国际分拨配送、简单加工和增值服务、三日游等功能的园区，为物流国际化发展提供了便利。急需要具有国际商贸物流交易平台，最好开通中—蒙—俄—哈等网上跨境交易系统，可在线买卖时尚品、能源产品、冷链产品，实现"跨境竞价拍卖""跨境征信""跨境结算""跨境物流"等国际商贸物流服务平台。以服务国际陆路港综合体（综合保税物流园区、多式联运中心等）跨境大数据—电商平台为支撑的国际商贸物流发展模式培育形成，物流国际化基础进一步夯实。使克拉玛依真正成为中俄贸易西通道经济走廊上的国际商贸物流起点城市、新疆北疆产业供应链区域中心城市。

6.5.3　发展比较优势

空间地理区位优势。克拉玛依是"瓜达尔港—喀什—阿尔泰—新西伯利亚"贸易大通道的国际商贸物流中心节点，联通阿尔泰、喀什的铁路、克准高速开工建设，陆路枢纽地位更加凸显，具备进出口货物集散的经济辐射合理范围的天然地理优势。当前，"中巴经济走廊"已经进入实质性推进阶段，中俄贸易西通道的跨境经济贸易走廊正在形成。克拉玛依市位于丝绸之路经济带核心区北疆地理区域中心位置，中俄贸易西通道经济走廊的起点城市区位，东距乌鲁木齐市315公里，向东、西、北对接10多个边境口岸，是我国与中亚、欧洲陆路连接的地理空间关键支点。同时，克拉玛依处于新疆西部南北疆联通大通道之上，北接阿尔泰、北屯，向南通达奎屯、库车、阿克苏、喀什等地，多条高速公路和铁路交会于此，区位优势逐渐明显。如图6-1、图6-2所示。

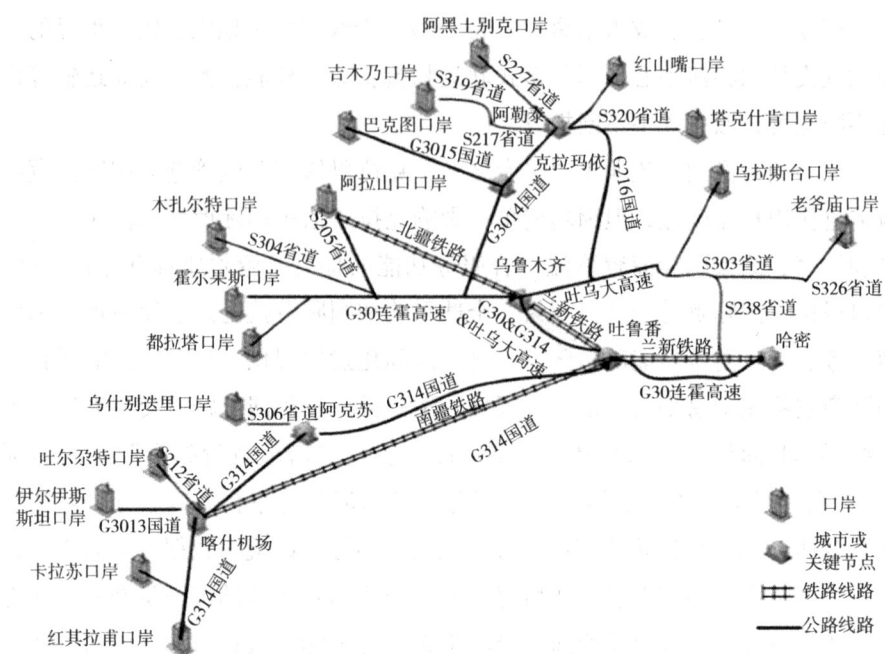

图6-1 克拉玛依市与口岸近等距连接的空间结构图

图6-2 克拉玛依市在新疆北疆地理空间核心区位图

交通优势及综合运输网络中心节点渐显。综合交通运输设施较为完善，但服务功能有待提升。拥有航空、铁路、管道、公路的多种运输方式，其中克拉玛依火车站成为中欧班列的编组站和陆路口岸的计划在协调中，如实现可成为中欧班列境内西端最近的连接站，建设克拉玛依铁路枢纽和公路交通枢纽已列入《丝绸之路经济带核心区交通枢纽中心建设规划（2016～2030年）》。

克拉玛依是新疆重要的客流、物流、资金流和信息流集散地。拥有发达的交通通信网络，新疆北疆区域旅游集散中心建成后，将更大程度地发挥"聚人流、促消费"的作用，为国际商贸物流业发展打下坚实基础。克拉玛依市国际化物流通道网络如图6-3所示。

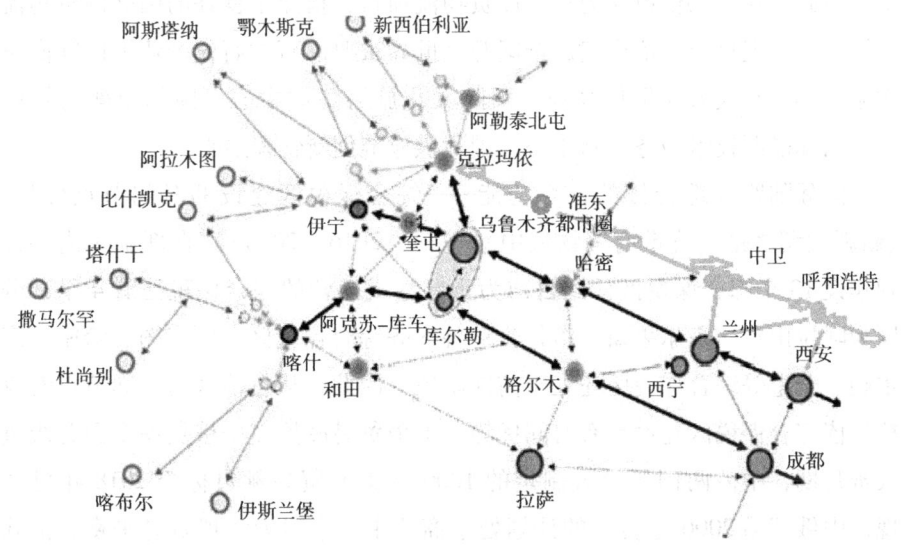

图6-3 克拉玛依市国际物流通道网络示意图

油气资源供应链优势。克拉玛依油气产量占据全疆的70%以上，金融业和旅游业资源相对较丰富，为克拉玛依发展国际商贸物流提供较有力的时间和空间上的支撑。

大数据通信网络资源优势。大数据通信网络资源为克拉玛依国际商贸物流现代化发展提供了有力保障，克拉玛依大数据通信系统是新疆区内两大大数据中心建设基地之一，具备国内外先进的通信手段，实现网络全覆盖。

国际商贸物流业发展政策优势。2010年国家及自治区将克拉玛依定位为国家能源储备基地之一。综合保税商贸物流园区、农产品冷链、石油石化物流园区等建设已被列入《新疆丝绸之路经济带商贸物流中心规划（2016～2030）》，《新疆商贸物流业发展规划》进一步明确了克拉玛依为重要商贸物流城市之一，克拉玛依已获得建设商贸物流中心的政策保障，也将获得更多的政策资源支持。克拉玛依市政府把国际商贸物流业作为支柱产业重点扶持，高度重视国际商贸物流业的体系建设和规划，整合优化现有资源，以提升海关监管仓为综合保税区为契机，建设好国际陆路港综合体，把克拉玛依市建设成区域国际商贸物流中心，中俄贸易西通道经济走廊多式联运起点城市。为此，克拉玛依市大力扶持商贸物流项目，搭建了良好的国际商贸物流政策平台，把克拉玛依市建成全国乃至世界重要的石油石化产业链国际商贸物流之都、高级人才聚集高地、国际文化旅游集散中心、国际金融清算中心、国际能源技术服务创新中心、国际供应链创新管理中心。

国际陆路港综合体的核心功能——综合保税区建设的时间节点优势。《新疆丝绸之路经济带商贸物流中心规划（2016～2030）》在新疆区内共计划建设13个综合保税区，到目前为止已建成运营的综合保税区有4个，分别为阿拉山口、霍尔果斯、喀什、乌鲁木齐综合保税区，巴克图、哈密、库尔勒、奎屯等综合保税区还处于前期阶段。因此，从自治区内时间节点看克拉玛依综合保税区建设具有时间优势。中美贸易摩擦使中俄贸易全面升级进入蜜月期，中俄两国领导人制定的1000亿美元贸易额目标于2018年已实现，中俄贸易2000亿美元的计划处于商谈中。中国为实现贸易平衡、消除贸易顺差而扩大进口额度，放宽了国际贸易配额，降低了国际商贸物流海关税率，国际商贸物流的便利化政策频出，克拉玛依市前期的探索也已进入收获期，克拉玛依正争取满足申报综合保税区的条件。

国际商贸物流供需旺盛优势。中国、新疆、克拉玛依市与俄哈蒙三国之间存在着商品需求市场的互补。我国对石油石化能源、矿产资源、木材、农副产品及食品需求旺盛，俄哈蒙三国对石油机械、信息电子、农业机械、服饰、日用消费品及果蔬产品需求旺盛；全疆对原油、石油焦、多烃等需求每年约1000万吨，缺口约600万吨；对石油机械、信息电子、农业机械、服饰、日用消费品及果蔬产品出口欲望急切；根据克拉玛依市企业设计产能估算，目前对石油焦、多烃的年需求约为400万吨，对肉类、水产等冷链产品年需求约为6000吨，动力煤炭150万吨。

中俄贸易西通道多式联运优势。中俄贸易西通道经济走廊多式联运方式有公铁联运、公水铁联运、公铁空联运等。克拉玛依—巴克图—阿亚古兹—新西伯利亚的公铁联运通道顺畅，克拉玛依—吉木乃—库尔西姆—鄂木斯克的公水铁联运通道基本具备运行条件，克拉玛依—红山嘴—乌列盖公路通道顺畅。公铁空联运通道正在协调中。该通道与中俄贸易其他通道相比，具有路径短、成本低、资源地与需求地匹配、城市间及参与各方合作意愿强烈等优势。

物流安全保障系统能力优势。反恐维稳"组合拳"统筹推进。全力构建立体化社会治安防控体系，新建便民警务站254个，升级改建环城检查站14座，加强危爆物品和管制刀具管理，实现社会面布防"零死角"、危险因素"零进入"、重点要素"零遗漏"。集中全市优质资源统筹施教，重点群体培训教育取得积极成效。深化"五讲"教育，各行业各系统主动发声亮剑，反恐维稳宣传教育实现全覆盖。社会治理效果显著提升，"访惠聚"工作队积极发挥作用，建强了基层组织，提升了群防群治水平。连续7年入围"全国最安全城市"排行榜，各族群众安全感不断增强。

6.6　面临问题

6.6.1　产品供应链综合资源要素匮乏

克拉玛依市域属于单一资源型城市，石油资源相对丰富，但仍处于不稳定状态；具有禀赋优势的矿产、劳动力、农产品等资源相对较少，依靠市域自身资源实现大生产、大市场、大物流面临的硬约束仍存在。提升国际商贸物流资源整合能力的基础设施条件仍面临挑战。尤其是，随着经济社会国际化、信息化、专业化发展不断深入，人才制约明显，基层人员素质和职业技能有待综合提升，高端国际物流管理人才、物流技术研发人才短缺，智力软约束亟待解决。

6.6.2 物流基础设施"孤网"问题好转但不完善

目前克拉玛依市的综合交通还没有形成网状结构；电力线路及交换结构还处于独立供给状态；贸易商品种类结构还是单链结构；物流组织多为枝状结构；人员、技术、信息、金融等服务结构多为单向流动或低层级的双向流动，交互性单一。

6.6.3 市场支撑偏弱

一种产业独大、所有制结构单一、市场化程度偏低将会长期存在。农业生产规模小且结构单一，占经济总量比重小，周边区域产品单向输入性较强。轻工业不发达，食品、医药、能源环保、生物科技等产业尚未形成体系和规模。油气开采资源地外迁后，工业经济的支撑能力有进一步减弱的趋势。城市人口基数较小，有外流趋势，本地消费需求动力不强。双向开放市场格局有待提升，国际商贸物流企业数量、所有制结构、规模等都亟须调整，进出口产品和目的地相对单一，国际商贸物流对经济的拉动作用、集聚作用亟待加强。

6.6.4 服务类型、内容、功能及流程等同质竞争凸显

目前，克拉玛依市物流园区与周边地区园区服务类型、运作模式、管理模式、赢利模式等同质化严重。物流园区所服务商品雷同、定位专业化分工不清，争夺市内市场严重。但各类物流园区建设进展较快，园区数量及营业面积不断增加，由于缺少全局统筹，各园区之间功能定位重叠，资源争夺剧烈，恶性竞争现象时有发生，因功能缺失、贸易便利化水平低、成本偏高等，如海关监管仓面临较大生存压力，不利于健康持续发展。从区域范围看，克拉玛依市与塔城、伊宁、阿尔泰、博州、奎屯等地的园区、交易市场存在重复和同质化现象，竞争激烈，产业布局地区性差异缩小，造成不少物流资源闲置浪费。

6.6.5 管理体制制约

由于地理空间与塔城、伊宁、阿尔泰、博州、奎屯等地区相邻,加上新疆生产建设兵团几个师,形成了"一河一路之隔,五地六方管理"的特殊体制,多头管理、协调低效等问题较为严重,"五地六方"行政管理体制约束突出,区域发展未形成合力。克拉玛依市域内,石油企业与市级管理之间的深度协同管理与分工仍需要再完善。

6.7 发展环境

6.7.1 国际环境

国际商贸物流发展潜力巨大。当前,全球贸易、产业供应链一体化趋势未改,"一带一路"倡议加速实施,中美贸易摩擦处于不稳定态势,中国进口博览会效应溢出,新疆稳定红利释放,国际产业转移步伐加快,跨国生产、采购、销售的全球商贸供应链物流模式得到快速推广,对共享信息环境下的仓配一体、多式联运等的依赖越来越强。国际商贸物流业发展动力充足,市场需求旺盛。2017年7月,中俄共同启动欧亚经济伙伴关系协定工作,旨在加速推进欧亚经济一体化进程。"丝绸之路经济带""中巴经济走廊"等国际化工程顺利推进,我国与中亚、南亚等周边地区的经济互补性明显,区域性国际商贸物流需求旺盛。克拉玛依具有联结东西、贯通南北的潜在区位优势,是中俄贸易西通道经济走廊上的国内起点城市,拥有向四向发展的铁路、公路、航空、管道等交通运输潜质基础,优势明显的大数据、互联网、信息、金融等服务业,使国际商贸物流业具有高质量、高增加值的独特发展潜力。中国新疆克拉玛依与中亚、西亚、南亚、东南亚、欧洲等之间贸易互补性强,将为克拉玛依乃至新疆国际商贸物流发展带来新机遇。

国际商贸物流技术创新步伐加快。近几年,为适应全球不断加速的经济节奏和不断提高的效率需求,国际商贸物流技术创新步伐明显加快,商贸物流基础设施综合体建设、自动化设施设备、智能化信息技术、个性化顾客高效服务手段等广泛应用，资源整合与节约、环境友好与可持续发展模式日益得到重视。构建以数字技术、网络技术为基础的智慧化发展体系已成国际商贸物流业发展的共识。通过装卸车辆、仓储设施、搬运工具等机械化、自动化设备广泛应用，并通过通信技术实现互联互通和协作共享，而实现降本增效。在提升基础物流服务水平的基础上，现代商贸物流系统向采用大数据、云计算、物联网等信息技术，数字化、网络化、平台化、智能化方向发展。构建现代商贸物流—供应链系统备受重视。目前，国际知名物流企业纷纷向上下游延伸，构建研发、包装、运输、仓储、货代、金融等一体化服务链网，实现物流信息与采购供应、生产制造、仓储运输、市场销售等环节无缝对接。因此，克拉玛依国际商贸物流业以智慧技术应用为核心的创新发展模式动力增强。

国际商贸物流成本效率持续改善。经过几十年发展，凭借先进的物流技术和管理方式，发达国家商贸物流市场趋于成熟，企业效率逐步提升，物流成本不断下降。美国物流成本与GDP的比率相对较低，且呈下降趋势，从2007年的8.6%下降至2017年的7.5%。日本通过提升装载率、削减库存以及科学规划物流布局等举措来降低物流成本、提升物流效率。大力发展第三方物流，日本第三方物流市场份额为80%，英国为76%，美国为58%，第三方物流发达程度反映物流行业的专业化水平。目前，国内物流成本效率改善空间较大，2017年我国物流总费用与GDP比率为14.6%，处于较高水平，中西部地区物流成本更高约为16%，新疆维吾尔自治区物流成本约为20%，根据目前项目组调研的数据，2018年克拉玛依商贸物流降本约为19%，比塔城、阿尔泰、博州低约1.5%，与伊宁基本相同，降本增效空间较大。

6.7.2 国内环境

"一带一路"倡议为国际商贸物流发展带来重要机遇。"一带一路"倡议是中国全方位对外开放的新理念、新实践，契合了沿线各国求发展、谋合作的愿望。目前，倡议已经进入落地实施阶段，我国与沿线60多个国家和国际组织签署了100项合作协议，同30多个国家开展了产能合作，"中巴经济走廊"的铁路、公路、管道、光缆等建设项目相继启动,瓜达尔港全面运营,投资贸易互促互利局面正在形成,为对外经贸发展增添了新动能。与此同时,随着国内产业逐步从东向西转移,中西部地区营商环境日益优化,外向型产业链、供应链日趋好转,利用外资、对外投资、进出口贸易等发展能力不断增强,为克拉玛依发展外向型经济、推进商贸物流国际化创造了良好环境。尤其在"丝绸之路经济带"核心区建设中,商贸物流中心为其五大建设任务之一。克拉玛依地处"中俄贸易西通道经济走廊"起点和"巴中俄经济走廊"中心位置,打造中亚、南亚、西亚、西北亚的合作交流中心、商贸物流中心和交通运输枢纽将迎来重要机遇。

国际商贸物流业战略性地位进一步明确和加强。近几年,党中央国务院高度重视商贸物流发展,接连出台多项相关政策措施。2014年9月国务院发布《物流业发展中长期规划》,把物流业定位于支撑国民经济发展的基础性、战略性产业。2017年8月国务院办公厅印发《关于进一步推进物流降本增效促进实体经济发展的意见》,将提升物流业发展水平作为推进实体经济健康发展的主要动力之一。国家发改委、商务部、财政部、国土资源部、交通运输部、邮政局等部门陆续出台了《鼓励和引导民间投资进入物流领域的实施意见》《关于进一步促进冷链运输物流企业健康发展的指导意见》《关于加强物流短板建设促进有效投资和居民消费的若干意见》《供应链创新发展的指导意见》等指导性文件,自由贸易港、自由贸易区、国际陆路港、多式联运示范、公转铁、综合保税物流园区等工程实施,提出相应的鼓励措施和支持手段。未来一段时期,商贸物流业在服务国家重大战略、推进供给侧结构性改革、高质量发展等方面将继续发挥先导性作用。

国际商贸物流政策成效逐步显现,发展环境日益优化。随着简政放权、放管服、服务优化等改革推向纵深,国际商贸物流业发展环境不断优化,行政审批程序持续简化,相关规划和标准体系不断完善,地方政府积极落实,更加注重区域商贸物流发展,出台不少土地、资金、税费、运输管理等配套措施,产业、技术、市场、人才等环境不断改善。同时,电子商务、公益性市场、骨干流通网络、物流标准化、冷链物流、追溯体系等一大批示范项目稳步推进,中央财政资金引导作用初见成效,农商互联、共同配送、托盘共用等模式大大提升了物流效率,信息化、标准化、集约化进程稳步推进,为克拉玛依优化物流发展环境、创新物流管理模式提供了经验和样板。

6.7.3 自治区环境

丝绸之路经济带核心区建设快速推进。第二次中央新疆工作座谈会明确了新疆丝绸之路经济带核心区的战略定位。《推动共建丝绸之路经济带和21世纪海上丝绸之路的愿景与行动》进一步提出，新疆要通过深化与中亚、南亚、西亚等国家交流合作，建设丝绸之路经济带上重要的交通枢纽、商贸物流和科教文化中心。2017年3月，新疆印发《丝绸之路经济带核心区商贸物流中心建设规划（2016~2030年）》，明确了全疆"一核、九区、多节点"的商贸物流发展布局，打造环乌鲁木齐商贸物流核心圈，其中克—奎—乌被定位为九大商贸物流产业集聚区之一。目前，丝路核心区建设已取得多方面进展，东部部分企业开始在新疆投资布点，瞄准中亚、西亚、欧洲广阔的市场，自治区内聚集效应日益明显。克拉玛依是新疆丝绸之路北疆通道重要节点，具有重要的战略地位，打造"生产型国家级物流枢纽"是落实丝绸之路经济带核心区建设的实际行动。

自治区经济和贸易形势稳定向好。近几年，新疆经济发展整体平稳，经济规模不断扩大，消费潜力较大，服务业尤其是文化旅游业快速增长，国际商贸物流呈回稳趋势。2017年，新疆实现地区生产总值10926.23亿元，按可比价计算，比上年增长7.6%，高于全国增速0.8个百分点；边境贸易增长22.2%，对哈萨克斯坦、吉尔吉斯斯坦、俄罗斯的进出口额分别增长10.1%、21.7%、42.0%；累计新批外商投资项目74个，其中交通运输、仓储和邮政业占比最大，引进外资水平不断提升，国际商贸物流业发展环境日益向好。

新疆国际化商贸物流格局初步形成。《丝绸之路经济带核心区交通枢纽中心建设规划（2016~2030年）》提出，向东优先畅通与国内联系的北、中、南大通道，向西重点打通多国多方向国际运输通道，构建"四廊四轴四层级、双环闭合互联型"交通运输框架，形成以乌鲁木齐为中心，东联内地、西出中亚、通达全疆的交通网。克拉玛依位于北疆通道联通的中心位置，是中俄贸易西通道经济走廊的起点城市，是新疆国际商贸物流发展的重要支点,克—奎—乌组合已被确定为国家五个交通枢纽之一,克拉玛依将被确定为新疆北疆区域"五地"的国际商贸物流业多式联运枢纽中心(按产业供应链系统能力划分)。目前,新疆已与哈、吉、塔、巴、蒙、俄等6国开展了国际道路运输双边合作,开通国际道路客货运输线路111条,国际航线与17个国家89个城市相连,"空中丝绸之路"雏形初现。截至2017年底,新疆累计开出中欧班列(西行国际班列)1000列,尤其新疆—中亚、新疆—俄罗斯等货运班列常态化运行,克拉玛依有被列为自治区西行国际货运班列始发地之一的可能。

天山北坡经济带集聚和辐射作用增强。天山北坡经济带是新疆人口相对集中区域,总人口约900万人,占全疆比重40%左右。同时也是新疆经济相对发达的区域,现代工业、农业、交通运输、教育科技、商贸物流等在全疆领先。据统计,天山北坡经济带地区总产值占全疆比重为70%,其中重工业占75%,轻工业占55%。依托区位、交通、能源等基础优势,天山北坡经济带已经形成新疆经济社会发展新高地和增长极,带动、辐射和示范作用较强。克拉玛依处于天山北坡经济带向北辐射的纽带位置,发展商贸物流具有潜在优势,投资吸引力较强,有利于提升在北疆地区的集散和辐射的中心作用。

奎—独—乌"金三角"协同发展形势紧迫。奎—独—乌"金三角"是新疆重要的经济核心区之一,经济社会保持较快发展,产业结构互补性较强。其中,克拉玛依市独山子区商贸物流业具有优势,独山子以石化工业为主,乌苏农业生产较为突出,奎屯以棉花和煤炭为主,三地具有较好的区域一体化发展条件。但是,长期以来,由于缺乏区域统筹和协调,地方壁垒、粗放扩张、重复建设、同质竞争等问题逐步显现,生态环境压力加大,产业转型和协同发展形势紧迫。明确各自功能定位、优化合作补偿机制、合力打造经济共同体,是"金三角"区域融合发展的当务之急,也是克拉玛依市独山子区国际商贸物流发展的重要契机。

克拉玛依经济发展面临新矛盾、新要求。维稳工作的新常态要求货物、车辆、人员等要素流动管理,均实现3个100%的园区化要求,克拉玛依市的石油石化生产加工级服务型企业要求巩固和强化克拉玛依市的区域性保税商贸中心服务地位要求强烈。"一带一路"沿线国际商贸物流竞争激烈,克拉玛依自有保税物流节点服务能力及物流通道容量较小,保税物流发展受外部影响明显,急需提高保税物流自主性、主动性和发展后劲。作为内陆经济发展的便捷化国际平台的综合保税物流园区、国际陆路港、自由贸易区、自由贸易港建设势头强劲,乌鲁木齐、西安、武威等地正全力推进平台建设,克拉玛依应全力加快工业加工型国际陆路港综合体(综合保税物流园区、多式联运中心等)的建设,解决新矛盾、满足新要求。

自治区内综合保税区发展提速。习近平总书记在出访哈萨克斯坦时提出了要创新合作模式,共同建设"丝绸之路经济带"的战略构想,第二次中央新疆工作座谈会、第五次全国对口支援新疆工作会议明确提出要采取特殊的财政、投资、金融、人才政策,支持新疆区域发展,尤其是大力支持沿边地区的发展,"一带一路"国家战略的实施,支持新疆建设"丝绸之路经济带核心区",赋予向西开放战略新内涵、新实践,新疆综合保税物流园区的发展迎来千载难逢的重大历史机遇。国务院印发了《关于改进口岸工作支持外贸发展的若干意见》《国务院关于支持沿边重点地区开发开放若干政策措施的意见》、海关总署出台了《关于支持新疆丝绸之路经济带核心区建设的19条举措》。综合保税区是经国务院批准设立在内陆地区具有保税港区功能的海关特殊监管区域,享受保税港区的税收和外汇政策,是中国开展对外贸易、促进现代物流发展的外向型特殊经济功能区,是目前中国对外开放层次最高、政策最优惠、经济功能最齐全、区位优势最明显的特殊经济区。

据乌鲁木齐海关统计,新疆获批的综合保税物流园区有:阿拉山口综合保税物流园区、喀什综合保税物流园区、中哈霍尔果斯国际边境合作中心(含综合保税物流园区)、乌鲁木齐综合保税物流园区,乌鲁木齐出口加工区和奎屯保税物流中心(B型)等6个海关特殊监管区在运营中。

1. 阿拉山口口岸综合保税物流园区建设与发展

阿拉山口综合保税区从2010年10月向中国国务院正式呈报,2011年5月30日正式批准设立,是中国第16个综合保税区,总体规划面积5.6平方公里,预计监管和基础设施投资8亿元。阿拉山口综合保税区将分两期建设,一期工程共2.96平方公里,计划投资3.2亿元。2014年6月14日,随着阿拉山口西铁龙商贸有限公司通过铁路进口的26.5吨的货物办理了入区手续,这是阿拉山口综合保税区投入运行后办的第一笔报关业务,标志着阿拉山口综合保税区正式封关运营,成为新疆首个封关运营的综合保税区。区内的 13 条宽轨和 7 条准轨也使阿拉山口综合保税区成为全国唯一一个拥有铁路专用线综保区。通过独特的优惠政策、复制推广了上海自贸区 14 项通关便利化措施等巨大特点。

阿拉山口拥有亚洲最大室内换装站,换装能力约 1600 万吨。综合保税区北区有通用仓、低温仓、进境指定口岸、汽车整车进口口岸、进境水果指定口岸、进口植物种苗指定口岸,国家能源资源陆路安全大通道,开拓亚欧市场的枢纽港和"丝绸之路经济带"重要节点。拥有铁路、公路、管道和航空一体的综合交通运输网络体系,形成以口岸、综保区为核心,以金三角工业园、湖北工业园、精河工业园为配套区的现代产业体系。

阿拉山口综合保税区的设立,丰富了新疆打造西部区域经济增长极的战略内涵和形式,为深入实施国家沿边开放战略,巩固国家能源资源陆路安全大通道的重要地位,提升新疆外向型经济发展水平做出新的更大的贡献。

阿拉山口以占博州 4.8% 的面积和 4.3% 的常住人口,创造了占全州 18.8% 的地区生产总值。对外贸易居全国边境地区领先地位。以国际物流为主,重点服务国家向西开放战略,是西部沿边口岸过货量最多、效益最好的口岸城市。运输方式以铁路为主,从口岸通关的中欧班列占全国的 72%。目前口岸物流需求正从单一国际通关向跨境物流组织、服务全疆的进口物资分拨、服务博州生产、生活的配送服务等多元化方向转变。2018 年,阿拉山口口岸通关量达到 1152.3 万吨,通过中欧班列 2669 列,中亚班列 356 列,中哈原油管道进口原油 1138 万吨,在陆上边境口岸型国家物流枢纽承载城市中位居前列。

阿拉山口陆上边境口岸型国家物流枢纽布局为 A、B 两区,位于综合保税区北区的 A 区为枢纽主体功能承载区,主要有跨境运输组织区、大宗商品仓储区、冷链物流区、跨境电商服务区、供应链组织中心等功能区。位于产业配套区的 B 区为枢纽功能拓展区,主要配套大宗商品交易中心、公路港、大宗商品交割仓、冷藏库、原料堆场、配送中心和综合服务区等功能区。主要旨在整体提升枢纽国际班列通行能力和提升国际铁路过境运输组织效率的国际换装组织功能,旨在实现国际多式联运和区域分拨集散的国内国际一体化公路、铁路联运组织功能。旨在进一步提高国际货物口岸通关效率水平及通关便利化的跨区域通关一体化功能和海关特殊监管区创新功能。同时延伸发展专业物流服务、跨境贸易服务、大宗商品区域分拨及综合信息服务功能。阿拉山口国家级物流枢纽的发展定位：从承载"一带一路"建设国家责任使命的维度——丝绸之路经济带核心区双向开放的国际门户枢纽，从实现产业集聚和推动区域经济发展的维度——西部沿边地区经济增长极，从提高物流组织效率和口岸服务功能维度——跨境通道运输组织中心，从打造综合贸易服务平台、提升价值链增值能力维度——陆路贸易通道供应链组织中心。

依托综合保税区五大主要功能：保税加工、保税物流、货物贸易、服务贸易、虚拟口岸；享有综合保税区独特的优惠政策：一是除法律、行政法规另有规定外，下列货物从境外进入综合保税区，海关免征进口关税和进口环节海关代征税（区内生产性的基础设施建设项目所需的机器、设备和建设生产厂房、仓储设施所需的基建物资；区内企业生产所需的机器、设备、模具及其维修用零配件；区内企业和行政管理机构自用合理数量的办公用品）；二是从综合保税区运往境外的货物免征出口关税，但法律、行政法规另有规定的除外；三是综合保税区与区外之间进出的货物，按货物进出口的有关规定，办理报关手续，并按货物实际状态征税；四是综合保税区内生产企业生产出口货物耗用的水、电、气（汽），准予按现行政策规定水、电、气（汽）适用的出口退税率退还增值税；五是境内货物进入综合保税区视同出口，按现行政策规定的出口货物适用出口退税率实行退税；六是对区内企业加工、生产的货物，凡属于货物直接出口和销售给区内企业的，免征增值税、消费税。

阿拉山口综合保税区按照"一区多片、一区多园、一区多库"创新发展形式，成功打造1个平台——国际物流分拨配送中心；6大仓储交易平台——进口油气、进口粮油农副产品、进口金属矿产品、进口木材、进出口消费品电子商务平台、整车进口展示等仓储交易平台；6万平方米的标准化厂房和仓储设施、20万平方米的露天堆场、60万立方米的油品储罐，可满足原油、重油、液化气、固体危化品、普货等货物的换装、仓储、加工需求。设立商品直销中心"欧亚厅""韩国厅"，实现直销中心线上交易和线下物流配送相结合；搭建阿拉山口综保区跨境电子商务公共服务平台，为综保区发展进口油气、粮棉油、金属矿产品、木材、整车进口等大宗物资交易平台提供基于"互联网+"综合服务。

阿拉山口综合保税区分为 A、B 两区，A 区内具有多式联运功能，可以有效衔接铁路、公路、海运三种运输方式，为综保区提供多式联运全过程的物流基础服务，可以为进出口贸易加工类企业提供集散、装卸、仓储、配送、信息服务和甩挂运输等物流服务。重点与俄罗斯协商确定鲜活农副产品进出口目录清单及农副产品绿色通道。加强中俄哈标准对接。

截至 2018 年底，阿拉山口陆上边境口岸型国家枢纽总投资 30.73 亿元，已完成总投资 17.21 亿元，占枢纽总投资的 56.2%。实施了公路口岸全天候出入境车体检查室、海关公路 H986 大型查验设施等一批保障快速通关项目，不断优化通关环境、提高通关效率。综保区内铁路专用线由阿拉山口地平线石油天然气股份有限公司建设运营，由于该公司为民营企业且目前运营出现能力不足的困难，考虑将铁路专用线及其附属设施资产进行回购，拟由博州国投公司作为收购主导，由博州国投公司联合乌鲁木齐铁路局成立合资公司，共同完成资产回购，由乌鲁木齐铁路局负责铁路专用线运营。

2. 乌鲁木齐陆港型综合保税物流园区建设与发展

乌鲁木齐陆港型综合保税物流园区的发展定位：国家战略层面是中欧班列西通道集结组织中心，推动班列集拼集运组织模式创新和运营提质增效；从区域经济层面是新疆全面开放核心枢纽港，统领全疆国际陆港体系建设与发展；从产业层面是国际供应链组织服务中心，推升产业链的综合服务能力和价值创造能力；从城市发展层面是全市枢纽经济发展动力引擎，形成枢纽驱动产业集聚和城市发展的新模式。

乌鲁木齐综合保税区将不仅发挥"溢出效应"与产业聚集作用，还将充分发挥综合保税区功能，实现保税加工、物流、仓储和展销展示等综合功能。乌鲁木齐海关将按照"同步规划、同步建设、同步宣传政策、同步招商引资、同步封关运作"的要求，协助地方政府做好乌鲁木齐综合保税区下一步建设、运营的论证、咨询、服务工作。乌鲁木齐综合保税区获批，这将成为新疆向西开放的又一重要载体和促进首府对外开放经贸发展的重要平台。

2015 年 7 月 20 日，国务院正式批复设立乌鲁木齐综合保税区，当年 9 月开工建设，2016 年 12 月 30 日顺利通过国家十部委联合验收，2017 年 11 月 1 日综合保税区封关试运营，2018 年 3 月以来，乌鲁木齐综合保税区实现保税加工、保税物流业务零突破。乌鲁木齐综合保税区规划面积2.41平方公里，是继阿拉山口和喀什之后新疆建设的第三个综合保税区。截至目前，乌鲁木齐综合保税区累计投资28亿元，园区内基础设施和监管设施配套到位，国际贸易服务区一期也将部分交付使用，跨境电商物流仓正在建设中，已有31家企业落户综合保税区。

乌鲁木齐综合保税区定位于集国际贸易、保税物流、出口加工等一体的综合性保税区。主要税收政策为：国外货物入区保税；货物出区进入国内销售按货物进口的有关规定办理报关手续，并按货物实际状态征税；国内货物入区视同出口，实行退税；区内企业之间的货物交易不征增值税和消费税。

作为丝绸之路经济带核心区外向型经济发展的重要承载，乌鲁木齐综合保税区将努力打造集保税加工、保税物流、口岸作业和综合服务等功能为一体的海关特殊监管区，并依托乌鲁木齐国际陆港区和中欧班列，积极参与丝绸之路经济带核心区建设，形成区港联动，并按照"集货、建园、聚产业"的思路，实现产城融合发展。乌鲁木齐综合保税区将以完善园区配套、推进高效运转、全力招商引资为主要工作目标，加快形成管理规范、通关便捷、产业聚集、协调发展的新局面。

3. 中哈霍尔果斯国际边境合作中心（配套首开区—综合保税区）建设与发展

中哈霍尔果斯国际边境合作中心（配套首开区—综合保税区），中哈霍尔果斯国际边境合作中心是建立在中哈两国霍尔果斯口岸的跨境经济贸易区和区域合作项目，是中国与其他国家建立的首个国际边境合作中心，也是上海合作组织框架下区域合作的示范区。

中哈霍尔果斯国际边境合作中心是中哈两国领导人2003年达成的重要合作项目，2005年两国正式签署协定，2006年中哈两国共同设立中哈霍尔果斯国际边境合作中心，是我国与其他国家建立的首个跨境边境合作区，总面积5.28平方公里，其中中方区域3.43平方公里，哈方区域1.85平方公里。于2006年开工建设，2012年4月正式封关运营。2012年中哈合作中心正式封关运营后，尤其是"一带一路"倡议提出以来，依托免签入境、跨境旅游、免税购物等优惠政策以及中欧班列在运输时间和成本上的优势，中哈两国的"淘金者"不断涌入。中哈合作中心中方已完成投资100亿元，入驻商户3000多家，哈方基础设施基本完成，十大重大招商项目入驻。以进出口贸易和加工制造为发展定位。

霍尔果斯综保区于2016年封关运营，面积3.26平方公里，具有仓储、海关特殊监管、分拨和配送功能，至2018年进出区货运量16.53万吨，贸易额4.05亿元。2018年，霍尔果斯中欧班列进出境货运量202.84万吨，贸易额136.82亿美元。公路口岸货运量78.04万吨，贸易额279.45亿元。分别增长26.08%和22.23%。设计年过货量3200万吨的铁路口岸已正式运行，国际客运开通，全国最大的常年开放铁路客货运口岸，公路、铁路、航空、管道、光缆的"五位一体"国际综合交通枢纽基本形成，进出口总值占新疆已经开放的15个口岸进口总值的31.6%。出口额（491.39亿元、134.14万吨）远远大于进口额（6.56亿元、9.39万吨）。2018年中欧班列18条线路、2055列，贸易额136.82亿美元，占全疆开行总数的44.1%（出口班列1668列，主要来自连云港、郑州、成都及重庆，返程班列387列，主要来自德国、波兰、乌兹别克斯坦、哈萨克斯坦等国）。

两区（综合保税区、南部产业园区）建设为重点。农副产品深加工、木材加工、纺织服装、机械电子设备制造和生物医药五大产业基地，建设跨境电商服务贸易平台、保税商品展示交易服务贸易平台、大数据云计算服务贸易平台、跨境结算服务贸易平台和保税服务贸易平台。加快发展加工贸易、服务贸易、商贸物流、现代农业和特色文化旅游产业，推动通道经济向产业经济及口岸枢纽经济转型。出口货物主要为：机电类、服装、家电、百货、汽车配件、家具等货物。

合作中心实行"一线放开、二线监管"模式，中哈两国对项目用地实施全封闭之后各留一个出入口，两国的公民、第三国公民、无国籍公民、车辆、物资，持有效证件从两个出入口进到这个共同的区域。中国公民持二代身份证在入口办理一个纸质的通行证件或持护照、港澳通行证、台湾同胞回乡证即可进去。在这个区域内人员、车辆、物资可以跨境自由流动。

合作中心的主要功能是：贸易洽谈、商品展示和销售、仓储运输、宾馆饭店、商业服务设施、金融服务、举办各类区域性国际经贸洽谈会等，我们在规划中又增加了教育培训、医疗卫生等功能。

国务院赋予合作中心特殊的政策：一是从中方入区建设物资和自用设备

实行退税；从哈方入区的建设物资和自用设备实行免税，这一退一免之间，会对投资兴业的企业家产生很大的吸引力。二是从中方入区游客每人每天可购买8000元人民币合法免税商品，从哈方入区的游客，每人每天可以购买1500欧元的商品。三是凡是入区的经营者或游客可以在区内一次合法停留30天，30天内出区查验后再次进入，即一年出入12次，可实现合作中心内长年居住。

中心实行封闭式管理，主要功能是贸易洽谈、商品展示和销售、仓储运输、宾馆饭店、商业服务设施、金融服务、举办各类区域性国际经贸洽谈会等。实行一线放开、二线监管的"境内关外"管理模式。目前总投资300亿元的35个重点项目入驻合作中心，苏新中心、中国文化馆等10个大型商业综合体建成运营，天盛国际、丝路明珠观光塔等25个重大项目加快建设，已入驻商户3000余家，从业人员达5000余人。合作中心内免税店达75家，已成为我国西北地区最大的免税购物区，2017年合作中心入出区游客达到554万人次。

4. 喀什综合保税物流园区建设与发展

2010年5月，中央正式批准设立喀什特殊经济开发区。

2011年9月，《国务院关于支持喀什霍尔果斯经济开发区建设的若干意见》提出，支持在经济开发区内设立海关特殊监管区。同年，海关总署发布的《关于进一步支持新疆发展和稳定的8项措施》提出，在喀什经济开发区积极培育设立海关特殊监管区域和以喀什为重点规划布局海关特殊监管区域。

2013年5月，国务院批准的《喀什经济开发区总体发展规划》提出，依托喀什国际机场和国际铁路货运站，推动设立、建设喀什综合保税区。

国务院2014年9月2号发文批复，批准设立喀什综合保税区。

2015年1月8日封关运营、是南疆首个综合保税区。综合保税区位于喀什国际机场北部东侧，恰克马克河以南区域，规划面积3.56平方公里。主要设置保税仓储、保税物流、保税加工、展览展示、口岸操作、航空货运和综合配套服务七大功能区，具备国际中转、国际配送、国际采购、国际转口贸易和出口加工等功能。

2018年综保区已实现进出口贸易额7413.85万美元，货物量3350吨，保税仓储货物量突破 4600 万美元。区内注册企业 54 家，注册资金 8.1 亿元，还先后在区内和市区开设了保税展示交易中心。

6.8 指导思想、发展原则与发展目标

6.8.1 指导思想

全面贯彻党的十九大会议精神，落实习近平新时代中国特色社会主义思想，结合"一带一路"倡议及丝绸之路经济带核心区"五中心"建设，着力推动"中俄贸易西通道经济走廊"实施，秉承"创新、协调、绿色、开放、共享"发展理念，以国际商贸物流业为主攻方向，以建设中俄贸易西通道经济走廊起点城市为目标，生产型国家级物流枢纽——国际陆路港综合体（综合保税区、多式联运中心）建设为抓手，以强化物理与信息基础设施、创新国际商贸物流模式、激活市场主体、培育专业人才为重点，以供给侧结构性改革、"互联网＋""金融＋"高效物流创新为驱动，引进重大项目为抓手，服务克拉玛依市经济结构转型发展，坚持问题导向，加快补齐短板，完善国际商贸物流主体、客体、载体的技术作为支撑体系，以市场为导向引进与扶持国际商贸物流企业，推动形成大市场、大物流的开放发展新格局，建设"九大网络联动机制"为克拉玛依市经济转型发展提供新动力。

6.8.2 基本原则

科技引领，创新发展。用科技引领和创新国际商贸物流发展模式服务石油石化产业为基础。以互联网、大数据、云计算等信息技术为手段，结合智慧城市和智慧流通工程建设，借助销售终端、无线射频、企业资源计划、仓库管理系统、北斗卫星定位、冷链等新技术，推动百货、超市、仓储、物流等传统业态信息化改造，促进跨境电子商务、连锁经营、共同配送、冷链物流等新业态发展，并不断向产业链上下游延伸，培育新型产业链、价值链，创新管理模式，促进国际商贸物流业"平行道超车"，抓住稳定红利释放的

机遇期，跨越发展。

产城联动，协调发展。以供应链、产业链和价值链网络延伸为驱动力，提升服务产业在城市发展中的内生动力，城市是产业发展的主要载体。克拉玛依市国际商贸物流业发展紧密结合石油石化资源城市转型、智慧城市建设等重点工程，充分考虑产业分布、人口聚集等特征，坚持和谐发展理念，合理布局生产型国家级物流枢纽——国际陆路港综合体（综合保税物流园区、多式联运示范中心）等与产业园区、物流园区、物流中心及配送中心、便利店、社区菜店等商业网点，继续优化物流园区、市场集群等空间架构，探索国际商贸物流业发展、国内商贸物流业发展和城市商贸物流业建设融合互动发展新格局。

内引外联，开放发展。积极主动与国际友好城市、援克拉玛依上海市、东中部地区上下游企业合作，优化营商环境，扩大招商引资力度，创立"国际＋东西联动"合作平台和交流机制。充分利用克拉玛依与10多个口岸联通的区位优势，加强互通互助。推动生产型国家级物流枢纽——国际陆路港综合体的综合保税物流园区、跨境电子贸易平台与各类口岸建立合作机制，共同推进通关便利化，打通通往中亚、西亚、东南亚和欧洲的多式联运国际商贸物流通道，形成对内对外"综合保税的双向开放"格局。

循环节约，绿色发展。加强全市统筹，着力推动生产型国家级物流枢纽——国际陆路港综合体的综合保税物流园区、多式联运示范中心与石化工业园区、高新工业园区、文化旅游——商贸集结中心发展，避免功能交叉重复，改变"小、散、乱"局面，满足3个100%要求。协调推进闲置资源再利用，提高资源利用效率。加大政策扶持力度，创新政企合作模式，促进绿色流通快速发展。

区域协作，共享发展。加强与塔城、阿尔泰、博州、伊宁、奎屯及区域内兵团等周边区域合作，明确克拉玛依国际商贸物流目标定位，形成区域特色且错位发展格局。提高对农产品、食品、石油石化、电子机械设备、能源矿产、机械制造加工等国际商贸物流服务能力，加快智慧化、专业化、规模化建设步伐，打造共同配送、免税商业连锁、文化旅游餐饮服务、石油石化国际采购及会展等国际商贸流通及供应链组织体系，服务周边区域生产生活，发展成果为"四地五市"共享。

6.8.3 发展目标

总体目标

1. 力争经过 6~7 年的努力，到 2025 年，商贸物流量为 1000 万吨，国际商贸物流量 12 万 TEU，总投资 30.4 亿元（不包含土地费用），总建设面积为 10 平方公里（分 4∶3∶3 三期完成）；引进大项目 1~2 项。

2. 争取把生产型国家级物流枢纽—国际陆路港综合体项目建成运营（大数据—智慧商贸物流信息服务平台、综合保税物流园区、多式联运示范中心）。

3. 形成"供应链、产业链和价值链"网络组织体系；国际交通运输、产业园区、城市商业、冷链专业、城市配送等物流基础设施功能完善。

4. 现代流通技术和模式广泛应用，物流成本下降 2%；2~3 家龙头企业与中小微企业协同发展，国际商贸物流的聚集和引领作用凸显，集约发展、功能错位、协同共赢的发展格局基本形成；成为克拉玛依市经济转型升级的主要驱动力，区域辐射能力显著增强；国际商贸物流之都雏形显现，中俄贸易西通道经济走廊的基础设施、运行体系、协同监管机制等系统化。

具体目标

1. 国际商贸物流总体规模进一步扩大。到 2020 年，社会消费品零售总额达到 90 亿元，年均增长 8%；国际商贸物流业增加值达到 8 亿元。到 2025 年，社会消费品零售总额超过 104 亿元，国际商贸物流业增加值达到 15 亿元。

2. 培育一批现代国际商贸物流载体。到 2025 年，国际陆路港综合体的综合保税物流园区、多式联运示范中心等建成营运。培育或引入 10 家以上年营业收入过亿元的国际商贸物流企业，3 家以上 4A 级物流企业，3 个年物流服务收入超 10 亿元的大型商贸物流园区；建成 3 个年交易额在 100 亿元以上的国际贸易市场和 1~2 家国际贸易平台；一个国际大数据—商贸物流监管追溯公共服务平台。

3. 现代国际商贸物流方式广泛应用。到 2025 年，限额以上商业企业全部开展大数据—电商业务；便民直销店和便利店智慧化率达到 80% 以上；大型专业园区、市场基本具备电子交易、网上结算、信息追溯、价格发布等功能，电子结算率超过80%；跨境大数据—电商产业孵化园作用更加突出，综合保税物流园公共信息服务中心功能齐全，多式联运示范中心实现商贸、物流、配送等信息服务全覆盖—基本实现智慧多式联运服务功能。现代物流技术广泛应用，统一配送率达到90%，物流费用与地区生产总值的比率控制在16%以内。

4. 市场秩序和营商环境明显改善。综合服务效率进一步提升，市场服务效率明显提高，扰乱市场秩序问题明显减少。商贸物流政策体系日益健全，并得到有效落实，招商引资环境进一步优化。国际商贸物流业主要发展指标见表6-1。

表6-1　　克拉玛依市国际商贸物流业主要发展指标

类别	指标名称	单位	2017年	2025年 预期值	2025年 年均增速
总体规模	社会消费品零售总额	亿元	31.9	104	8%
总体规模	国际商贸物流业增加值	亿元	4.0	15	9%
总体规模	国际商贸物流增加值占地区生产总值	%	0.6	4.5	0.8个百分点
总体规模	国际商贸物流增加值占第三产业比重	%	12.5	30	2.4个百分点
主体培育	年营业额超亿元的商贸企业数量	家	2	≥4	—
主体培育	4A级物流企业数量	家	1	≥3	—
主体培育	年物流额超10亿元的物流园区数量	个	1	3	—
主体培育	年交易额超100亿元的交易市场数量	个	0	1	—
主体培育	大宗商品交易平台数量	个	1	1-2	—
模式创新	限额以上商业企业开展电子商务比率	%	约60	80	2.2个百分点
模式创新	便民直销店、便利店连锁化率	%	≤60	≥80	4.5个百分点
模式创新	大型交易市场电子结算率	%	≤60	≥80	2.2个百分点
成本效率	物流费用与地区生产总值比率	%	约20	≤15	-0.5个百分点
成本效率	快递服务平均价格	元/千克	15-18	≤15	—
成本效率	连锁门店统一配送率	%	约90	100	4.5个百分点

6.8.4　发展定位

"一带一路"核心区国际商贸物流中心北疆核心城市。大力支持新疆

"一带一路"核心区商贸物流中心建设工程,发挥铁路、公路交通枢纽、管道运输节点和航空港等优势,形成三圈层的国际商贸物流中心节点城市,以生产型国家级物流枢纽——国际陆路港综合体(综合保税物流园区、多式联运示范中心)为载体。国际圈层:创新与新西伯利亚市、伊斯基季姆市、阿克纠宾市、阿拉木图市等城市的国际模式;国内圈层:创新与重庆、成都、西安、银川、兰州、西宁、郑州、苏州、厦门、义乌等地的合作模式;区内圈层:创新与乌铁局、乌鲁木齐、阿克苏、喀什等地的联合。探索有条件的中欧货运班列在克拉玛依集结和编组,引入加工制造企业、物流服务企业和商品交易市场,培育新型产业链、供应链和市场集群,聚焦中亚、西亚、南亚和欧洲市场,建设"向西开放及南向开放"窗口下的中蒙俄经济走廊西通道加工贸易基地和进出口商品集散中心,打造"一带一路"沿线重要的国际商贸物流中心节点。

国际知名、全国一流、西部标杆的"互联网+物流"示范城市。深入贯彻落实大数据决策及"互联网+"系列文件精神,以克拉玛依"智慧城市"建设为契机,加快推进实体产业、传统市场、物流园区信息化改造。加大大数据—跨镜电商企业和交易平台扶持力度,鼓励大数据-跨境电商企业建立区域性智慧化仓储物流配送中心。创新政企合作模式,建设现代国际商贸物流信息公共服务中心。积极申请跨镜电商、产商互联、物流标准化等示范试点工作,建设现代化智慧物流体系,打造国际知名、全国一流、西部标杆的"互联网+物流"示范城市。

中俄贸易西通道经济走廊的国际商贸物流起点城市。充分利用地理区位优势、资源优势和综合交通便利条件,依托中俄贸易西通道经济走廊供给互补大市场,以及伊犁、博乐、塔城、阿勒泰及兵团等商贸物流资源,加快推进国际陆路港综合体、专业物流园区、进出口直营店、特色商业街区、旅游商品市场等商业设施建设改造,提升住宿餐饮、交易展示、旅游咨询等服务水平,规范市场秩序,提升吃、住、行、游、购、娱等综合服务能力,打造中蒙俄经济走廊西通道消费中心和旅游文化集散地,构建国际商业、旅游、文化与物流融合发展格局。克拉玛依市为中俄贸易西通道经济走廊起点城市的空间分布如图6-4所示。

| 中俄贸易西通道经济走廊 |

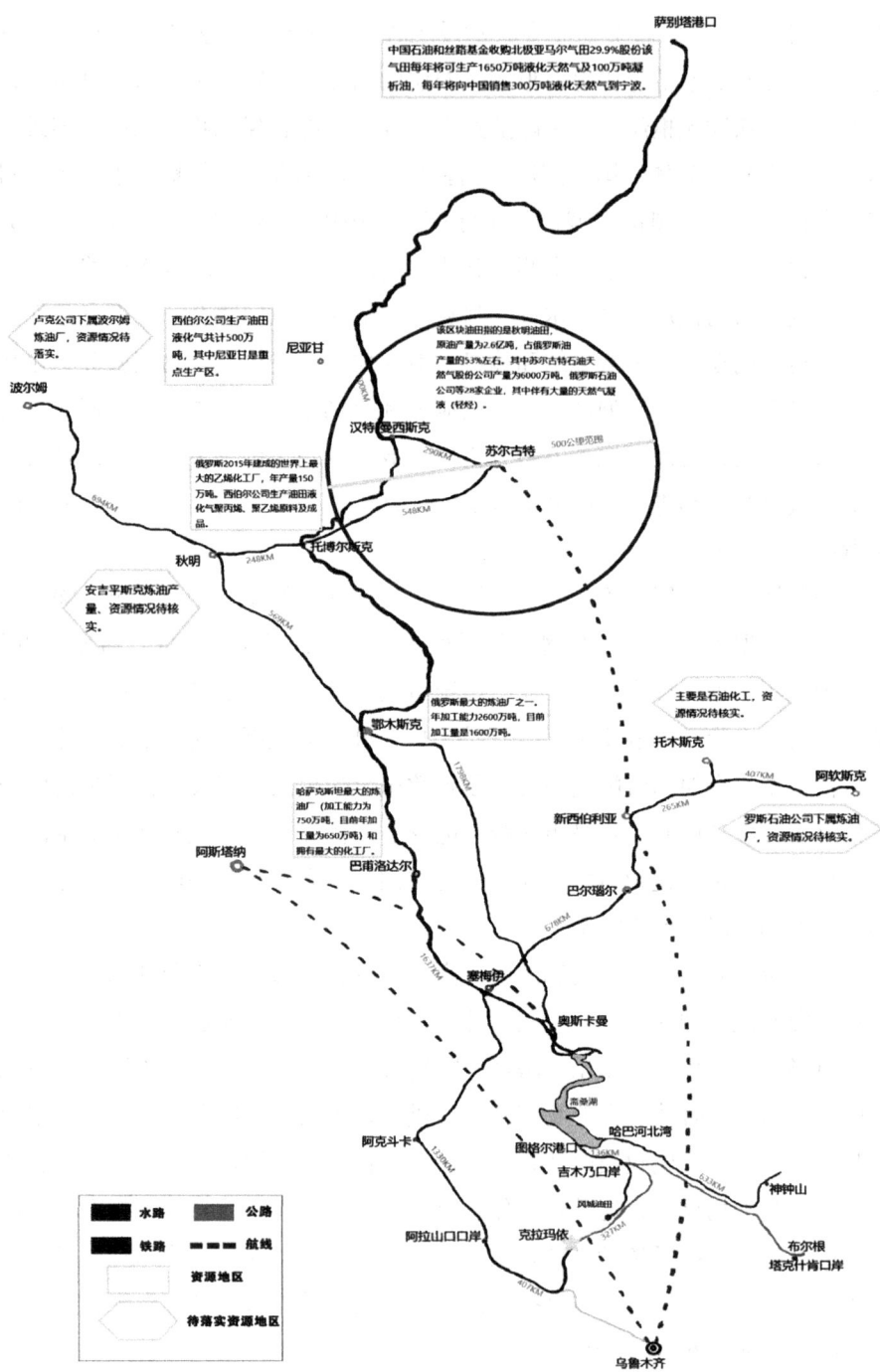

图 6-4 克拉玛依为中俄贸易西通道经济走廊国内起点城市示意图

新疆北疆区域经济圈中心城市的国际商贸物流发展新高地。结合"四地五市"产业发展特征，进一步明确克拉玛依服务业尤其是国际商贸物流服务业发展战略，加强国际产品研发、品牌包装、广告宣传、检验检测、质量追溯等国际商务服务，做强石油石化、能源矿产、农产品、食品医药冷链、石化原料、电子机械设备及产成品物流运输服务，满足该区域国际商贸物流市场需求。同时，针对周边居民生活需求，着力提升生活性服务业发展水平，优化市场环境，打造新疆北疆区域经济圈中心城市的国际商贸消费目的地和国际商贸物流新高地。

克拉玛依市国际商贸物流业主要服务商品类型。根据新疆石油 2019 年 5000 万当量吨生产目标，新疆能源化工企业对石油焦、多烃等约 600 万吨的需求缺口，克拉玛依国际商贸物流业服务物品以大宗能源矿产、石油石化产品为主，建设中亚能源通道和基地；以满足克拉玛依市居民消费品为任务，服务相邻地区市消费品为扩展，联动"一带一路"沿线国家和地区冷链食品供给，争取中亚生物原料深加工的高档纺织品与克石化、独山子石化产业链延伸相融合，力促把克拉玛依建成国内机械电子、家电、轻纺、食品等产品与俄罗斯、哈萨克斯坦及蒙古国的石油石化、能源、金属矿产及木材等产品的保税交易、中转与分拨中心等服务功能的商贸集散地。成为"一带一路"国际商贸物流重要节点。

6.9 空间布局

6.9.1 克拉玛依市国际商贸物流总体布局

建设一个克拉玛依中俄贸易西通道生产型国家级物流枢纽——国际陆路港综合体，包括：综合保税物流园区（高新区、独山子区）、多式联运中心（高新区）、临空产业物流园及冷链空港口岸（克拉玛依区）、能源矿产物流园（高新区）、铁路口岸（高新区）；六大国际商贸物流园区包括：克拉玛依电商文旅商贸物流园（乌尔禾区）、克拉玛依工业制造业物流园（高新区）、克拉玛依化工产业物流园（高新区）、克拉玛依消费品综合物流园

(克拉玛依区)、克拉玛依农副产品物流园(农业科技园、小拐乡)、独山子消费品(包括冷链)物流园及文旅集散中心。

发展一条纵向商贸物流带,重点培育六大物流园集群市场产业区:石油石化类原料及产品(石油石化机械制造、机械电子、汽车机电)、航空能源类产品,大数据信息化产品、智能家居材料、国际日用消费品、食品冷链等;壮大国际陆路港综合体对克拉玛依区与白碱滩区的一体化聚合功能,发挥国际陆路港综合体对独山子区和乌尔禾区国际商贸物流集团化集聚的能力,引导各园区错位发展,构建"一带、一港、六区、六产业群"的空间格局。克拉玛依市国际商贸物流基础设施空间布局如图6-5所示。

6.9.2 一带及一港

一带——从独山子区到乌尔禾区的一条纵向国际商贸物流集中地带。一是依托G217高速、兰新铁路北疆线等交通动脉,以化工产品、大宗物资等干线物流为重点,加强沿线生产型国家级物流枢纽——国际陆路港综合体、物流园区和交易市场建设,向东连接乌鲁木齐及内地,向西经过霍尔果斯、阿拉山口、吉木乃、塔克什肯等口岸通达中亚和欧洲,打造东联西出的商贸物流带。二是依托奎克阿高速、独库高速、奎库铁路、217国道等南北交通要道,以农产品、建材、日用品等区域物流为重点,加强仓储物流中心和专业市场建设,创新冷链物流、城市配送、电商物流等模式,向北通达塔城、阿勒泰等北疆地区,向南连接阿克苏、喀什等地,打造贯通南北的纵向商贸物流带。

一港——克拉玛依中俄贸易西通道生产型国家级物流枢纽—国际陆路港综合体,包括:1. 综合保税物流园区(高新区、独山子区),2. 多式联运中心(高新区),3. 临空产业物流园及冷链空港口岸(克拉玛依区),4. 能源矿产物流园(高新区),5. 铁路口岸(高新区),6. 冷链物流园区(克拉玛依区、独山子区);以克拉玛依市铁路货运站、航空机场、公路货运枢纽为空间区域规划建设的中俄贸易西通道国际陆路港综合体。空间布局如图6-5所示。国际陆路港综合体空间布局如图6-6所示。

| 第6章 克拉玛依市多式联运新模式建设规划 |

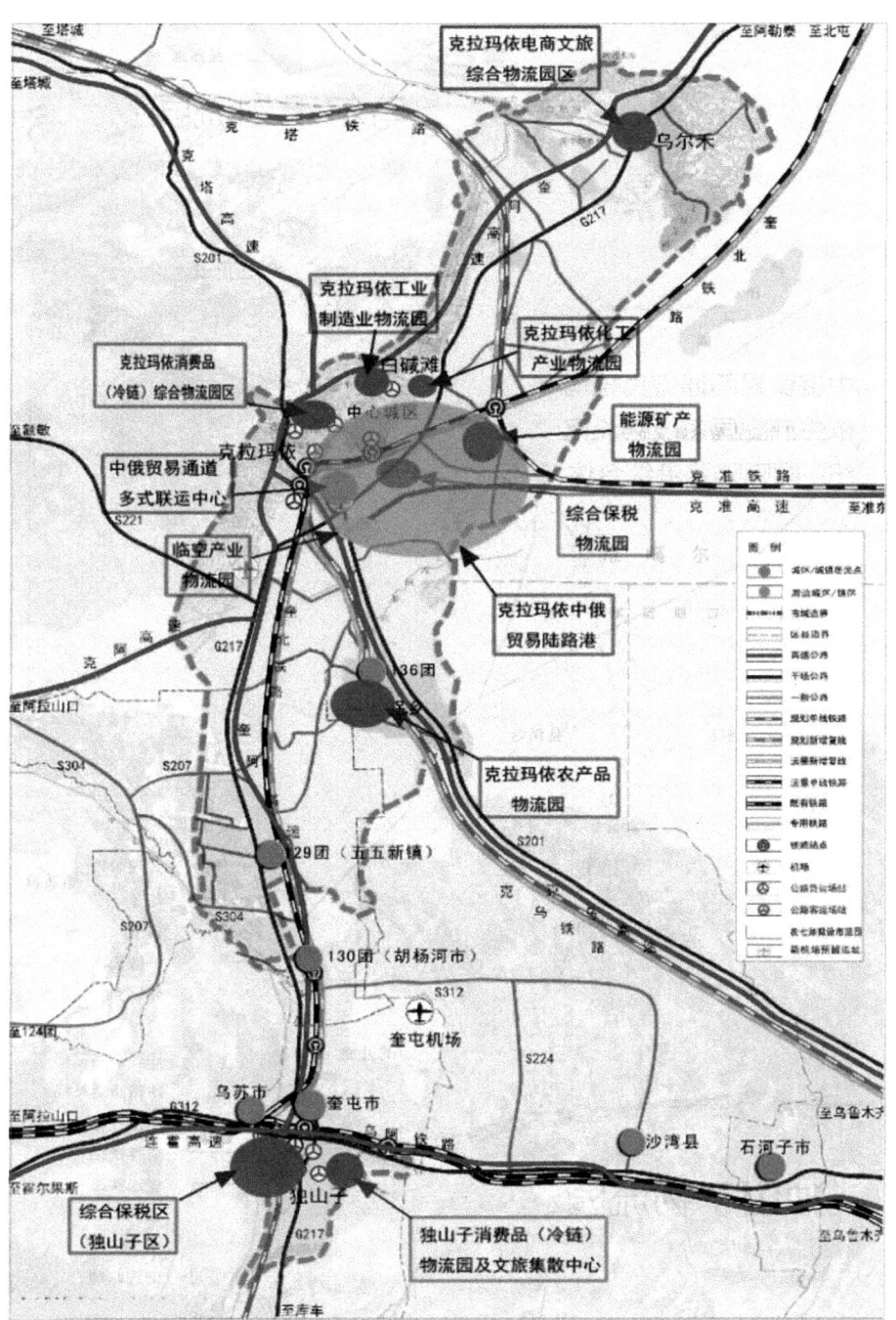

图6-5 克拉玛依市国际商贸物流基础设施空间布局示意图

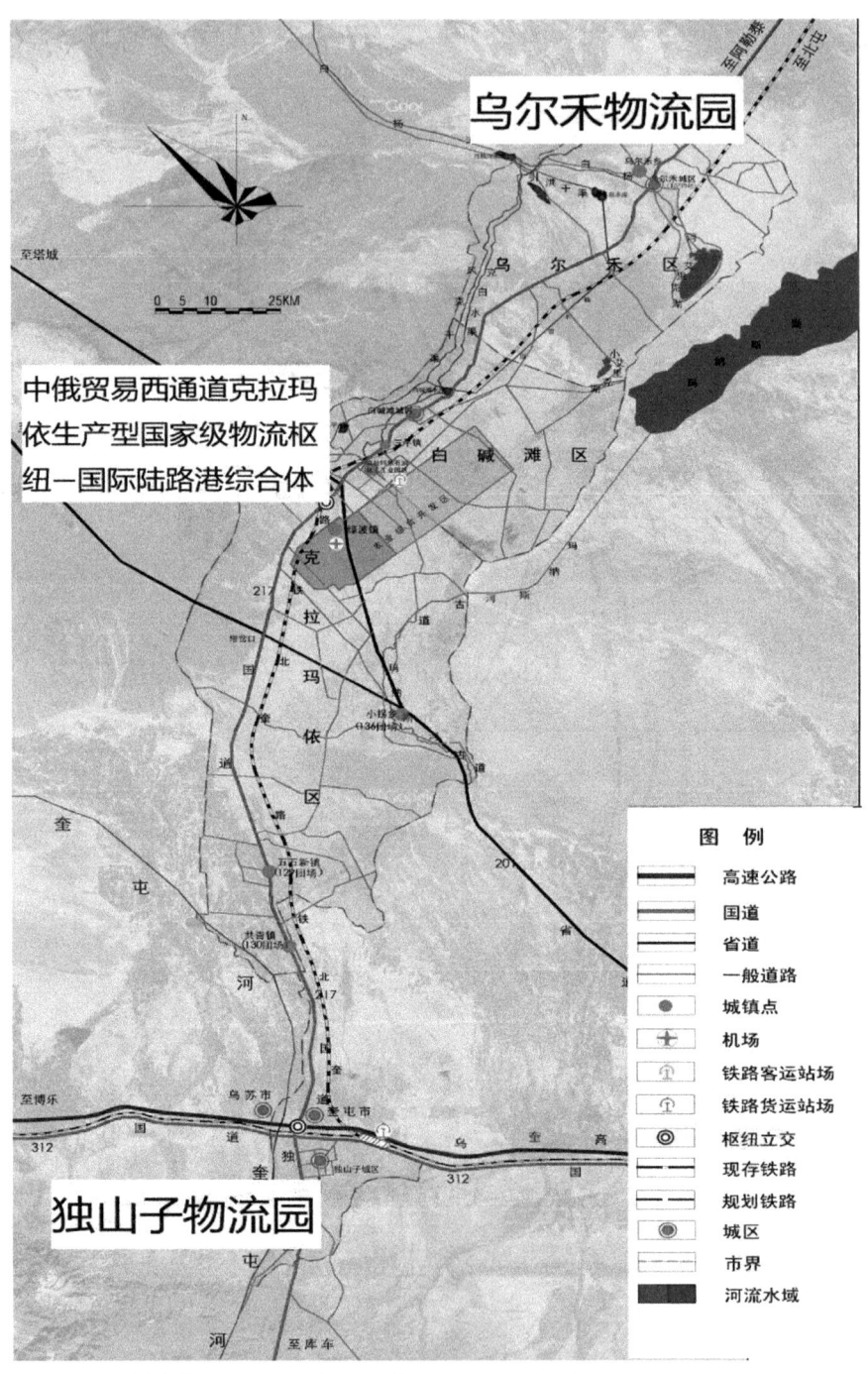

图 6-6 一带、一港空间布局示意图

6.9.3 综合保税物流园区

综合保税物流园区是克拉玛依市现代国际商贸物流业发展的重点项目，国际陆路港综合体是克拉玛依市国际商贸物流业发展的中心项目。以克拉玛依市企业国际化产业建设、中欧班列北疆集拼分中心运营、中俄贸易西通道经济走廊多式联运启动、引进重大项目建设为标志的城市转型契机，以交通基础设施条件为关键因子，推进铁路入园区、G217改线和机场高速为基础，把一个综保区分成A、B、C三个功能区（即一个综合保税物流园区包括一个综合保税区A、一个工业加工区B、一个冷链仓配区C）等，使国际商贸物流设施互联互通便捷高效，完善高端保税购物、特色餐饮、休闲娱乐、商务服务等功能，加快特色商业街区和现代化城市综合体建设，推动美食节、影视节、国际会展等活动品牌化，加强总部经济、会展、中介、咨询、信息、酒店和金融等商务服务配套，打造辐射周边6国、集聚全国及聚力新疆的现代国际陆路港综合体、国际生活消费目的地。拟选址如图6-7、图6-8所示。

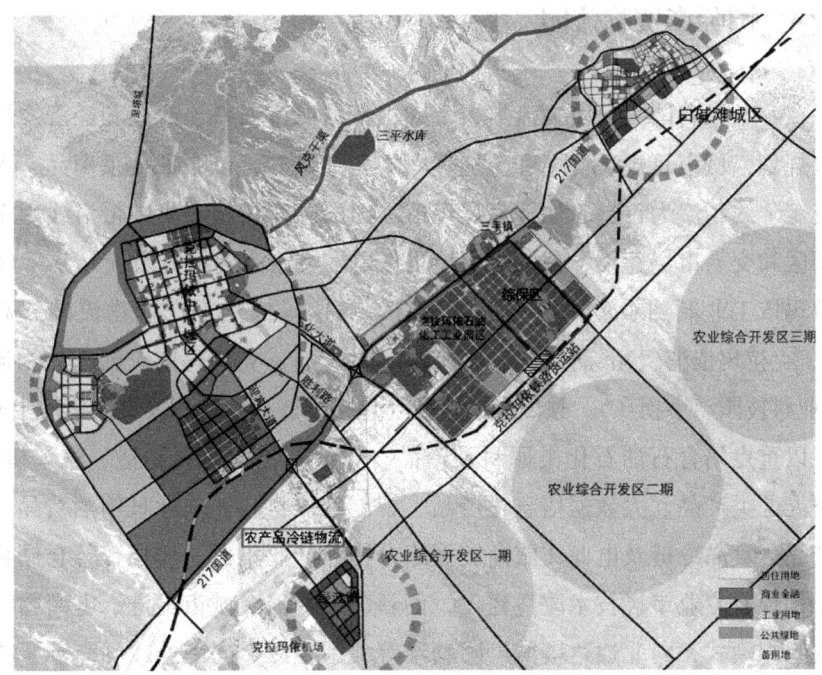

图6-7　综合保税区空间布局示意图

图 6-8 综合保税区与大项目空间结构布局示意图

6.9.4 国际商贸物流园

在一条纵向国际商贸物流集聚带中，依据城市人口、产业和经济发展功能区规划，城市总规、交通和土地空间规划为基础，以服务大宗商品、大宗物资等干线物流为重点，加强克拉玛依纵向国际商贸物流集中带沿线六个物流园区和交易市场建设，包括：克拉玛依电商文旅商贸物流园（乌尔禾区）、克拉玛依工业制造业物流园（高新区）、克拉玛依化工产业物流园（高新区）、克拉玛依消费品综合物流园（克拉玛依区）、克拉玛依农副产品物流园（农业科技园、小拐乡）、独山子消费品（包括冷链）物流园及文旅集散中心。

以重点培育石油石化类原料及产品、石油石化类机械制造、汽车机电、航空能源类产品、大数据信息化产品、智能家居材料、国际日用消费品、农副产品、食品冷链及电商文旅商贸等综合物流产业集群。加强智慧仓储物流中心和现有专业市场技术改造建设，创新冷链物流、城市配送、电商物流网络的组织模式，向北通达塔城、阿勒泰等北疆地区，向南连接阿克苏、喀什等地区，打造贯通南北的纵向商贸物流带。

6.10 重点任务

6.10.1 加强国际商贸物流基础设施建设

加快完善交通运输基础设施。支持克准铁路、乌克动车、G217改线高速、奎克阿与G217改线及机场高速连接通道、克—新西伯利亚、鄂木舒克的通道、克与霍尔果斯、阿拉山口、吉木乃、塔克什肯口岸道路、综合保税物流园区专用铁路线、机场货运扩建等交通运输设施建设。

加快中俄贸易西通道经济走廊生产型国家级物流枢纽——国际陆路港综合体建设。综合体建设包括：综合保税物流园区、多式联运中心、铁路口岸、公路口岸、航空口岸、临空产业园、冷链物流园、能源矿产物流园区等建设。积极推进把海关监管仓提升扩建为综合保税物流园区。建设多式联运中心使之成为物流枢纽型、仓储集散型、配送中心型、智慧商务型等，完善设施，增强功能。加强专业市场、配送中心和末端配送网点建设，提高城市配送便利度。

优先建设大数据中心。依托克拉玛依大数据中心，优先建设大数据—国际商贸智慧物流平台，使设施整合与功能衔接，用信息化去完善物流转运设施，提高货物换装的便捷性和兼容性，客户商贸活动的实时性和监管追溯可视化。构建互联互通的区域性国际商贸物流公共信息服务平台。

6.10.2 培育壮大商贸物流主体

引入国内外知名国际商贸物流企业。借助对口援疆和"一带一路"实施机制，引入国内外知名商贸物流企业在克拉玛依设立区域总部、运营中心、分拨中心或转运中心。引入连锁经营、电商及跨境电商、商贸综合体等大型企业在克拉玛依布局，提升物流品牌影响力，构建现代供应链创新体系，培育具有国际竞争力的跨国商贸物流企业。

鼓励与扶持本地商贸物流企业做大做强。促进传统的运输、仓储、货代等主体向现代物流企业转型升级，提升专业化水平、供应链管理水平和信息化水平。鼓励有实力的物流企业通过参股、控股等形式，实施跨地区、跨领域、跨所有制的兼并重组，培育一批核心竞争力强、发展潜力大、具有品牌影响力的本地领军企业。鼓励克拉玛依物流企业同国际先进物流企业开展合作，提升经营理念和盈利能力，打造一批具有国际竞争力的跨国物流企业。

支持中小微商贸物流企业做精做专。鼓励中小企业开展管理创新和模式创新，扶持一批具有可持续发展能力的中小商贸物流企业。建设中小企业综合服务平台，加强中小微企业孵化，鼓励发展供应链金融，解决中小物流企业融资难问题。

6.10.3 加快物流"三化"建设

加强国际商贸物流信息化建设。整合铁路、公路、民航、邮政、海关、检验检疫、市场监管、税务等部门信息资源，促进物流信息与公共服务信息有效对接，建设多式联运信息平台。大力推广电子数据交换（EDI）、无线射频识别（RFID）、地理信息系统（GIS）、仓储管理系统（WMS）、供应链管理系统（SCM）、区块链等信息技术应用，推进"智慧物流"体系建设。鼓励区域间和行业内的物流平台信息共享，积极推进全社会物流信息资源的开发利用，实现互联互通。

提高商贸物流标准化水平。引导企业主动应用国家标准和国际标准，鼓励行业协会、科研机构和企业开展商贸物流标准宣贯工作。鼓励企业采用物流信息分类及编码标准、物流信息采集标准、物流电子单证及信息交换平台标准。推动现代流通方式实施设备标准化、服务标准化和信息标准化，在农副产品、食品药品等流通领域，率先开展标准化托盘示范，推动标准托盘循环共用。

推进商贸物流集约化发展。着力建设专业物流市场集聚产业群和综合保税物流园区、多式联运中心，明确集群化发展路径。推进资源共享和融合发展。鼓励中小企业通过联盟、联合等多种方式，实现资源整合优化，提升集约化发展水平。引导中小企业集中规范发展，降低交易成本。

6.10.4 支持特色专业物流发展

大力发展文化旅游业的电商物流。推进文化旅游业电子商务示范基地建设，支持文化旅游企业与电子商务企业合作开展"网订景点"与支付，加快跨境电商商贸物流发展，鼓励有实力的企业"走出去"，发展海外基地与仓储服务机构。

加快发展农产品物流。加强农产品物流园区和配送体系建设，提升农产品物流承载能力。依托农业高科技园区与周边地区农业资源，在打造果蔬、粮油、肉类三大特色农产品进出口加工基地的基础上，加快发展水果、蔬菜、乳制品等特色农产品物流，扩大农产品集散和辐射效应。

优化国际冷链物流体系。加强多温层节能冷库、加工配送中心、末端冷链设施建设，鼓励应用专业冷藏运输、全程温湿度监控等先进技术设备，提供定制化服务。主动对接产地冷链市场，依托"农超对接""基地+农户"等产销模式，探索推进从产地到销地全程冷链无缝衔接。

做强石油化工物流网络系统。依托大型油气生产加工和储备优势，做强综合能源化工产业，核心发展以石化液体、化工生产设备、精细化工产品，及石化机械设备运送为主的国际化工物流网络系统。

重点发展消费品物流。依托周边国家及欧洲优质消费品生产基地优势，针对国内消费品市场需求，充分发挥克拉玛依综合保税物流园区、跨境商贸物流公共信息服务平台功能，提升交易结算、检验检测、标准制订等高端服务能力，创建中国西部进口消费品基地，促进消费品物流发展。鼓励大型仓储企业与消费品交易所开展合作，建立新疆消费品交割仓体系。

加快发展汽车物流。以汽车机电市场集群为载体，整合现有整车和汽车零部件物流资源，实施集中仓储、统一配送，加强汽车整车及零部件分拨配送网络建设，完善展示、检测、维修等功能，形成辐射区域和周边国家的汽贸物流体系。推动二手车交易集中发展，规范二手车鉴定评估、收购、销售、寄售、置换、拍卖、代购、代售、租赁、过户、经纪、转籍、上牌、保险等服务。积极对接霍尔果斯和阿拉山口平型车进口业务，开展平行进口汽车销售和服务，依托综合保税物流园区研究申报平行车进口业务，打造北疆平行进口汽车集散地。

积极发展会展物流。着力打造具有中亚和东欧特色的区域性国际会展中心，创办以丝绸之路经济带为主题的跨国友城会议、国际合作论坛，引进来与走出去举办国际消费品节、石油石化产品博览会、影视博览会、特色餐饮博览会等展会，提升克拉玛国际知名度和影响力，促进国际会展物流发展。

完善城市配送体系。依托大型批发配送企业、便民直销店、连锁便利店等商业网点，构建立足克拉玛依、辐射周边的共同配送体系。推进配送车辆新能源改造，加快城市公共充电桩建设，规范市内配送车辆停靠、配送路线和通行管理。结合冷链物流体系，引入中央厨房项目，建设食品产业链生产线，实施统一标准、统一采购、统一制作、统一配送模式。

6.10.5 扩大国际商贸物流开放共享

大力发展国际商贸物流。依托国际陆路港综合体的综合保税物流园区、多式联运中心、口岸及国际航空物流港等重大项目建设，密切与周边口岸的一体化通关，加强与乌鲁木齐陆路港、西安陆路港、郑州陆路港、重庆港、成都陆路港、天津港、连云港等地通关合作，提高贸易便利化水平，完善保税服务、出口加工、展览展示及金融结算等功能，打造"一带一路"核心区克拉玛依国际陆路港综合体。加强与境外口岸的战略合作，推动海关特殊监管区域、国际陆路港、口岸等协调发展，打通国际物流通道。鼓励有实力的企业探索建立海外仓库、物流基地和分拨中心。结合小商品市场建设，探索专业市场对外开放模式，申请市场采购贸易试点。

创新发展跨境电商物流。推进跨境电商产业园建设，培育跨境电商贸易平台。进一步提高邮政小包、国际快递、专线物流等跨境电商物流的服务水平，引导和鼓励具备条件的企业规划建设海外电商仓储网点。开展亚欧国际物资交易平台功能，完善跨境竞价拍卖、跨境征信、跨境结算、跨境物流等综合服务。

加快保税物流发展。加快综合保税物流园区的工业加工区、口岸项目建设的进度，引进加工型企业，发展消费品、农产品、资源类等产品加工贸易，全力推进锦泰海关监管仓升级为综合保税物流园区。加大招商力度，吸引一批第三方物流、国际货代、供应链金融平台、国际采购商、跨国分销商、加工贸易企业入驻。设立保税商品展示交易中心，引进丝路沿线国家特色消费品，创新"电商+展示+销售"模式。

6.10.6　完善国际商贸物流激励运行机制

完善国际商贸物流激励运行机制。加快推动物流业市场化改革和体制创新，着力构建与国际接轨的物流激励运行体系。利用政府补贴、财税、土地价格、运营成本价格及人力资源培训等方面给予激励和扶持，发挥克拉玛依与周边地区的互利优势，推进物流融合发展和资源共享。推动建立"四地五市"物流合作协同机制，建立物流专项工作联席会议制度。探索成立专业的国际商贸物流管理机构，统筹区域内各物流园区与公共信息平台建设。建立口岸物流联检联动机制，进一步提高通关效率。

建立信用评价机制。建立科学的国际商贸物流信用评价体系和长效机制。支持建立克拉玛依国际商贸物流统一信用信息平台，公开行政许可、行政处罚、经营异常目录、失信企业名单、遵纪守法企业名单、抽查检测结果等信息，建立守信有奖、失信受罚的奖惩机制，倡导企业诚信经营。发挥行业组织作用，加强诚信培训服务，增强国际商贸物流人员的诚信意识和风险防范意识。

6.11　重点工程及项目

6.11.1　国际商贸物流强基固体工程

实施路径。通过推进铁路、公路、航空、管道等项目建设，构建"四位一体"综合交通运输体系，同时加强物流园区、专业市场等流通载体建设，夯实国际商贸物流发展基础，在将区位优势和交通优势夯实的基础上，再转变为物流优势、经济优势。

建设目标。到2025年，国际陆路港综合体的综合保税物流园区、口岸、多式联运中心和专业产业物流园区集聚区及市场设施完备、功能齐全，设施短板基本补齐，航空、管道、铁路和公路优势得到进一步发挥，铁路物流和航空物流初具规模。

建设重点。支持克准铁路、乌克高铁、G217 改线高速、奎克阿与 G217 改线及机场高速连接通道、中俄贸易西通道的克至哈萨克斯坦东哈萨克斯坦州及俄罗斯新西伯利亚市和鄂木舒克市通道、克与霍尔果斯、阿拉山口、塔克什肯口岸道路、综合保税物流园区专用铁路线、机场货运口岸扩建等交通运输设施建设，全力打造克拉玛依国际陆港综合体。见表 6－2。

表 6－2　　国际商贸物流运输通道工程重点项目（6.95 亿元）

序号	项目名称	性质	建设内容	投资（万元）	建设期限
1	克准铁路、乌克高铁、G217 改线高速	续建	已列入"十三五"规划	—	2016～2020 年
2	奎克阿与 G217 改线及机场高速连接通道	新建	依托现有站点，建设以快递、电商物流、行包邮政等重点的综合交通快速通道	50000	2019～2023 年
3	克—俄新西伯利亚通道	新建	东中西三通道前期研究、申报及喀纳斯口岸通关可行性研究	2500	2019～2025 年
4	克—霍尔果斯口岸道路	续建	已列入"十三五"规划	—	2016～2020 年
5	克—阿拉山口口岸道路	续建	已列入"十三五"规划	—	2016～2020 年
6	克—吉木乃口岸道路	续建	道路验收通车	—	2019～2020 年
7	克—塔克什肯口岸道路	新建	道路前期研究、申报、勘测	2000	2019～2020 年
8	综合保税物流园区专用铁路线	新建	建设以铁路为主要运输方式的一束四线低碳综保区专用线	15000	2019～2021 年

6.11.2　国际商贸物流资源聚合工程

实施路径。整合周边物流资源，加强物流设施和信息系统对接，推进集群化、规模化、专业化发展。通过兼并、重组、合作等模式，培育一批大型商贸物流企业或企业联盟，构建抱团发展机制。支持企业、银行、基金公司等机构设立商贸物流产业发展基金。通过物流设施、合作机制、金融服务等资源聚合,推动克拉玛依商贸物流集约化发展。

建设目标。通过6~7年努力,推动克拉玛依市国际商贸物流规模化程度明显提升,培育4A以上物流企业5家,亿元以上专业市场3个,八大市场集群、四大集聚区发展格局基本形成。

建设重点。鼓励商贸流通企业兼并重组,提高组织化程度,培育克拉玛依大型国际商贸流通企业集团。支持专业交易市场和物流园区做大做强,组建克拉玛依国际商贸物流企业联盟,推进物流园区、工业园区、专业市场、公共平台之间加强合作,实现联动发展。支持设立中小商贸物流企业孵化园,为国际商贸物流技术研发、业态创新提供全方位商务服务,推进中小企业健康发展,如表6-3所示。

表6-3　　国际商贸物流资源聚合工程重点项目(0.7亿元)

序号	项目名称	性质	建设内容	投资(万元)	建设期限
9	克拉玛依国际物流企业联盟	新建	组建克拉玛依市物流企业联盟,加强市场定位、空间布局、标准体系等合作,建立联席会议制度,倡导规范有序的市场竞合环境	—	2019~2025年
10	中小国际商贸物流企业孵化园	续建	依托小微企业孵化园,扩大规模,引入商贸物流专业孵化商,完善商务、培训、咨询等配套服务	5000	2019~2020年
11	现代供应链体系	新建	依托托盘标准化、服务标准化、共同配送等各项工作,以快消品、农产品、电商等领域为重点,培育现代供应链,申报全国供应链创新城市建设试点	2000	2019~2020年

6.11.3　智慧物流创新示范工程

实施路径。依托克拉玛依市大数据中心及智慧城市示范工程,搭建克拉玛依国际商贸智慧物流信息公共服务平台。加强专业市场、物流园区信息设施设备升级,并与物流信息平台实现对接。创新构建石油、农产品、时尚品等商品交易平台,研究开发克拉玛依中亚石油及时尚品交易指数,在实现硬件信息化的同时,通过信息化手段提升克拉玛依国际商贸物流软实力,打造国际商贸智慧物流创新示范城市。

建设目标。通过4~5年建设发展,克拉玛依国际商贸物流信息平台良好运行,国际商贸物流信息不对称问题有效改善,物流智能化水平明显提高,形成北疆地区重要的国际商贸物流信息中心和价格中心。

建设重点。搭建克拉玛依市国际商贸物流公共信息服务平台,推进友好城市、企业、园区、政府部门等相关信息交换与共享,构建开放式国际商贸物流大数据系统。加快推进市场信息化升级,完善交易、结算、大数据服务等功能,实现国际商贸物流信息数字化。鼓励发展智慧仓储,整合订单运营、分拣加工、客户服务等功能,依托商品编码技术提升物品拣选、传送、识别等设备的智慧化水平,鼓励配送企业采用导航定位、云计算等技术,优化配送线路,做好国际供应商、国内供应商、配送车辆、门店、用户等各环节的精准对接,构建克拉玛依智慧物流体系。支持石油、农产品和时尚商品交易平台建设,研究编制石油、时尚品市场发展指数,提高克拉玛依在国际石油、时尚品市场影响力。见表6-4。

表6-4　国际商贸智慧物流创新示范工程重点项目(3.5亿元)

序号	项目名称	性质	建设内容	投资(万元)	建设期限
12	大数据—国际物流信息公共服务平台	扩建	依托交通运输信息平台,整合政府、协会、企业物流信息,建设物流信息服务子平台,对物流业务分布热点、货源结构、流向分布以及车源结构等大数据进行挖掘分析,提供物流公共信息服务	15000	2019~2022年
13	中亚—智慧国际贸易示范城市(消费品指数中心)	扩建	依托智慧城市建设,推进智慧贸易项目,整合物流、信息流、资金流等资源,创新无车承运模式,将克拉玛依建成西部一流的商贸物流信息中心和智慧贸易示范城市	20000	2019~2022年

6.11.4 物流标准体系创建工程

实施路径。从托盘标准化入手，在快速消费品、农副产品、食品等流通领域开展标准托盘推广及循环共用，支持搭建开放式托盘循环共用信息平台。在此基础上，逐步实施蔬菜、水果等生鲜农产品标准化，引入东部地区冷链物流技术和管理模式，构建物流标准体系，争创国家物流标准化示范市。

建设目标。通过3~5年发展，克拉玛依物流标准化程度得到有效提高，入选国家物流标准化试点和农产品流通标准化试点，培育2~3家标准程度较高的龙头企业。

建设重点。借鉴全国物流标准化试点工作经验，对物流仓储配送企业，对现有仓库、车辆、货架、月台等设备设施进行标准化改造，推广使用标准化托盘（1200mm×1000mm）和搬运装卸工具。引进或依托本地仓储运输企业建设开放式托盘循环系统，服务克拉玛依及周边区域。支持冷链对接全国冷链物流联盟，引入冷链物流体系，提高冷库、技术装备等标准化水平。联合高等院校科研机构，探索研究农产品标准，促进农产品质量上行。见表6-5。

表6-5　商贸物流标准体系创建工程重点项目（1.5亿元）

序号	项目名称	性质	建设内容	投资（万元）	建设期限
14	托盘标准化实施推广	新建	实施物流配送标准化，推广使用（1200mm×1000mm）标准化托盘，实行带板运输，建立托盘循环共用体系	10000	2019~2022年
15	冷链标准体系建设	新建	扩大冷库容量，提升冷链技术，开展冷链物流标准化研究，引入和推广冷链物流标准，提高肉、奶、果蔬等生鲜食品冷链运输率	5000	2019~2021年

6.11.5 商贸物流国际拓展工程

实施路径。借助新疆"一带一路"核心区政策区位优势,加快推进海关监管仓升级为综合保税物流园区,全力支持新疆自由贸易试验区申请。依托综合保税物流园区建设克拉玛依国际陆路港综合体,构建跨境多式联运体系,推进克拉玛依中欧班列的开行及运行。优先建设国际商贸智慧物流公共信息服务平台,面向中亚、南亚、西亚及欧洲拓展市场,开展跨境服务。

建设目标。经过5~7年建设发展,克拉玛依市生产型国家级物流枢纽——国际陆路港综合体的综合保税物流区具有一定规模,并成功升级为新疆自由贸易试验区重要片区之一,国际辐射力和影响力明显增强。

建设重点。全力推进克拉玛依海关监管仓向综合保税物流园区升级,拓展保税加工、口岸作业、保税物流等功能,大力支持新疆自由贸易试验区申报工作。积极推进与乌鲁木齐国际机场、乌鲁木齐国际陆路港、阿拉山口、霍尔果斯、巴克图、吉木乃、塔克什肯等重要口岸的交流合作,实现互联互通。构建克拉玛依—中亚、克拉玛依—俄罗斯等公铁航货运常态化运行机制。拓展国际物资交易平台服务功能,开通同"一带一路"沿线国家的跨境大宗商品交易。在综保区建设农产品进出口加工区,稳定消费和稳定进出口贸易,打造北疆地区国际农产品冷链进出口加工集散地。见表6-6。

表6-6　　国际陆路港综合体工程重点项目(10亿元)

序号	项目名称	性质	建设内容	投资(万元)	建设期限
16	综保区申报(高新区、独山子区)	升级	推动海关监管仓向综合保税区升级,达到国家封关运营规范要求,建设A、B、C功能区,完善保税加工等功能,提升保税仓储能力,打造进出口商品直拼中心,吸引跨国企业采购分拨中心、营运结算中心落户,推动区域通关一体化	40000	2019~2021年

续表

序号	项目名称	性质	建设内容	投资（万元）	建设期限
17	多式联运中心及铁路、公路、航空口岸（高新区、克拉玛依区）	升级	依托综合保税区，完善运输配套服务，建设口岸、就地办单、公铁空联运、无缝对接的国际陆路港综合体	20000	2019~2021年
18	多式联运信息服务平台（高新区）	升级	建设跨境物流、电子商务、通关管理、金融服务等功能，引入先进支付手段，打造国家多式联运信息服务的样板项目	10000	2019~2021年
19	自贸区申请	新建	以综合保税物流园区为基础，按照自贸区建设要求，全力配合乌鲁木齐申报全国第四批自贸区	—	2019~2020年
20	冷链物流园区（克拉玛依区、独山子区）	新建	依综保区建设进程，发展冷链产品加工业，打造成北疆地区冷链产品进出口加工集散地	5000	2021~2025年
21	能源矿产物流园区（高新区）	新建	依托综保区及沿边口岸的保税功能，建设能源矿产物流园区满足石油石化类机械制造业进出口的发展	15000	2021~2025年
22	临空物流产业园（克拉玛依区）	新建	依托航空口岸及综合保税区建设特色产业加工基地及高附加值的贸易流通加工区，完善城市仓配一体化服务	5000	2021~2025年
23	保税商品展示交易中心（克拉玛依区）	新建	依托国际陆路港综合体工程，提升国际陆路港服务的功能	5000	2022~2025年

6.11.6 商贸物流协同创新工程

实施路径与建设目标。经过5~6年发展，基本形成以国际商贸物流为核心、一二三产业协同发展、线上线下渗透融合、产业链上下游联动发展的格局，现代国际商贸物流生态圈有效运转。

建设重点。开展多式联运示范，重点解决各种交通方式衔接不畅以及交通枢纽相互分离问题，实现货运换装无缝衔接，搭建北疆多式联运信息服务平台。

建设文化旅游—商贸物流集散中心综合楼、城市候机楼、特色美食广场、时尚品贸易中心、特色文化街区、主题酒店、自驾营地等服务设施，依托周边旅游资源，通过优化线路、完善服务、强化国际友好等手段，建设辐射北疆的文化旅游—商贸物流集散地。增加经营品类，提升消费体验。见表6-7。

表6-7　国际商贸物流协同创新工程重点项目（7.3亿元）

序号	项目名称	性质	建设内容	投资（万元）	建设期限
24	中俄贸易大数据—多式联运信息平台（克拉玛依区）	新建	依托公铁空运输优势，统筹联运通道、优化联运线路、推进主体站场建设、建立联运信息平台，构建双向开放、多点支撑的国际多式联运中心	10000	2020~2023年
25	文化旅游—商贸物流集散中心建设（克拉玛依区）	续建	完善文化旅游—商贸物流集散中心综合楼、候机楼、美食广场、时尚品贸易中心、特色文化街区、主题酒店、自驾营地等服务设施，依托周边旅游资源，通过优化线路、完善服务、强化国际友好等手段，建设辐射北疆的旅游集散地	20000	2021~2025年
26	克拉玛依电商文旅商贸物流园（乌尔禾区）	续建	完善文化旅游—商贸物流园区及游客集散中心功能，特色商品与快递服务协同发展，冷链物流全链闭环	5000	2020~2023年
27	克拉玛依农副产品物流园（农业科技园、小拐乡）	续建	在现有储存设施的基础上，提升服务功能，加快城乡共同配送同步化服务能力，快速提升对高质量物流服务能力需求的满足	3000	2020~2022年

续表

序号	项目名称	性质	建设内容	投资（万元）	建设期限
28	克拉玛依工业制造业物流园区（高新区）	新建	依托国际陆路港综合体，聚集保税工业加工制造业企业，为提高服务企业的专业化能力	10000	2022~2025年
29	独山子消费品（冷链）物流园区及游客集散中心	续建	完善文化旅游—商贸物流集散中心综合楼、特色美食广场、消费品贸易中心、特色文化街区、主题酒店、自驾营地等服务设施，依托周边旅游资源，建设辐射北疆的旅游集散地	5000	2019~2022年
30	克拉玛依化工产业物流园（高新区）	新建	依托国际陆路港综合体，聚集保税化工业企业需求，提高服务专业化能力	20000	2022~2025年

6.11.7 商贸物流人才培育工程

实施路径与建设目标。通过5~6年发展，初步形成"教育＋培训＋引进＋孵化"多层次、宽领域人才发展机制，为国际商贸物流业发展提供智力支撑。

建设重点。依托中国石油大学克拉玛依校区、克拉玛依职业技术学院，建设国际商贸物流学院及培训中心，开展国际商贸物流专业教育，充分利用对口援克城市、国际友好城市等平台，建立多层次、多形式的合作培养机制。

广泛吸纳疆内外优秀专家、学者参与克拉玛依市经济建设工作。建立专家咨询机制，寻求高水平智力支持，在国家、自治区、克拉玛依市等层面聘请一批相关领域的专家学者，为克拉玛依的国际商贸物流发展提供咨询指导和政策建议。见表6-8。

表 6-8　国际商贸物流人才培育工程重点项目（0.45 亿元）

序号	项目名称	性质	建设内容	投资（万元）	建设期限
23	克拉玛依国际商贸物流人才教育培训中心	新建	加强与上海、广东等高校合作，联合建设基于国际陆路港、综保区建设与运营等的专业教育培训中心，打造北疆商贸物流人才输出高地	1000	2019~2025 年
24	国际商贸物流专业教育	新建	联合中国石油大学，开设国际物流、国际供应链、国际商务等专业教育，设立国际商贸物流教育基金（可成立国际商贸物流学院）	1500	2019~2025 年
25	商贸物流高端人才引进	新建	制订研究生人才引进计划，引进 50~100 名中高端专业人才，出台鼓励性政策，留住人才	2000	2019~2025 年

6.12　保障措施

6.12.1　加强组织领导

成立克拉玛依市国际商贸物流发展领导小组，由市分管领导担任组长，成员由相关部门的主要负责同志组成。领导小组全面负责商贸物流发展工作，研究制定相关政策，推动各部门工作协调，负责与国家和自治区相关部门沟通，争取更高层面的支持，解决工作推进中面临的重大问题。领导小组下设办公室，办公室设在高新区，由高新区区长担任办公室主任，具体负责国际商贸物流具体工作的推进与落实。

6.12.2　改善营商环境

创新政府服务管理方式。推进政府服务注重事先审批与重事中事后服务为主。积极推动行政服务体制改革，构建高效的服务与运行机制，开展商事制度改革，优化审批流程，简化审批程序。建立政府权力清单制度，推进政府事权规范化、透明化，形成权力事项、责任事项、追责情形"三位一体"的政府权责体系。

提升综合激励体制运行水平。推动国际商务综合激励体制建立，开展国际商务综合激励运行体制改革试点。坚持日常激励与专项激励相结合。严格国际商务流程程序，规范国际商务激励行为，加强激励的信息公开，有效执行重大激励决定法制审核制度，落实责任追究制。引入社会化激励力量。

创新城市管理和社会网络化改革。深入推进克拉玛依"智慧城市"建设，整合信息资源共建共享，建设和完善数据共享交换平台，深化社会服务管理信息化建设与应用。推进政务大数据建设，在已有人口库、企业库、地理信息库等基础上，建成完善企业库、行政权力项目库、电子证件库，探索建设国际企业信用库，加快推进"互联网+"政府服务改革，提升城市管理与社会网络化服务能力。

6.12.3 强化政策支持

财政方面。设立以支持国际商贸物流为导向的创新发展引导基金，扩大国际商贸物流的支持力度和产业范围，推动创新发展、品牌培育、产品和服务质量提升。完善克拉玛依科技服务创新资金使用办法，设立"一带一路"国际商贸物流专项促进资金，对企业拓展沿线国家市场、开展跨境商贸物流合作、商贸物流投资促进平台建设等进行重点支持。探索建立利益补偿机制，对具有项目建设周期长、市场效益低、公益性和民生性特征显著的国际商贸物流项目给予适当补助。加大招商扶持力度，主动承接产业转移。对重大落户项目，实行"一事一议""一企一策"。

金融政策。鼓励银行和金融机构针对国际商贸物流企业，创新金融产品和服务，发展供应链金融、融资租赁、商业保理、消费信贷、仓单质押等融资业务，拓宽国际商贸物流企业的融资渠道。用好国家开发银行、进出口银行、农业发展银行等金融信贷政策，搭建银企合作平台。支持有条件的国际商贸物流企业上市，或使用融资债券、私募基金等方式开展资本市场直接融资。

用地政策。统筹安排用地空间，调整城市用地规划，对新建国际商贸物流基地等现代服务聚集区，用地指标优先解决。鼓励以租赁方式供应商贸物流业用地。将国际商贸物流业发展规划和商业网点规划纳入"多规合一"一张图，保障物流发展用地，并给予土地出让金优惠（一般为工业用地价格）。

税费政策。切实推进工商企业水电同价，加快落实降低流通成本政策。切实减轻供应商负担。清理规范公路收费，制定收费"正面清单"，降低收费标准。加强与铁路管理部门沟通，降低重点支持企业运输费用。

6.12.4 加强营销培训

全面推进媒体宣传，发挥电台、电视台、报刊等媒介作用，举办新闻采访、规划解读、专家答疑等宣传节目，扩大社会公开公示效果。

广泛营造国际商贸物流发展氛围，将国际商贸物流发展情况及规划印制成知识手册、宣传彩页等，免费向企业和居民发放，加强巡回营销，提高国际社会认知度。

加强公务人员培训，组织商务系统及其他相关部门工作人员，进行专题讲座和培训，做到了解规划、参与规划、支持规划。

6.12.5 严格溯源评估

根据各部门工作特点，逐项分解国际商贸物流发展任务，逐级、逐项落实到责任部门或责任人，并纳入综合评价和绩效考核体系。开展年度国际商贸物流发展先进集体和个人评选活动，对贡献突出、成绩显著的部门及个人，给予表彰奖励，建立健全激励机制。

经济产业促进局牵头成立规划推进小组，加强规划实施情况跟踪分析。建立规划评估制度和报告制度，围绕规划提出的目标、任务和工程，开展中期评估和终期评估，对规划落实情况进行检查评价，纠正存在问题，总结工作成效，确保规划落地。

6.12.6　构建运营管理平台公司

根据国内外综合保税区建设与运营经验，为完善参与各方的责权利，政府引导、市场化运行，在项目的前期可有政府出资注册管理平台运行公司，在法律层面上理顺政府与企业的关系。

运营平台公司直属于综合保税区管委会领导，属于企业性质的政府管理机构，接受政府委托对综合保税区的建设、投资、招商、招投标、合同执行、运行、战略制定与实施等开展工作，应有完善的法人结构和财务制度及公司运行章程，它不以赢利为目的而以服务为准则，行使政府职能且接受独立审计。不参与具体的业务经营，为进入综保区的企业提供个性化服务与管理，按照管委会授权开展工作，有确保国有资产增值保值与处置的权力。

参考文献

[1] 闫亚娟,王维然.新疆维吾尔自治区与俄西伯利亚联邦区经济合作分析[J].西伯利亚研究,2019(2):30-37.

[2] 李洋.俄罗斯西伯利亚联邦区社会经济状况分析[J].东北亚经济研究,2018(2):57-71.

[3] 姜振军.俄罗斯西伯利亚联邦区经济发展态势分析[J].商业经济,2018(1):1-6.

[4] 王明清.中国东北与俄罗斯远东地缘经济关系研究[D].长春:东北师范大学,2016.06.

[5] 周瑜.中国东北地区与俄罗斯远东地区空间经济联系、地缘经济关系与经贸合作[D].大连:东北财经大学,2017.

[6] M.B.亚历山德罗娃.中俄边境和区间合作的现状、问题和潜力[J].黑龙江对外经贸,2007,154(4):24-26.

[7] M.B.亚历山德罗娃.中国与俄罗斯:改革时期区域经济协作的特点[M].2007.

[8] 李然然."一带一路":区域经济合作创新模式[D].保定:河北大学,2016.

[9] 丁阳."一带一路"战略中的产业合作问题研究[D].北京:对外经济贸易大学,2016.

[10] 沈影."一带一路"背景下中俄"长江—伏尔加河"合作的战略分析[J].国际贸易,2018(12):38-43.

[11] 李艳华,郭振."中蒙俄经济走廊"建设经济效应分析[J].哈尔滨商业大学学报(社会科学版),2017,155(4):94-100.

[12] 黎鹏.CAFTA背景下中国西南边境跨国区域的合作开发研究

[D]．长春：东北师范大学，2006．

[13] 卢光盛，邓涵，金珍．GMS 经济走廊建设的经验教训及其对孟中印缅经济走廊的启示 [J]．东南亚研究，2016（3）：35-43．

[14] 卢光盛，邓涵．经济走廊的理论溯源及其对孟中印缅经济走廊的启示 [J]．南亚研究，2015（2）：1-14．

[15] 贺先青．孟中印缅经济走廊的困境与激活——历史经验和共有知识的视角 [D]．北京：外交学院，2017．

[16] 李英霞．欠发达地区外源性产业集群本地嵌入研究 [D]．哈尔滨：哈尔滨工程大学，2015．

[17] 向洁．丝绸之路经济带与欧亚经济联盟对接合作研究 [D]．乌鲁木齐：新疆大学，2018．

[18] 陆发安．中（桂）越经济走廊的背景内涵与构建思路 [J]．市场论坛，2004（5）：8-10．

[19] 陶正杰．中巴经济走廊建设中的风险研究 [D]．昆明：云南大学，2017．

[20] 张启帆．中巴经济走廊研究 [D]．乌鲁木齐：新疆大学，2017．

[21] 何文彬．中国—中亚—西亚经济走廊的战略内涵及推进思路 [J]．亚太研究，2017（1）：29-40．

[22] 李勇慧．中蒙俄经济走廊的战略内涵和推进思路 [J]．特别报道——首届中俄蒙智库国际论坛，2015（9）：23-26．

[23] 郭丽娜．地缘经济背景下的中俄石油合作模式研究 [D]．东北财经大学，2014．

[24] 伊万诺娃·叶莲娜．俄罗斯运东与中国东北地区经贸合作研究 [D]．哈尔滨：黑龙江大学，2016．

[25] 徐永智．构建中俄自由贸易区问题研究 [D]．长春：吉林大学，2016．

[26] 李兵．国际战略通道研究 [D]．北京：中共中央党校，2005．

[27] 刘军．中俄"长江—伏尔加河"地区合作中的投资困境研究 [J]．俄罗斯东欧中亚研究，2019（2）：110-122．

[28] 马颖忆．中国边境地区空间结构演变与跨境合作研究 [D]．南

京：南京师范大学，2015.

［29］周瑜. 中国东北地区与俄罗斯远东地区空间经济联系、地缘经济关系与经贸合作［D］. 大连：东北财经大学，2017.

［30］王明清，丁四保. 东北地区扩大对外开放的地缘障碍因素分析［J］. 当代经济研究，2014，221（1）：89-93.

［31］安东. 中国东北与俄罗斯远东区域经济合作发展问题研究［D］. 沈阳：沈阳理工大学，2016.

［32］胡仁霞. 中国东北与俄罗斯远东区域经济合作研究［D］. 长春：吉林大学，2011.

［33］Matt Hannes. AMERICAN INTERMODAL DOUBLE - STACK RAIL-CARS［EB/OL］. http：//www. trainweb. org/intermodal/，2004-08-20.

［34］Triple Crown Services. Bi - Model Transportation［EB/OL］. http：//www. triplecrownsvc. com/Bimodal. html，2004-09-10.

［35］THE TIOGA GROUP. Goods Movement Truck & Rail Study：Chapter V - Intermodal FreightTransportation［EB/OL］. http：//www. scag. ca. gov/goodsmove/pdf/truckrail/ch5. pdf，2004-07-20.

［36］North East Rails. Stack Car Intermodal Equipment［EB/OL］. http：//www. northeast. railfan. net/intermodal. html，2004-08-20.

［37］Y. M. Bontekoning，C. Macharis，J. J. Trip. Isa new applied transportation research field emerging？—A review of ntermodal rail - truck freight transport literature［J］. Transportation Research Part A，2004，38：1-34.

［38］Angela Hull. Integrated transport planning in the UK：From concept to reality［J］. Journal of Transport Geography，2005，13：318-328.

［39］Anthony D. May，Charlotte Kelly，Simon Shep - herd. The principles of integration in urban transport strategies［J］. Transport Policy，2006，13：319-327.

［40］王庆云. 综合运输体系的建设与发展［J］. 交通运输系统工程与信息，2002，2（3）：56-60.

［41］贺竹磬，孙林岩. 联合运输研究综述［J］. 长安大学学报（社会科学版），2006，8（4）：32-36.

［42］宋瑞. 现代化综合交通体系浅谈［J］. 前线, 2007 (12): 63 - 64.

［43］罗仁坚. 关于综合运输体系及相关词汇的辨析［J］. 综合运输, 2010 (9): 4 - 7.

［44］李宏. 对我国综合交通体系发展的思考［J］. 综合运输, 2005 (3): 6 - 10.

［45］Illia Racunica, Laura Wynter. Optimal locationof intermodal freight hubs［J］. Transportation Research Part B, 2005, 39: 453 - 477.

［46］Chun - Hsiung Liao, Po - Hsing Tseng, Chin - Shan Lu. Comparing carbon dioxide emissions of truckingand intermodal container transport in Taiwan［J］. Transportation Research Part D, 2009, 14: 493 - 496.

［47］Cathy Macharis, Ellen Van Hoeck, Ethem Pekin, Tom van Lier. A decision analysis framework for intermodal transport: Comparing fuel price increases and the internalisation of external costs［J］. Transportation Research Part A, 2010, 44: 550 - 561.

［48］Milan Janic. Assessing some social and environmental effects of transforming an airport into a realmultimodal transport node［J］. Transportation Research Part D, 2011, 16: 137 - 149.

［49］W. - J. Van Schijndel, J. Dinwoodie. Congestion and multimodal transport: a survey of cargo transport operators in the Netherlands［J］. Transport Policy, 2000, 7: 231 - 241.

［50］Ekki D. Kreutzberger. Distance and time in intermodal goods transport networks in Europe: A genericapproach［J］. Transportation Research Part A, 2000, 42: 973 - 993.

［51］荣朝和. 关于我国尽快实行综合运输管理体制的思考［J］. 中国软科学, 2005 (2): 10 - 16.

［52］王庆云. 进一步发展和完善综合运输体系［J］. 综合运输, 2002 (9): 4 - 6.

［53］杨远舟, 毛保华, 等. 我国现代综合交通运输体系框架分析［J］. 物流技术, 2010 (7): 1 - 3.

［54］Moshe Givoni, David Banister. Airline andrailway integration［J］.

Transport Policy, 2006, 13: 386 - 397.

[55] David Bayliss. Integrated Transport and the Development Process [J]. JOURNAL OF PLANNING ANDENVIRONMENT LAW OCCASIONAL PAPERS, 1998, 26: 38 - 51.

[56] 郭小碚. 我国综合运输发展的新阶段 [J]. 综合运输, 2003 (3): 7 - 9.

[57] 张国伍. 论交通运输系统规划、协调与发展 [J]. 交通运输系统工程与信息, 2005, 5 (1): 16 - 24.

[58] 石钦文, 徐利民, 胡思继. 可持续发展综合交通运输系统规划理论研究 [J]. 综合运输, 2006 (6): 5 - 8.

[59] Dominic Stead. Institutional aspects of integrating transport, environment and health policies [J]. Transport Policy, 2008, 15: 139 - 148.

[60] 罗生, 魏学俭, 等. 建立综合交通运输管理体制研究 [J]. 交通运输系统工程与信息, 2001 (4): 345 - 347.

[61] 赵金涛, 刘秉镰. 我国综合交通运输管理体制改革探讨 [J]. 经济问题探讨, 2005 (1): 19 - 21.

[62] 赵坚, 陈和. 设立国土、交通、建设综合管理体制的思考 [J]. 综合运输, 2006 (1): 22 - 26.

[63] 四兵锋, 赵小梅, 高自友. 综合运输体系下的客运流量分离模型及算法研究 [J]. 铁道学报, 2004 (6): 14 - 19.

[64] 黄海军, 李志纯. 组合出行方式下的混合均衡分配模型及求解算法 [J]. 系统科学与数学, 2006 (3): 352 - 361.

[65] 卞长志, 陆化普. 综合运输通道客流量分担模型研究 [J]. 武汉理工大学学报 (交通科学与工程版), 2009 (4): 611 - 614.

[66] Pierre Arnold, Dominique Peeters, Isabelle Thomas. Modelling a rail/road intermodal transportation system [J]. Transportation Research Part E, 2004, 40: 255 - 270.

[67] Sirikljpanichkul Ackchai, VAN DAM koen H, FE R R EI R A Luis, LUKSZO Zofia. Optimizing the Location of Intermodal Freight Hubs: An Overview of the Agent Based Modelling Approach [J]. JOURNAL OF TRANSPORTATION

SYSTEMS ENGINEE R ING AND INFORMATION TECHNOLOGY, 2007, 7 (4): 71 -81.

[68] Yasanur Kayikci. A conceptual model for intermodal freight logistics centre location decisions [J]. Procedia Social and Behavioral Sciences, 2010, 2: 6297 -6311.

[69] Tomasz Zaborowski. Model of Integrated Transport and Land Use Policy Objectives – Comparison of Hannover and Bristol Regions' Policies [J]. International Journal of Human and Social Sciences, 2006, 1: 160 – 166.

[70] Robert B. Noland. Transport Planning and Environmental Assessment: Implications of Induced Travel Effects [J]. International Journal of Sustainable Transportation, 2007, 1: 1 -28.

[71] 王德荣. 逐步调整运输结构, 建立综合运输体系 [J]. 中国科技论坛, 1986 (2): 29 -32.

[72] 吴群琪, 孙启鹏. 综合运输规划理论的基点 [J]. 交通运输工程学报, 2006, 6 (3): 122 -126.

[73] 张国强. 中国交通运输发展理论研究综述 [J]. 交通运输系统工程与信息, 2007, 7 (4): 13 -18.

[74] Athanasios Ziliaskopoulos, Whitney Wardell. An intermodal optimum path algorithm for multimodal networks with dynamic arc travel times and switching delays [J]. European Journal of Operational Research, 2002, 125: 486 -502.

[75] Alejandro Escudero, Jesús Munuzuri, Carlos Arango, Luis Onieva. A satellite navigation system to improve the management of intermodal drayage [J]. Advanced Engineering Informatics, 2011, 25 (3): 427 -434.

[76] Alejandro Escudero, Raluca Raicu, Jesús Munuzuri, María del Carmen Delgado. Dynamic optimisationof urban intermodal freight transport with random transit times, flexible tasks and time windows [J]. Procedia Social and Behavioral Sciences, 2010, 2: 6109 -6117.

[77] Andrea E. Rizzoli, Nicoletta Fornara, Luca Maria Gambardella. A simulation tool for combined rail/road transport in intermodal terminals [J]. Math-

ematicsand Computers in Simulation, 2002, 59: 57 - 71.

[78] Paul Corry, Erhan Kozan. An assignment model for dynamic load planning of intermodal trains [J]. Computers & Operations Research, 2006, 33: 1 - 17.

[79] Rafay Ishfaq, Charles R. Sox. Intermodal logistics: The interplay of financial, operational and service issues [J]. Transportation Research Part E, 2010, 46: 926 - 949.

[80] 张国伍. 综合交通枢纽的虚拟组织协同管理模式研究 [J]. 系统工程, 2000, 18 (4): 43 - 48.

[81] 荣朝和. 企业的中间层理论以及中间层组织在运输市场中的作用 [J]. 北京交通大学学报 (社科版), 2006 (3): 1 - 5.

[82] 荣朝和. 关于综合交通运输的重新认识 [J]. 综合运输, 2011 (12): 4 - 9.

[83] 王朝瑞. 图论 [M]. 北京: 高等教育出版社, 1983: 8 - 19.

[84] 汪小帆, 李翔, 陈关荣. 复杂网络理论及其研究 [M]. 北京: 清华大学出版社, 2005: 9 - 33.

[85] 瓦茨. 有序与无序之间的网络动力学 [M]. 陈禹, 译. 北京: 中国人民大学出版社, 2006: 114 - 132.

[86] Barabasi A L, Bonabeau E. Scale - free networks. Scientific American, May 2003, 50 - 59.

[87] Barabasi, Albert. Emergence of scaling in random networks [J]. Science (New York, N. Y.), 1999, 286 (5439).

[88] 李广, 赵道致. 供应链网络的无标度特性研究 [J]. 工业工程, 2012, 15 (1): 28 - 32.

[89] 李广. 供应链系统演化的动力机制、模式及其特征研究 [D]. 天津: 天津大学, 2011.

[90] 李季, 汪秉宏, 等. 节点数加速增长的复杂网络生长模型 [J]. 物理学报, 2006 (8): 4051 - 4057.

[91] 陈康, 李智等. 一种新型混合网络演化模型 [J]. 航天制造技术, 2007 (5): 20 - 24.

[92] Dorogovtsev S N, Mendes J F. Effect of the accelerating growth of communications networks on their structure. [J]. Physical review. E, Statistical, nonlinear, and soft matter physics, 2001, 63 (2 Pt 2).

[93] S. N. Dorogovtsev, J. F. F. Mendes. Effect of the accelerating growth of communications networks on their structure [J]. Physical Review E, 2001, 63 (2).

[94] SEN P. Accelerated growth in outgoing links in evolving networks: deterministic vs. stochastic picture [J]. PhysicalReview E, 2004, 69 (4): 046107.

[95] 雷凯. 多式联运网络风险传播与控制策略研究 [D]. 北京: 北京交通大学, 2016.

[96] 陆华. 区域物流枢纽演进机理及规划研究 [D]. 北京: 北京交通大学, 2015.

[97] 陈康, 李智, 刘光友, 等. 一种新型混合网络演化模型 [J]. 航天制造技术, 2007 (5): 20-24.

[98] Bianconi G, Barabasi A L. Competition and multiscaling in evolving networks [J]. Europhysics Letters. 2001, 54: 436-442.

[99] Dorogovtsev S N, Mendes J F F, Samukhin A N. structure of growth networks with preferential linking [J]. Physics Review letters, 2000, 85: 4633-4636.

[100] Li X, Chen G. A local world evolving network model [J]. Physica A, 2003, 328: 274-286.

[101] 陈晓, 张纪会. 复杂供需网络的局域演化生长模型 [J]. 复杂系统与复杂性科学, 2008 (1): 54-60.

[102] 张纪会, 徐军芹. 适应性供应链的复杂网络模型研究 [J]. 中国管理科学, 2009, 17 (2): 76-79.

[103] 李发旭. 动态复杂供需网络局域演化模型的研究 [J]. 计算机工程与应用, 2012, 48 (8): 125-127, 175.

[104] 刘永奎, 李智. 一种混合网络演化模型 [J]. 信息与控制, 2007 (4): 460-466.

[105] 张旭凤, 张永安. 物流配送网络的无标度网络特征研究 [J]. 物

流技术,2011,30(13):97-100.

[106] 曾云,刘宗武.基于复杂网络理论的物流配送路径优化研究[J].物流技术,2011,30(17):113-116.

[107] 杨从平.基于复杂网络理论的快递物流配送网络分析——以广西某快递公司为例[J].物流技术,2014,33(9):255-257,286.

[108] 徐凤.空铁复合网络的复杂性及联运网络设计研究[D].南京:南京航空航天大学,2016.

[109] 肖伟,王陆平,魏庆琦,等.大规模多式联运复杂网络系统模型[J].交通科学与工程,2013,29(4):84-91.

[110] 徐凤,朱金福,苗建军,等.空铁联运网络的模型构建与算法设计[J].数学的实践与认识,2016,46(19):117-124.

[111] 叶笛.基于复杂网络视角的供应链网络研究[J].现代管理科学,2011(8):111-113.

[112] 李彬,季建华,陈娟,等.基于复杂网络视角的供应链脆弱性预防和应对策略[J].上海管理科学,2012,34(3):53-56.

[113] 朱冰心,胡一竑.基于复杂网络理论的供应链应急管理研究[J].物流技术,2007(11):147-150.

[114] 鄢飞,杨帆.丝绸之路经济带物流网络研究——基于社会网络分析视角[J].技术经济与管理研究,2017(7):3-7.

[115] 施路,崔异.铁路物流全程化网络布局优化方法研究[J].铁道运输与经济,2018,40(1):39-45.

[116] 谢守红,蔡海亚,朱迎莹.长三角城市群物流联系与物流网络优化研究[J].地理与地理信息科学,2015,31(4):76-82.

[117] 刘育红,王曦."新丝绸之路"经济带交通基础设施与区域经济一体化——基于引力模型的实证研究[J].西安交通大学学报(社会科学版),2014,34(2):43-48,80.

[118] 曹炳汝,尹娣,王静芳.基于引力模型的区域农产品物流网络构建研究——以长江三角洲地区为例[J].亚热带资源与环境学报,2015,10(4):42-49.

[119] 唐建荣,张鑫,杜聪.基于引力模型的区域物流网络结构研

究——以江苏省为例 [J]. 华东经济管理, 2016, 30 (1): 76-82.

[120] 朱慧, 周根贵. 基于引力模型的内陆型区域物流空间联系研究——以浙江金衢丽地区为例 [J]. 地域研究与开发, 2015, 34 (1): 43-49.

[121] Regina R. L. Clewlow, Joseph M. Sussman, Hamsa Balakrishnan. Interaction of High – Speed Rail and Aviation: Exploring Air – Rail Connectivity [J]. Transportation Research Record, 2012 (1): 1-10.

[122] Albalate D, Bel, Germà, Fageda X. Competitionand Cooperation Between High – speed Rail and Air Transportation Services in Europe [J]. Journal of Transport Geography, 2015, (42): 166-174.

[123] Xia W, Zhang A. Air and High – speed Rail Transport Integration on Profits and Welfare: Effects of Airrail Connecting Time [J]. Journal of Air Transport Management, 2017: 181-190.

[124] Lebacque, J. – P. , Khoshyaran, M. Multimodal Transportation Network Modeling Based on the Generic Second Order Modeling Approach [J]. Transportation Research Record. 2018 (48): 93-103.

[125] Tashlykova A. I, V. VShirokova. Simulation Model for Assessment of the Effect of Modernization of Transport Complex on Freight Delay in Multimodal Traffic [J]. IOP Conference Series: Earth and Environmental Science, 2019 (2): 36-52.

[126] Achille – B. Laurent, Steve Vallerand. Carbon Road Map: A Multicriteria Decision Tool for Multimodal Transportation [J]. International Journal of Sustainable Transportation, 2020 (3): 205-214.

[127] 诸葛恒英, 齐向春, 周浪雅. 美国铁路多式联运发展的启示 [J]. 铁道运输与经济, 2016 (12): 69-73.

[128] 赵春雷, 孟亚斌, 柳建波, 等. 基于物流云平台的多式联运派单模型及求解策略 [J]. 铁道学报, 2018 (1): 1-8.

[129] 俞缨. 我国铁路多式联运发展对策研究 [J]. 铁道货运, 2019 (2): 1-5.

[130] 刘春雨. 多式联运枢纽网络的优化策略 [J]. 科技经济导刊, 2019 (16): 248.

［131］常振芳，曾选军. 多式联运背景下港口供应链一体化建设研究［J］. 中国商论，2019（24）：11-15.

［132］刘颖. 多式联运发展历程及启示［J］. 综合运输，2020（1）：90-94.

［133］刘羽洁. 铁路无轨货运站信息系统设计［M］. 成都：西南交通大学出版社，2017.

［134］俞缨. 我国铁路多式联运发展对策研究［J］. 铁道货运，2019，37（2）：1-5.

YU Ying. Study on Development Countermeasures of Railway Multimodal Transport in China［J］. Railway Freight Transport，2019，37（2）：1-5.

［135］汪玚. 多式联运的顶层设计［J］. 交通建设与管理，2016（8）：20-23.

［136］李牧原. 调结构 保蓝天 打响多式联运攻坚战［J］. 中国远洋海运，2018（10）：3.

［137］冯文波. 我国运输结构优化调整影响因素与策略研究［J］. 铁道运输与经济，2019，41（9）：18-23.

FENG Wenbo. Study on Influencing Factors and Strategies of Transportation Structure Optimization and Adjustment in China［J］. Railway Transport and Economy，2019，41（9）：18-23.

［138］樊一江. 加快铁路集装箱多式联运发展提高现代综合交通运输体系供给质量和效率［J］. 大陆桥视野，2017（13）：8-10.

［139］周柯杉. 广州铁路（集团）公司货运需求敞开受理的探索［J］. 铁道货运，2015，33（1）：21-25.

［140］王菊，林淼，邵君喆. 做强做大铁路物流推动我国经济高质量发展［J］. 理论学习与探索，2018，241（5）：48-51.

［141］侯海录. 铁路集装箱多式联运发展策略研究［J］. 交通运输工程与信息学报，2018，16（3）：56-59.

［142］姜松英. 大力发展铁路为骨干的多式联运［J］. 大陆桥视野，2017（5）：40-41.

［143］张戎，黄科. 多式联运发展趋势及我国的对策［J］. 综合运输，

2007 (10): 66-70.

[144] 陈丽芬, 王蕊, 谢新莲等. 基于网络配流的环渤海集装箱运输方式 [J]. 上海海事大学学报. 2010, 31 (2): 66-69.

[145] 王小霞. 运输组织学 [M]. 北京, 北京大学出版社, 2013.

[146] 李志纯, 钟春平. 城市交通网络综合平衡配流模型及求解算法 [J]. 重庆交通学院学报, 2001, 20 (1): 55-57.

[147] 张军伟. 多式联运中全程集装箱运输网络路径合理化研究 [D]. 北京: 北京交通大学, 2011.

[148] 高鹏, 金淳, 邓玲丽, 等. 港口多式联运系统衔接问题及建模方法综述 [J]. 科技管理研究, 2010, 23: 234-238.

[149] 唐志英, 周德苏, 王仕川, 等. 基于多式联运的虚拟企业模式研究 [J]. 铁道运输与经济, 2008, 30 (3): 75-77.

[150] 张燕. 港口与经济腹地互动发展研究 [D]. 广州: 暨南大学, 2012.

[151] 胡列格, 段娟. 两种港口经济腹地范围划分方法的对比—实现港区两型发展的途径 [J]. 系统工程, 2013, 31 (2): 37-41.

[152] 孙祥彬. 城市经济腹地及其空间范围的界定 [D]. 成都: 西南交通大学, 2007.

[153] 曹海霞. 中俄经济领域合作现状及发展前景 [J]. 北方经贸, 2013 (9): 14-15.

[154] 王小文, 张冠斌, 苗园. 中俄"两西"地区经济贸易合作的机遇与优势分析 [J]. 中亚信息, 2010 (S1): 31-33.

[155] 孙家庆. 多式联运的形式及其特征分析 [J]. 集装箱化, 2002 (3): 28-30.

[156] 张戎, 黄科. 多式联运发展趋势及我国的对策 [J]. 综合运输, 2007 (10): 66-70.

[157] 丁莉. 浅析我国开展国际多式联运的现状及对策 [J]. 中国城市经济, 2010 (7): 242.

[158] 汪鸣. 我国多式联运现状与发展趋势 [J]. 中国物流与采购, 2016 (23): 92-94.

[159] 孙家庆. 模式创新推动长江经济带港口多式联运快速发展 [J]. 中国港口, 2017 (4): 24-28.

[160] 冉春艳, 龚英. 我国多式联运发展的现状与趋势 [J]. 重庆电力高等专科学校学报, 2019, 24 (2): 63-66.

[161] 陆再珍. 我国多式联运发展经验总结与对策研究 [J]. 交通世界 (建养机械), 2019 (7): 4-5.

[162] Chen Yanyi, Dong Hongyu, Zhang Jianan. Till. Development Status and Counterm easures of Rail - water Intermodal Transportation at Ports along Yangtze River Main Line [J]. logistics technology, 2019, 38 (2): 11-15, 67.

[163] 李牧原, 罗先立. 中国多式联运发展现状及趋势 [J]. 中国远洋海运, 2019 (3): 13, 68-70.

[164] 吕一之. 多式联运技术在欧美发展的现状 [J]. 中国远洋航务公告, 2001 (9): 24-26.

[165] Fremont A, Franc P. Hinterland transportation in Europe: Combined transport versus road transport [J]. Journal of Transport Geography, 2010, 18 (4): p. 548-556.

[166] Macharis C, Hoeck E V, Pekin E. A decision analysis framework for intermodal transport: Comparing fuel price increases and the internalisation of external costs [J]. Transportation Research, 2010, 44a (7): P. 550-561.

[167] Woxenius J, Bergqvist R. Comparing maritime containers and semi - trailers in the context of hinterland transport by rail [J]. Journal of Transport Geography, 2011, 19 (4): p. 680-688.

[168] Vermeiren Tom, Macharis, Cathy. Intermodal land transportation systems and port choice, an analysis of stated choices among shippers in the Rhine - Scheldt delta [J]. Maritime policy and management, 2016.

[169] Christine Tawfik, Sabine Limbourg. Scenario - based analysis for intermodal transport in the context of service network design models [J]. Interdisciplinary perspective of transportation research, 2019.

[170] 赵彤, 刘丹, 张晟义. 铁道货运西行中欧班列面临的困境与优化策略——以新疆加快打造西行中欧班列集结中心为视角 [J]. 无锡商业职业技

术学院学报,2018,v.18;No.93(3):57-60.

[171] 邓红梅.中欧班列公铁多式联运集货枢纽选址研究[D].重庆:重庆工商大学,2018.

[172] 郝攀峰.铁路物流中心与多式联运枢纽型物流园区建设研究[J].大陆桥视野,2016,232(1):52-53.

[173] 王海灵,李元辉,刘光琴.因次分析法对阿拉山口口岸与霍尔果斯口岸贸易优势比较分析[J].物流技术,2008(6):42-45.

[174] 祝捍敏.基于SLP的M公司物流园区储位优化研究[J].科技创新与应用,2019(13):56-58.

[175] 魏林.基于ABC分类的自动化立体仓库货位分区优化研究——以某烟草配送中心为例[J].物流技术,2015,34(8):148-152.

[176] 薛琼梅.浅谈钢铁公司总体设计中物流设计原则[J].江苏冶金,2008(2):67-68.

[177] 李诗珍,王长建.ABC分类管理在配送中心的应用研究[J].物流技术,2003(8):33-35.

[178] 王永才.哈尔滨铁路局现代物流货场规划与布局研究[D].长春:吉林大学,2016.

[179] 张春民,顾杰.铁路货场物流化作业能力效率评价研究[J].铁道货运,2015,33(9):30-34+5.

[180] Qi Fang, Bin Gao, Hao Wang, Bao Yu Zhuang. Study on Layout Planning System of Renewable Energy Utilization on Heating Based on GIS [J]. Advanced Materials Research, 2014, 3383 (1008-1009).

[181] Chang Yang. Information Platform Construction of Intelligent Steel Logistics Park under the Mode of Semi-Trailer Swap Transport [C]. Wuhan Zhicheng Times Cultural Development Co., Ltd. Proceedings of 3rd International Conference on Mechatronics Engineering and Information Technology (ICMEIT 2019). Wuhan Zhicheng Times Cultural Development Co., Ltd: 2019: 277-280.

[182] Si qi ZHANG. Study on Layout Planning and Design of Steel Logistics Park [C]. Science and Engineering Research Center. Proceedings of 2019 International Conference on Applied Mathematics, Modeling, Simulation and Opti-

mization (AMMSO 2019). Science and Engineering Research Center: Science and Engineering Research Center, 2019: 293 - 298

[183] 陶九阳, 吴琳, 胡晓峰. AlphaGo 技术原理分析及人工智能军事应用展望 [J]. 指挥与控制学报, 2016, 2 (2): 114 - 120.

[184] Host, Alen, Pavlić Skender, Helga, Zaninović, Petra Adelajda. Trade Logistics – the Gravity Model Approach [J]. University of Rijeka, FACULTY OF ECONOMICS, 2019.

[185] 吾斯曼·吾木尔, 司马义·阿布力米提, 艾合塔木江·艾克热木. 中欧班列推动的中国新疆区域性商贸物流中心建设探讨 [J]. 对外经贸实务, 2019 (5): 22 - 24.

[186] 杨佑钊. 中欧班列乌鲁木齐集结中心规划方案研究 [J]. 铁道标准设计, 2020, 64 (2): 35 - 40.

[187] Hairui Wei, Ming Dong. Import – export freight organization and optimization in the dry – port – based cross – border logistics network under the Belt and Road Initiative [J]. Elsevier Ltd, 2019, 130.

[188] Jeevan, Chen, Cahoon. The impact of dry port operations on container seaports competitiveness [J]. Routledge, 2019, 46 (1).

[189] 杨燕, 程旭睿, 汪洋, 等. 丝绸之路经济带核心区建设背景下乌鲁木齐综合保税区运营模式研究 [J]. 中国市场, 2018 (27): 28 - 29.

[190] Aulia Tiara, Julfikhsan Ahmad Mukhti. Efficiency Comparison between Conventional and Modern Port Operation System for Small – Scale Dry Bulk Cargo [J]. EDP Sciences, 2018, 147.

[191]《"一带一路"青藏国际陆港建设研究报告》课题组. "一带一路"背景下青藏国际陆港建设布局及对策研究 [J]. 青海社会科学, 2018 (2): 35 - 43.

[192] Judit Oláh, Steffen Nestler, Thomas Nobel, Mónika Harangi – Rákos, József Popp. Development of dry ports in Europe [J]. Inderscience Publishers, 2018, 10 (4).

[193] 董建峰, 高纲彪. "一带一路"背景下的我国陆港规划策略及案例 [J]. 规划师, 2016, 32 (6): 129 - 136.

[194] 张建嫱. 基于集成引力模型的陆桥物流系统发展模式研究 [D]. 西安：长安大学，2015.

[195] 张朝阳，薛惠锋，寇晓东，等. 我国国际陆港形成机理与系统平台构建 [J]. 价值工程，2011，30 (27)：17-18.

[196] 董千里. 提升国际陆港物流集成力的战略思考 [J]. 大陆桥视野，2011 (9)：35-38.

[197] 朱长征，董千里. 国际陆港形成机理研究 [J]. 企业经济，2010 (7)：131-133.

[198] 支海军. 国际陆港规划理论及运作机制研究 [D]. 西安：长安大学，2010.